21 世纪全国高等院校物流专业创新型应用人才培养规划教材

物流信息技术概论

主　编　张　磊　吴　忠
副主编　李跃文　夏志杰

内 容 简 介

本书主要由 7 章组成：第 1 章为物流信息概述，主要介绍物流信息基本概念，我国物流企业信息化的基本状况，以及物流信息技术的基本内容。第 2～5 章是关于物流活动中所使用的各种信息技术的介绍，主要介绍物流信息基础技术，包括计算机技术、网络技术、数据库技术；物流信息采集技术，包括物流条码技术及射频识别技术，物流信息交换技术及 GIS、GPS 技术。第 6 章和第 7 章主要介绍物流信息系统的基础知识及开发技术，以及电子商务环境下物流的作用及物流模式的选择。

本书是物流管理专业的专业课程教材，体系完整，内容全面，注重实践，可作为物流相关专业本专科学生的教材，也可作为物流信息技术研究人员的参考书籍。

图书在版编目(CIP)数据

物流信息技术概论/张磊，吴忠主编.—北京：北京大学出版社，2011.4
(21 世纪全国高等院校物流专业创新型应用人才培养规划教材)
ISBN 978-7-301-18670-1

Ⅰ.①物⋯　Ⅱ.①张⋯②吴⋯　Ⅲ.①物流—信息技术—高等学校—教材　Ⅳ.①F253.9

中国版本图书馆 CIP 数据核字(2011)第 048376 号

书　　　名：	物流信息技术概论
著作责任者：	张　磊　吴　忠　主编
策划编辑：	李　虎　刘　丽
责任编辑：	刘　丽
标准书号：	ISBN 978-7-301-18670-1/U · 0050
出版发行：	北京大学出版社
地　　　址：	北京市海淀区成府路 205 号　100871
网　　　址：	http://www.pup.cn　新浪官方微博：@北京大学出版社
电子信箱：	pup_6@163.com
电　　　话：	邮购部 62752015　发行部 62750672　编辑部 62750667　出版部 62754962
印　刷　者：	北京大学印刷厂
经　销　者：	新华书店
	787 毫米×1092 毫米　16 开本　14.25 印张　322 千字
	2011 年 4 月第 1 版　2013 年 9 月第 2 次印刷
定　　　价：	28.00 元

未经许可，不得以任何方式复制或抄袭本书之部分或全部内容。
版权所有，侵权必究
举报电话：010-62752024　电子信箱：fd@pup.pku.edu.cn

21世纪全国高等院校物流专业创新型应用人才培养规划教材

编写指导委员会

(按姓名拼音顺序)

主 任 委 员	齐二石			
副主任委员	白世贞	董千里	黄福华	李荷华
	王道平	王槐林	魏国辰	徐 琪
委 员	曹翠珍	柴庆春	丁小龙	甘卫华
	郝 海	阚功俭	李传荣	李学工
	李於洪	林丽华	柳雨霁	马建华
	孟祥茹	倪跃峰	乔志强	汪传雷
	王海刚	王汉新	王 侃	吴 健
	易伟义	于 英	张 军	张 浩
	张 潜	张旭辉	赵丽君	周晓晔

编写人员名单

主　　编　　张　磊 (上海工程技术大学管理学院)

　　　　　　吴　忠 (上海工程技术大学管理学院)

副 主 编　　李跃文 (上海工程技术大学管理学院)

　　　　　　夏志杰 (上海工程技术大学管理学院)

丛 书 总 序

物流业是商品经济和社会生产力发展到较高水平的产物，它是融合运输业、仓储业、货代业和信息业等的复合型服务产业，是国民经济的重要组成部分，涉及领域广，吸纳就业人数多，促进生产、拉动消费作用大，在促进产业结构调整、转变经济发展方式和增强国民经济竞争力等方面发挥着非常重要的作用。

随着我国经济的高速发展，物流专业在我国的发展很快，社会对物流专业人才需求逐年递增，尤其是对有一定理论基础、实践能力强的物流技术及管理人才的需求更加迫切。同时随着我国教学改革的不断深入以及毕业生就业市场的不断变化，以就业市场为导向，培养具备职业化特征的创新型应用人才已成为大多数高等院校物流专业的教学目标，从而对物流专业的课程体系以及教材建设都提出了新的要求。

为适应我国当前物流专业教育教学改革和教材建设的迫切需要，北京大学出版社联合全国多所高校教师共同合作编写出版了本套《21世纪全国高等院校物流专业创新型应用人才培养规划教材》。其宗旨是：立足现代物流业发展和相关从业人员的现实需要，强调理论与实践的有机结合，从"创新"和"应用"两个层面切入进行编写，力求涵盖现代物流专业研究和应用的主要领域，希望以此推进物流专业的理论发展和学科体系建设，并有助于提高我国物流业从业人员的专业素养和理论功底。

本系列教材按照物流专业规范、培养方案以及课程教学大纲的要求，合理定位，由长期在教学第一线从事教学工作的教师编写而成。教材立足于物流学科发展的需要，深入分析了物流专业学生现状及存在的问题，尝试探索了物流专业学生综合素质培养的途径，着重体现了"新思维、新理念、新能力"三个方面的特色。

1. 新思维

(1) 编写体例新颖。借鉴优秀教材特别是国外精品教材的写作思路、写作方法，图文并茂、清新活泼。

(2) 教学内容更新。充分展示了最新最近的知识以及教学改革成果，并且将未来的发展趋势和前沿资料以阅读材料的方式介绍给学生。

(3) 知识体系实用有效。着眼于学生就业所需的专业知识和操作技能，着重讲解应用型人才培养所需的内容和关键点，与就业市场结合，与时俱进，让学生学而有用，学而能用。

2. 新理念

(1) 以学生为本。站在学生的角度思考问题，考虑学生学习的动力，强调锻炼学生的思维能力以及运用知识解决问题的能力。

(2) 注重拓展学生的知识面。让学生能在学习到必要知识点的同时也对其他相关知识有所了解。

(3) 注重融入人文知识。将人文知识融入理论讲解，提高学生的人文素养。

3. 新能力

(1) 理论讲解简单实用。理论讲解简单化，注重讲解理论的来源、出处以及用处，不做过多的推导与介绍。

(2) 案例式教学。有机融入了最新的实例以及操作性较强的案例，并对案例进行有效的分析，着重培养学生的职业意识和职业能力。

(3) 重视实践环节。强化实际操作训练，加深学生对理论知识的理解。习题设计多样化，题型丰富，具备启发性，全方位考查学生对知识的掌握程度。

我们要感谢参加本系列教材编写和审稿的各位老师，他们为本系列教材的出版付出了大量卓有成效的辛勤劳动。由于编写时间紧、相互协调难度大等原因，本系列教材肯定还存在不足之处。我们相信，在各位老师的关心和帮助下，本系列教材一定能不断地改进和完善，并在我国物流专业的教学改革和课程体系建设中起到应有的促进作用。

齐二石

2009 年 10 月

齐二石　本系列教材编写指导委员会主任，博士、教授、博士生导师。天津大学管理学院院长，国务院学位委员会学科评议组成员，第五届国家 863/CIMS 主题专家，科技部信息化科技工程总体专家，中国机械工程学会工业工程分会理事长，教育部管理科学与工程教学指导委员会主任委员，是最早将物流概念引入中国和研究物流的专家之一。

前　言

21世纪是信息技术飞速发展的时代，在这个时代里，一方面信息产业作为一种新的产业使第三次科技革命所形成的现代产业结构进一步细化；另一方面传统产业与信息技术的融合使传统产业的生产效率得到极大提高。物流行业的信息化是时代发展的必然结果，信息技术的应用不但改变了传统物流经营方式，而且深刻地改变了传统物流的经营理念，为物流行业的新发展提供有力的工具。因此，提高物流信息化的水平是我国物流企业参与国际竞争的战略选择。

目前国内系统介绍物流信息的专著并不多，近年来国内的一些学者开始着手物流信息技术的普及，并且有了一定的成果，尤其是2006年以来，国内开始陆续出版关于物流信息的专业书籍，侧重点各不相同。但专门针对本科及以上水平的教材还比较少，仍处于摸索阶段，由此本课程在教学过程中遇到了诸多障碍，无法满足物流相关专业学生目前教学的要求和该课程发展的实际需要，与物流管理专业人才的要求也存在差距。

本书借鉴国内外物流及信息技术等相关学科知识，结合我国物流企业信息化的实际，系统分析和介绍物流信息技术的基本概念、基本知识和基本操作技能。本书分7章：第1章为物流信息概述，主要介绍物流信息基本概念，我国物流企业信息化的基本状况，以及物流信息技术的基本内容；第2～5章是关于物流活动中所使用的各种信息技术的介绍，主要介绍物流信息基础技术，物流信息采集技术，物流信息交换技术以及GIS、GPS技术；第6章和第7章主要介绍物流信息系统的基础知识及开发技术，以及电子商务环境下物流的作用以及物流模式的选择。

本书是物流管理专业的主干课程教材，着重培养学生物流信息技术的实践操作能力，可作为物流管理专业本专科生从事物流信息技术实践操作的入门书籍，也可作为物流信息技术研究人员的参考书籍。本书主要具有以下特色。

(1) 应用性强。本书强调理论联系实际，既全面系统介绍本课程理论知识体系，又注重培养学生运用物流信息技术的实践操作能力。本书具有专业特色，既便于教师课堂授课、学生自学，也可作为物流企业实施信息化的培训教材。

(2) 结构新。目前，国内有关物流信息技术方面的教材极其匮乏，且内容较为简单。本书在编写过程中结合了学院多年的办学经验以及与环众物流培训公司的合作基础。

(3) 内容全。本书在编写过程中参考了目前国内外相关资料，且吸收了当前物流企业信息化的实践，做到了教材内容全、内容新，能满足教学和实际工作的需要。

(4) 通俗易懂。本书编写过程中充分考虑了初学者的需要，对一些相关的物流信息技术知识和基本概念都做了详细的介绍。

本书第3、4、5章由张磊负责编写，第1、6章由吴忠负责编写，第2、7章由李跃文和夏志杰负责编写。

由于时间仓促，加之编者水平有限，书中不足之处在所难免，恳请广大读者和专家给予批评指正。

编　者
2011年2月

目　录

第1章　物流信息概述 ... 1
1.1　物流信息 ... 2
　1.1.1　数据与信息 ... 2
　1.1.2　物流信息概念 ... 4
　1.1.3　我国物流信息化发展现状 ... 5
1.2　物流信息技术简介 ... 7
　1.2.1　信息技术 ... 7
　1.2.2　物流信息技术概述 ... 8
本章小结 ... 9
综合练习 ... 10
案例分析 ... 10

第2章　物流信息基础技术 ... 13
2.1　计算机办公自动化技术 ... 14
　2.1.1　办公自动化技术概述 ... 14
　2.1.2　办公自动化系统平台构建 ... 16
2.2　网络技术 ... 18
　2.2.1　网络技术基础 ... 18
　2.2.2　企业网站建设 ... 22
2.3　物流信息存储技术 ... 26
　2.3.1　数据库概述及其物流应用 ... 26
　2.3.2　数据挖掘及其物流应用 ... 30
本章小结 ... 39
综合练习 ... 40
案例分析 ... 40

第3章　物流信息标识与采集技术 ... 42
3.1　条码技术 ... 43
　3.1.1　条码技术概述 ... 43
　3.1.2　商品条码 ... 50
　3.1.3　二维条码 ... 68
　3.1.4　条码识读技术 ... 78
3.2　RFID技术 ... 81
　3.2.1　RFID技术概述 ... 81
　3.2.2　RFID标准体系 ... 87
　3.2.3　RFID在EPC系统中的应用 ... 91
3.3　物流信息采集技术应用 ... 96
　3.3.1　条码技术在物流中的应用 ... 96
　3.3.2　RFID技术在物流中的应用 ... 98
本章小结 ... 100
综合练习 ... 100
案例分析 ... 101

第4章　物流信息交换EDI技术 ... 103
4.1　EDI技术 ... 104
　4.1.1　EDI概述 ... 104
　4.1.2　EDI标准 ... 112
4.2　EDI技术在物流中的应用 ... 127
本章小结 ... 128
综合练习 ... 128
案例分析 ... 129

第5章　物流信息地理分析与动态跟踪技术 ... 131
5.1　GIS技术 ... 132
　5.1.1　GIS概述 ... 132
　5.1.2　GIS组成与功能 ... 141
5.2　GPS技术 ... 147
　5.2.1　GPS概述 ... 148
　5.2.2　GPS系统组成及原理 ... 151
5.3　GIS与GPS技术在物流中的应用 ... 152
　5.3.1　GIS在物流中的应用 ... 152
　5.3.2　GPS在物流中的应用 ... 154
本章小结 ... 155
综合练习 ... 156
案例分析 ... 157

第6章　物流管理信息系统 ... 159
6.1　物流管理信息系统概述 ... 160
　6.1.1　信息系统概述 ... 160
　6.1.2　物流管理信息系统基础 ... 163

6.2 物流管理信息系统应用 165
 6.2.1 作业信息处理系统 165
 6.2.2 控制信息处理系统 168
 6.2.3 物流决策支持系统 169
6.3 物流管理信息系统开发 171
 6.3.1 物流管理信息系统开发
   概述 171
 6.3.2 物流管理信息系统开发
   方法 173
本章小结 184
综合练习 184
案例分析 185

第 7 章　电子商务物流 187

7.1 电子商务概述 188
 7.1.1 电子商务概念 189
 7.1.2 电子商务基本模式 194
7.2 电子商务在物流中的应用 197
 7.2.1 电子商务与物流的关系 197
 7.2.2 美国电子商务物流
   方案设计 204
 7.2.3 电子商务物流模式选择 206
7.3 物联网 207
 7.3.1 物联网概述 207
 7.3.2 物联网应用 208
本章小结 210
综合练习 211
案例分析 212

参考文献 214

第1章 物流信息概述

【教学目标】

通过本章的学习，了解数据、信息的基本概念，明确我国物流信息化的现状，掌握常用物流信息技术的基本内容。

【教学要求】

知识要点	能力要求	相关知识
数据与信息	数据(Data)是对客观事物的符号表示，是用于表示客观事物的未经加工的原始素材，如图形符号、数字、字母等。 信息是客观事物属性的反映，是经过加工处理并对人类客观行为产生影响的数据表现形式	数据的概念、信息的概念、数据与信息关系、信息的特征
物流信息	在社会经济活动中反映物流各种活动内容的知识、资料、图像、数据、文件的总称，即物流信息	物流信息的概念、分类、特点
物流信息化发展	我国物流信息化发展的现状	现阶段信息化发展的核心、新趋势
物流信息技术	物流信息技术是运用于物流各环节中的信息技术。包括计算机技术、网络技术、数据库技术、条码技术、射频识别技术、电子数据交换技术、全球定位系统(GPS)、地理信息系统(GIS)等	信息技术的概念、物流信息技术的概念、物流信息技术的内容

华润杜邦物流信息化

华润物流有限公司(CRC Logistics)是华润(集团)有限公司全资附属专业化的第三方物流供应商，其前身是华夏企业有限公司，于1949年在中国香港建基立业，从事海运业务，逐渐扩展至物流内各个领域，华夏企业有限公司自2001年1月1日起更名为华润物流有限公司。

华润物流公司在为杜邦公司提供物流服务时，由于自身物流信息化的工作还需要进一步完善，在实施信息化之前还存在以下几个问题。

(1) 现存数据不准确，准确率只能达到90%左右。杜邦的产品要求满足先进先出原则，由于库存数据不准确，致使有些货物达不到客户的要求，而在库存报表中没有体现。

(2) 货物经过严密包装，不同的货物从外观上很难区分，经常出现发错货物的情况；业务人员的工作强度大，人工操作易出现人为的错误，经常出现货物和批次号对应的错误。

(3) 库存数据的提供不及时，每次出库或入库后，人工修改报表速度慢、错误率高，且不能实现报表的Web查询。

(4) 没有应用条码技术，对于入库的货物还没有有效地检验核对的手段，不能及时发现到达货物的准确性。

(5) 在文件报告和配送管理方面也还存在着缺陷。

作为华润物流的战略合作伙伴，中软冠群公司的顾问在充分了解了其仓库业务流程后，针对物流业务特点，提供了一整套基于ES/1 Logistic从仓库管理到最终货物配送管理的系统的解决方案。

中软冠群公司和华润物流公司对业务涉及的处于不同地点的信息体——杜邦公司、华润物流公司、物流仓库和数据中心之间设计了一套清晰的实物流和信息流的流程规范，使数据传递迅速，信息共享容易，为实现异地的、立体化的仓库管理和国际上先进的物流管理信息系统很好地吻合构建了良好的基础。

(资料来源：中国物流与采购网(http://www.chinawuliu.com.cn/oth/content/200702/200721713.html.))

问题：
1. 分析物流信息化对企业的意义。
2. 该案例给我们什么启示？

1.1 物 流 信 息

1.1.1 数据与信息

1. 数据

数据是对客观事物的符号表示，是用于表示客观事物的未经加工的原始素材，如图形符号、数字、字母等。或者说，数据是通过物理观察得来的事实和概念，是关于现实世界中的地方、事件、其他对象或概念的描述。

在计算机科学中，数据是指所有能输入到计算机并被计算机程序处理的符号介质的总称，是用于输入计算机进行处理，具有一定意义的数字、字母、符号和模拟量等的统称。

数字、文字、图画、声音和活动图像，这些计算机系统中的数据一般以二进制编码形式出现，数据区分为数值型数据和非数值型数据。数值型数据有正负、大小之分，可以进行数学运算；非数值型数据有字符、汉字、图像、声音等，它们在计算机中表示成二进制形式。

数据处理的基本过程：人们将原始信息表示成数据，称为源数据，然后对这些源数据进行处理，从这些原始的、无序的、难以理解的数据中抽取或推导出新的数据，这些新的数据称为结果数据。结果数据对某些特定的人来说是有价值、有意义的，它表示，新的信息可以作为某种决策的依据或用于新的推导。

2. 信息的定义

信息(Information)的概念比较广泛，已经在哲学、自然科学、技术科学和社会科学等各个领域中被广泛应用。

信息是对客观事物属性的反映，是经过加工处理并对人类客观行为产生影响的数据表现形式。信息是对现实世界事物的存在方式或运动状态的反映。信息具有可感知、可存储、可加工、可传递和可再生等自然属性。信息也是社会上各行各业不可缺少的、具有社会属性的资源。

3. 数据与信息的关系

数据和信息这两个概念既有联系又有区别。数据是信息的符号表示，或称载体；信息是数据的内涵，是数据的语义解释。数据是信息存在的一种形式，只有通过解释或处理才能成为有用的信息。数据可用不同的形式表示，而信息不会随数据不同的形式而改变。

4. 信息的主要特征

信息的主要特征可以概括为以下几点。

(1) 真实性：真实性是信息的基本特性，不符合事实的信息是没有价值的。

(2) 传递性：信息的可传递性是信息的本质特征。信息可以从一个地方传输到其他地方，利用信息技术，信息传输的速度大大加快且信息传输的成本几乎可以忽略不计。

(3) 可识别性：信息是可以识别的，识别又可分为直接识别和间接识别，直接识别是指通过感官的识别，间接识别是指通过各种测试手段的识别。不同的信息源有不同的识别方法。

(4) 不对称性：由于各种原因的限制，在市场中交易的双方所掌握的信息是极不相等的，不同企业掌握信息的程度各有不同，这就形成了信息的不对称性。

(5) 存储性：信息是可以通过各种方法存储的。

(6) 滞后性：信息滞后于数据。一方面表现为信息的产生有一定的周期性，另一方面数据转化为信息需要一定的加工时间。

(7) 时效性：信息资源比其他任何资源都更具有时效性。信息越及时，价值越高。信息资源的时效性不但表现为及时性，更突出表现为开发、利用它的时机性。这就要求信息资源的利用者要善于把握时机，只有时机适宜，才能发挥效益。

(8) 共享性：信息的共享性是指信息资源可以为许多用户所共同使用的特征。物质资源和能源资源的利用表现为占有和消耗。当物质资源或能源资源量一定时，各使用者在资源利用上总是存在着明显的竞争关系，而信息资源的利用则不存在这种竞争关系。在信息资源的使用中，使用者彼此之间不存在直接的制约作用，同一信息资源可以同时被不同的使用者使用。信息的这种共享性为信息资源在社会经济生活中更有效地发挥作用奠定了基础。信息资源开发出后，不同的信息资源获得者都可以根据自身的情况对信息资源进行开发与利用，使得信息资源作为资源在社会经济生活中充分地体现出其价值来。即这种共享性是一种非零和的共享，共享的各方受益、受损是不确定的，各方因共享同一信息而获得的价值并不等于少数方独占该信息所获得的价值。

1.1.2 物流信息概念

物流系统由运输、创新、包装、装卸、搬运、配送、流通加工、物流信息等诸多子系统组成。其中，物流信息伴随着物流活动的始终。

1. 物流信息的定义

物流联结着生产和消费两大领域，是社会经济活动的基础。在社会经济活动中反映物流各种活动内容的知识、资料、图像、数据、文件的总称，即是物流信息。物流系统中，物流信息与运输、仓储、配送等环节密切联系，在物流活动中起着神经系统的作用。

2. 物流信息的组成与分类

1) 按管理层次分类

根据管理层次的划分，物流信息分为战略管理信息、战术管理信息、知识管理信息、操作管理信息。

(1) 战略管理信息：是企业高层管理决策者制定企业年经营目标、企业战略决策所需要的信息，例如企业全年经营业绩综合报表、经费者收入动向和市场动向以及国家有关政策法规等。

(2) 战术管理信息：是部门负责人作出关于局部和中期决策所涉及的信息，例如销售计划完成情况、单位产品的制造成本、库存费用、市场商情信息等。

(3) 知识管理信息：是知识管理部门相关人员对企业自己的知识进行收集、分类存储和查询，并进行知识分析得到的信息。例如专家决策知识、物流企业相关业务知识、工人的技术和经验形成的知识信息等。

(4) 操作管理信息：产生于操作管理层，反映和控制企业的日常生产和经营工作，例如每天的产品质量指标、用户订货合同、供应厂商原材料信息等。这类信息通常具有量大、发生频率高等特点。

2) 按信息来源分类

(1) 物流系统内部信息。这是伴随物流活动而发生的信息，包括物料流转信息、物流作业层信息。具体为运输信息、储存信息、物流加工信息、配送信息、定价信息等，以及物流控制层信息和物流管理层信息。

(2) 物流系统外部信息。它是在物流活动以外发生，但提供给物流活动使用的信息，包括供货人信息、顾客信息、订货合同信息、社会可用运输资源信息、交通和地理信息、市场信息、政策信息，还有来自企业的生产、财务等部门的与物流有关的信息。

3. 物流信息的特点

与其他领域信息比较，物流信息的特殊性主要表现在以下几个方面。

(1) 物流信息量大、分布广，信息的产生、加工和应用在时间、地点上也各不相同。

(2) 物流信息动态性强，信息的价值衰减速度快，这对信息管理的及时性要求就比较高。

(3) 物流信息种类多，不仅本系统内部各个环节有不同种类的信息，而且由于物流系统与其他系统(如生产系统、供应系统等)密切相关，因而还必须收集这些物流系统外的有关信息，这就使物流信息的分类、研究、筛选等工作的难度增加。

4. 物流信息在物流活动中的作用

物流系统是由多个子系统组成的复杂系统。它们通过物资实体的运动联系在一起，一个子系统的输出是另一个子系统的输入。合理组织物流活动，就是使各个环节相互协调，根据总目标的需要，适时、适量地调度系统内的基本资源。通过物流信息的作用才能使物流各环节组成一个有机统一的系统，而不是各个孤立物的活动。

物流系统中的相互衔接是通过信息来沟通的，而且基本资源的调度也是通过信息的传递来实现的。例如，物流系统和各个物流环节的优化所采取的方法、措施以及选用合适的设备、设计合理的路线、决定最佳库存量，都要切合系统实际，即依靠能够准确反映物流活动的信息。所以，物流信息对提高经济效益起着非常重要的作用。

物流信息管理的目的就是在信息系统的支撑下，把物流涉及企业的各种具体活动聚合起来，加强整体的聚合能力，因此必须对物流信息及其管理有足够的认识。

1.1.3 我国物流信息化发展现状

我国的物流产业随着社会分工的发展和社会产品总量的增长，特别是经济全球化和信息技术的发展而迅速成长起来，并已成为社会经济发展中非常重要的组成部分，它将对传统的商业运作模式、商品流通模式以及人们的生活方式产生广泛而深远的影响。

目前，我国物流整体规模扩大，发展速度加快，运行效率不断提高。根据《2010 年全国物流运行情况通报》：2010 年全国社会物流总额 125.4 万亿元，同比增长 15%；2010 年全国物流业增加值为 2.7 万亿元，按可比价格计算，同比增长 13.1%，增幅比上年提高 2.5 个百分点。物流业增加值占 GDP 的比重为 6.9%，占服务业增加值的比重为 16%，从构成情况看，运输费用 3.83 万亿元，同比增长 14%；保管费用 2.41 万亿元，同比增长 20.5%；管理费用 0.86 万亿元，同比增长 19%，物流增长速度超过了 GDP 的增长幅度。我国现代物流对经济发展的支撑和促进作用越来越明显。

随着计算机互联网的迅速普及和发展，信息流处于一个极为重要的地位，它贯穿于商品交易过程的始终，在一个更高的位置对商品流通的整个过程进行控制，记录整个商务活动的流程，是分析物流、导向资金流、进行经营决策的重要依据。要提供最佳的服务，物流必须有良好的信息处理和传输系统。

1. 信息化——新的利益增长点

物流业的高速增长给企业带来的是高额的物流成本。据统计，目前我国一般工业品从出厂经装卸、储存、运输等各个物流环节，最终到消费者手中的流通费用，约占商品价格的 50%。我国汽车零配件的生产中，90%以上的时间是装卸、储存和运输。这些费用和时间上的消耗及大量存在的库存，为物流的发展留下巨大的空间，中国物流迫切需要仓储和运输、配送信息化管理的全面普及。2010年社会物流总费用与GDP的比率接近18%，比发达国家的平均水平高出1倍。以我国2010年GDP达39.8万亿计算，物流成本每节约1个百分点，将产生近800亿的社会财富，所以如何借用物流信息化优化管理成为一个新的利益增长点。而目前我国千万家中小型企业中，实现信息化的比例不到10%，中小型物流企业的信息化更是亟待起步。

物流企业信息化的目的是要满足企业自身管理的需要和不同类型企业在物流业务外包过程中对信息交换方的要求，也就是通过建设物流信息系统，提高信息流转效率，降低物流运作成本，而信息化需求的准确定位是物流企业信息化成功的关键。70%～80%的物流企业已经迫切需要信息化手段来解决一些发展瓶颈，并且知道信息化能帮助他们，但却不知道如何尽快将自身业务融入物流信息化的大环境，这是当前所需迫切思考和解决的首要问题。

2. 仓储运输管理——现阶段物流信息化核心

现在约70%的物流企业只是应用了一些标准的编码、协议、网络等基础设施建设，以整合内部资源和流程为目的的信息采集和交换，其主要的目标是流畅、低成本、标准化。例如物流企业的网站建设，但这一层面的信息化只解决了信息的采集、传输、加工、共享，从而提高决策水平，带来效益。从严格意义上来说，这并非真正的物流信息化。

在我国，物流成本过高主要体现在运输与保管(即仓储)方面。物流信息系统不仅能够卓有成效地降低人力成本，而且能够彻底改变仓库管理与运输配送模式。现阶段的物流企业信息化的核心即是以物流的仓储管理及运输管理为主要内容，向外延伸到电子商务和供应链的管理。例如仓储存取的优化方案、运输路径的优化方案等。通过与客户的信息系统对接，形成以供应链为基础的、高效快捷便利的信息平台，使信息化成为提高整个供应链效率和竞争能力的关键工具。另外，值得注意的是，物流是一个网络，是资源整合，即使一个企业物流信息化程度再高，而相关的运输、包装、仓储、分拣等与之合作的企业没有信息化，彼此效率也会大打折扣。

3. 综合物流管理信息系统——物流信息化新趋势

2006年中国物流业全面开放后，国内众多物流企业受到明显冲击。第三方物流(3PL)在中国物流发展中起到越来越重要的作用。综合物流管理信息系统概念应运而生，综合物流管理信息系统强调从供应链角度优化企业物流，针对第三方物流业典型用户开发，支持现代第四方物流业务，蕴涵了先进物流管理理念。这种新型系统以仓储配送为核心，同时可连接车队管理、货物跟踪等其他管理模块，可实现多仓库、多客户、跨地域管理，强调仓储配送服务的灵活性、及时性、准确性。通过专业的第三方物流运作管理模式及物流业经营之道的深入研究，综合物流管理信息系统不仅可服务于大型企业，同时也可作为政府公共平台为社会提供服务。

良好的信息系统大大提高了服务水平，同时也赢得了客户的尊敬与信赖。

实际上，物流行业涉及的面非常多，不仅包括仓储及配送、货运代理、火车公路航空轮船运输、报关代理，最主要的是物流管理信息平台、物流解决方案、物流咨询、公共信息平台这些物流服务中高附加值的部分，但是我国物流企业大多数只是提供运输和仓储等传统服务，获取较低的收益，能够提供一揽子物流解决方案的企业很少。国内也有少数的企业正逐步向现代物流靠近，提供高附加值的服务，如中储物流总公司、西南物流中心等。

面对 2006 年后外资物流企业的不断涌入，国内广大物流企业只有在准确分析物流企业信息化现状的基础上，明确企业信息化的优势和不足，正确面对企业信息化面临的挑战，准确进行信息化需求的定位，才能抓住难得的发展机遇，在激烈的市场竞争中取得优势。

1.2 物流信息技术简介

1.2.1 信息技术

信息技术(Information Technology)是在信息科学的基本原理和方法的指导下扩展人类信息功能的技术。一般来说，信息技术是以电子计算机和现代通信为主要手段实现信息的获取、加工、传递和利用等功能的技术总和。人的信息功能包括：感觉器官承担的信息获取功能；神经网络承担的信息传递功能；思维器官承担的信息认知功能和信息再生功能；效应器官承担的信息执行功能。按扩展人的信息器官功能分类，信息技术可分为以下几方面技术。

(1) 传感(Sensing)技术——信息的采集技术，对应于人的感觉器官。

传感技术的作用是扩展人们获取信息的感觉器官功能。它包括信息识别、信息提取、信息检测等技术。它几乎可以扩展人类所有感觉器官的传感功能。信息识别包括文字识别、语音识别和图形识别等。通常是采用一种叫做"模式识别"的方法。传感技术、测量技术与通信技术相结合而产生的遥感技术，使人感知信息的能力得到进一步地加强。

(2) 通信(Communication)技术——信息的传递技术，对应于人的神经系统的功能。

通信技术的主要功能是实现信息快速、可靠、安全地转移。各种通信技术都属于这个范畴。广播技术也是一种传递信息的技术，由于存储、记录可以看成是从"现在"向"未来"或从"过去"向"现在"传递信息的一种活动，因而也可将它看做是信息传递技术的一种。

(3) 计算机(Computer)技术——信息的处理和存储技术，对应于人的思维器官。

计算机信息处理技术主要包括对信息的编码、压缩、加密和再生等技术。计算机存储技术主要包括着眼于计算机存储器的读写速度、存储容量及稳定性的内存储技术和外存储技术。

(4) 控制(Control)技术——信息的使用技术，对应于人的效应器官。

控制技术即信息使用技术，是信息过程的最后环节。它包括调控技术、显示技术等。

由上可见，传感技术、通信技术、计算机技术和控制技术是信息技术的四大基本技术，其主要支柱是通信技术、计算机技术和控制技术，即"3C"技术。信息技术是实现信息化的核心手段。信息技术是一门多学科交叉综合的技术，计算机技术、通信技术和多媒体技术、网络技术互相渗透、互相作用、互相融合，形成以智能多媒体信息服务为特征的时空的大规模信息网。信息科学、生命科学和材料科学一起构成了当代 3 种前沿科学，信息技术是当代世界范围内新的技术革命的核心。信息科学和技术是现代科学技术的先导，是人类进行高效率、高效益、高速度社会活动的理论、方法与技术，是国家现代化的一个重要标志。

1.2.2 物流信息技术概述

1. 物流信息技术概念

物流信息技术(Logistics Information Technology，LIT)，即运用于物流各环节中的信息技术。根据物流的功能及特点，物流信息技术包括计算机技术、网络技术、数据库技术、条码技术、射频识别(Radio Freguency Identification，RFID)技术、电子数据交换(Electronic Data Interchange，EDI)技术、全球定位系统(Global Positioning System，GPS)、地理信息系统(Geographic Information System，GIS)等。

物流信息技术是物流现代化的重要标志，也是物流技术中发展最快的领域。从数据采集的条码系统，到办公自动化系统中的微机、互联网、各种终端设备等硬件以及计算机软件都在日新月异地发展。同时，随着物流信息技术的不断发展，产生了一系列新的物流理念和新的物流经营方式，推进了物流的变革。在供应链管理方面，物流信息技术的发展也改变了企业应用供应链管理获得竞争优势的方式，成功的企业通过应用信息技术来支持它的经营战略并选择它的经营业务，通过利用信息技术来提高供应链活动的效率性，增强整个供应链的经营决策能力。

2. 物流信息技术内容

1) 基础技术

基础技术主要包括计算机技术、网络技术、数据库技术。

计算机技术是计算机领域中所运用的技术方法和技术手段。计算机技术具有明显的综合特性，它与电子工程、应用物理、机械工程、现代通信技术和数学等紧密结合，发展很快。计算机技术在许多学科和工业技术的基础上产生和发展，又在几乎所有科学技术和国民经济领域中得到广泛应用。计算机技术的内容非常广泛，可粗分为计算机系统技术、计算机器件技术、计算机部件技术和计算机组装技术等几个方面。在物流信息技术中，计算机技术主要是指计算机的操作技术。

网络技术是从20世纪90年代中期发展起来的新技术，它把互联网上分散的资源融为有机整体，实现资源的全面共享和有机协作，使人们能够透明地使用整体的资源并按需获取信息。资源包括高性能计算机、存储资源、数据资源、信息资源、知识资源、专家资源、大型数据库、网络、传感器等。网络可以构造地区性网络、企事业内部网络、局域网网络，甚至家庭网络和个人网络。网络的根本特征并不是它的规模，而是资源共享，消除资源孤岛。在物流管理中，网络技术为物流供应链管理提供技术实现手段，实现信息在企业之间的交换与共享。

数据库技术产生于20世纪60年代末70年代初，其主要目的是有效地管理和存取大量的数据资源，数据库技术主要研究如何存储、使用和管理数据。近年来，数据库技术和计算机网络技术的发展相互渗透、相互促进，已成为当今计算机领域发展迅速、应用广泛的两大领域。数据库技术不仅应用于事务处理，而且进一步应用到情报检索、人工智能、专家系统、计算机辅助设计等领域。在物流管理中，数据库技术主要用于物流信息的存储、查询、提供信息支持与辅助决策。

2) 信息采集技术

信息采集技术主要包括条码技术(Bar Code)、射频识别(RFID)技术。

条码技术是在计算机的应用实践中产生和发展起来的一种自动识别技术，为人们提供了一种对物流中的货物进行标识和描述的方法。

条码是实现 POS(Point of Sale，销售点情报管理系统)、EDI、电子商务(Electronic Commerce，EC)、供应链管理的技术基础，是物流管理现代化、提高企业管理水平和竞争能力的重要技术手段。

射频识别(RFID)技术是一种非接触式的自动识别技术，它通过射频信号自动识别目标对象来获取相关数据。识别工作无需人工干预，可工作于各种恶劣环境。短距离射频产品不怕油渍、灰尘污染等恶劣的环境，可以替代条码，例如用在工厂的流水线上跟踪物体。长距射频产品多用于交通上，识别距离可达几十米，如自动收费和识别车辆身份等。

3) 信息交换技术

信息交换技术即 EDI 技术。EDI 是指通过电子方式，采用标准化的格式，利用计算机网络进行结构化数据的传输和交换。构成 EDI 系统的 3 个要素是 EDI 软硬件、通信网络以及数据标准化。

工作方式大体如下：用户在计算机上进行原始数据的编辑处理，通过 EDI 转换软件(Mapper)将原始数据格式转换为平面文件(Flat File)，平面文件是用户原始资料格式与 EDI 标准格式之间的对照性文件。通过翻译软件(Translator)将平面文件变成 EDI 标准格式文件，然后在文件外层加上通信信封(Envelope)，通过通信软件(EDI 系统交换中心邮箱(Mailbox))发送到增值服务网络(VAN)或直接传送给对方用户，对方用户则进行相反的处理过程，最后成为用户应用系统能够接收的文件格式。

4) 地理分析与动态跟踪技术

地理分析与动态跟踪技术主要包括 GIS、GPS 技术。

GIS(Geographical Information System，地理信息系统)是多种学科交叉的产物，它以地理空间数据为基础，采用地理模型分析方法，适时地提供多种空间和动态的地理信息，是一种为地理研究和地理决策服务的计算机技术系统。其基本功能是将表格型数据(无论它来自数据库、电子表格文件或直接在程序中输入)转换为地理图形显示，然后对显示结果浏览、操作和分析。其显示范围可以从洲际地图到非常详细的街区地图，显示对象包括人口、销售情况、运输线路和其他内容。

GPS(Global Positioning System，全球定位系统)具有在海、陆、空进行全方位实时三维导航与定位能力。GPS 在物流领域可以应用于汽车自定位、跟踪调度、铁路运输管理以及军事物流。

本 章 小 结

物流联结生产和消费两大领域，是社会经济活动的基础。在社会经济活动中反映物流各种活动内容的知识、资料、图像、数据、文件的总称，即是物流信息。物流系统中，物流信息与运输、仓储、配送等环节密切联系，在物流活动中起着神经系统的作用。

物流信息技术即运用于物流各环节中的信息技术。根据物流的功能及特点，物流信息技术包括计算机技术、网络技术、数据库技术、条码技术、RFID 技术、EDI 技术、GPS、GIS 等。

物流信息技术概论

物流信息技术是物流现代化的重要标志，也是物流技术中发展最快的领域，从数据采集的条码系统，到办公自动化系统中的计算机、互联网、各种终端设备等硬件以及计算机软件都在日新月异地发展。同时，随着物流信息技术的不断发展，产生了一系列新的物流理念和新的物流经营方式，推进了物流的变革。在供应链管理方面，物流信息技术的发展也改变了企业应用供应链管理获得竞争优势的方式，成功的企业通过应用信息技术来支持它的经营战略并选择它的经营业务，通过利用信息技术来提高供应链活动的效率性，增强整个供应链的经营决策能力。

关键术语

数据　信息　信息系统　信息平台　物流信息技术

综合练习

一、填空题

1. 由于各种原因的限制，在市场中交易的双方所掌握的信息是极不相等的，不同企业掌握信息的程度各有不同，这就形成了信息的_____。
2. 根据管理层次的划分，物流信息分为_____、战术管理信息、知识管理信息和操作管理信息。
3. 物流信息技术内容包括_____、_____、_____、_____。

二、名词解释

数据、信息、物流信息、信息技术、物流信息技术

三、简答题

1. 简述我国物流行业信息化的现状。
2. 说明物流信息技术在物流活动中的作用。

案例分析

根据以下案例所提供的资料，试分析：

(1) 物流信息技术对于提高企业竞争力的意义。
(2) 美国联邦快递公司如何应用信息技术提高自身的效益？
(3) 美国联邦快递公司的案例对我国物流企业有何启示？

 分析案例

现代物流信息技术在 UPS 中的应用

成立于1907年的美国联合包裹服务公司(United Parcel Service，UPS)是世界上最大的配送公司。

表面上 UPS 的核心竞争优势来源于其由 44 000 万辆专用货车和 677 架飞机组成的运输队伍，而实际上 UPS 今天的成功并非仅仅如此。

20 世纪 80 年代初，UPS 以其大型的棕色卡车车队和及时的递送服务，控制了美国路面和陆路的包裹速递市场。然而，到 20 世纪 80 年代后期，随着竞争对手利用不同的定价策略以及跟踪和开单的创新技术对联邦快递的市场进行蚕食，UPS 的收入开始下滑。许多大型托运人希望通过单一服务来源提供全程的配送服务。进一步，顾客希望通过把握更多的物流信息，以利于自身控制成本和提高效率。随着竞争的白热化，这种服务需求变得越来越迫切。正是基于这种服务需求，UPS 从 20 世纪 90 年代初开始致力于物流信息技术的广泛利用和不断升级。今天，提供全面物流信息服务已经成为包裹速递业务中一个至关重要的核心竞争要素。

UPS 通过应用三项以物流信息技术为基础的服务提高了竞争能力。

第一，条形码和扫描仪使联邦快递公司能够有选择地每周七天、每天 24 小时地跟踪和报告装运状况，顾客只需拨个免费电话，即可获得"地面跟踪"和"航空递送"这样的增值服务。

第二，UPS 的递送驾驶员携带着以数控技术为基础的笔记本电脑到排好顺序的线路上收集递送信息。这种笔记本电脑使驾驶员能够用数字记录装运接收者的签字，以提供收货核实。通过电脑协调驾驶员信息，减少了差错，加快了递送速度。

第三，UPS 最先进的信息技术应用，是创建于 1993 年的一个全美无线通信网络，该网络使用了 55 个蜂窝状载波电话。蜂窝状载波电话技术使驾驶员能够把适时跟踪的信息从卡车上传送到联邦快递公司的中心计算机。无线移动技术和系统能够提供电子数据储存，并能恢复跟踪公司在全球范围内的数百万笔递送业务。通过安装卫星地面站和扩大系统，到 1997 年适时包裹跟踪成为了现实。

UPS 通过这三方面推广物流信息技术，从而发挥了核心竞争优势。

在信息技术上，联邦快递已经配备了第三代速递资料收集器Ⅲ型 DIAD，这是业界最先进的手提式计算机，可几乎同时收集和传输实时包裹传递信息，也可让客户及时了解包裹的传送现状。这台 DIAD 配置了一个内部无线装置，可在所有传递信息输入后立即向 UPS 数据中心发送信息。司机只需扫描包裹上的条形码，获得收件人的签字，输入收件人的姓名，并按动一个键，就可同时完成交易并送出数据。Ⅲ型 DIAD 的内部无线装置还在送货车司机和发货人之间建立了双向文本通信。专门负责某个办公大楼或商业中心的司机可缩短约 30 分钟的上门收货时间。每当接收到一个信息，DIAD 角上的指示灯就会闪动，提醒司机注意。这对消费者来说，不仅意味着所寄送的物品能很快发送，还可随时"跟踪"到包裹的行踪。通过这一过程速递业真正实现了从点到点、户对户的单一速递模式，除了为客户提供传统速递服务外，还包括库房、运输及守候服务等全方位物流服务，从而大大地拓展了传统物流信息技术。

在信息系统上，UPS 将应用在美国国内运输货物的物流信息系统，扩展到了所有国际运输货物上。这些物流信息系统包括署名追踪系统和比率运算系统等，其解决方案包括自动仓库、指纹扫描、光拣技术、产品跟踪和决策软件工具等。这些解决方案从商品原起点流向市场或者最终消费者的供给链上帮助客户改进了业绩，真正实现了双赢。

在信息治理上，最典型的应用是 UPS 在美国国家半导体公司(National Semiconductor)新加坡仓库的物流信息治理系统，该系统有效地减少了仓储量及节省货品运送时间。今天人们可以看到，在 UPS 物流治理体系中的美国国家半导体公司新加坡仓库，一位治理员像挥动树枝一样用一台扫描仪扫过一箱新制造的

计算机芯片。随着这个简单的动作,他启动了高效和自动化、几乎像魔术般的送货程序。这座巨大仓库是由联邦快递的运输奇才们设计建造的。UPS 的物流信息治理系统将这箱芯片发往码头,然后送上卡车和飞机,接着又是卡车,在短短的 12 小时内,这些芯片就会送到国家半导体公司的客户——远在万里之外硅谷的个人计算机制造商——手中。在整个途中,芯片中嵌入的电子标签将让客户以精确到 3 英尺以内的精确度跟踪订货。

由此可见,物流信息技术通过深入物流企业的业务流程来实现对物流企业各生产要素(车、仓、驾等)进行合理组合与高效利用,降低了经营成本,直接产生了明显的经营效益。它有效地把各种零散数据变为商业智慧,赋予了物流企业新型的生产要素——信息,大大提高了物流企业的业务猜测和治理能力,通过"点、线、面"的立体式综合治理,实现了物流企业内部一体化和外部供给链的统一治理,有效地帮助物流企业提高了服务素质,提升了物流企业的整体效益。具体地说,它有效地为物流企业解决了单点治理和网络化业务之间的矛盾,成本和客户服务质量之间的矛盾,有限的静态资源和动态市场之间的矛盾,现在和未来猜测之间的矛盾等。

(资料来源:齐二石.物流工程[M].北京:中国科学技术出版社,2005.)

第 2 章 物流信息基础技术

【教学目标】

通过本章学习，了解办公自动化、网络、数据库的基本原理，明确办公自动化原理及网络运用技术，掌握常用数据储存与挖掘的基本内容。

【教学要求】

知识要点	能力要求	相关知识
办公自动化	办公自动化以科学为主导、系统科学为理论、结合运用计算技术和通信技术来帮助人们完成办公室的工作	办公自动化的概念、功能、软硬件构成、系统平台
网络技术	计算机通信网络就是利用通信设备和线路将地理位置不同、功能独立的多个计算机系统相互联系起来，以功能完善的网络软件实现资源共享和信息传递	计算机网络的产生 计算机网络协议 互联网应用 企业网络建设
数据储存技术	数据库技术是现代信息科学与技术的重要组成部分，是计算机数据处理与信息管理系统的核心	数据库的概念 数据库的设计 数据挖掘

物流信息技术概论

导入案例

数据挖掘技术在物流管理中的应用

信息是企业最重要的有效资源，最大限度地提高信息的利用率是企业经营成败的关键。沃尔玛公司是现代物流管理在商业运用最好的例证。沃尔玛拥有由信息系统、供应商伙伴关系、可靠的运输及先进的全自动配送中心组成的完整物流配送系统，可以及时保证货品从仓库运送到任何一家商店的时间不超过48小时，相对于其他同业商店平均两周补货一次来说，沃尔玛可保证分店货架平均一周补两次。通过迅速的信息传递与先进的电脑跟踪系统，沃尔玛可以在全美国范围内快速地输送货物，使各分店即使只维持极少存货也能保持正常销售，从而大大节省了存贮空间和存货成本。沃尔玛的物流高效率是因为他们运用了最先进的数据挖掘技术，据统计，沃尔玛公司专门从事物流信息系统工作的科技人员有1 200多人，每年投入信息的资金约6亿美元。

利用数据仓库和数据挖掘技术，沃尔玛对商品进行市场分组分析，即分析哪些商品顾客最有希望一起购买。沃尔玛数据仓库里集中了各个商店一年多的详细原始交易数据。在这些原始交易数据的基础上，沃尔玛利用自动数据挖掘工具对这些数据进行分析和挖掘。沃尔玛公司近年来用大容量的数据仓库来进行数据挖掘和客户关系管理，对其3 000多家零售店的8万种产品时刻把握住利润最高的商品品种和数量。他们在从事由数据变信息，由信息变知识的知识挖掘工作，通过全球、全集团、全方位、全过程、全天候的自动数据采集技术，改变传统的依靠假设和推断来确定订货的方式，从数据的不断积累过程中以小时为单位动态地运行决策模型，导出数亿个品种的最佳订货量与最佳商品组合分配、降价以及商品陈列等。

(资料来源：李其芳.基于数据挖掘技术的现代物流管理[J].商业时代，2006(25).)

问题：
1. 什么是数据挖掘，其作用是什么？
2. 沃尔玛公司应用数据挖掘技术的启示是什么？

2.1 计算机办公自动化技术

2.1.1 办公自动化技术概述

办公室自动化(Office Automation，OA)是近年随着计算机科学发展而提出来的新概念。办公室自动化一般指实现办公室内事务性业务的自动化，通常办公室的业务主要是进行大量文件的处理，起草文件、通知、各种业务文本，接收外来文件存档，查询本部门文件和外来文件，产生文件复件等。所以，采用计算机文字处理技术产生各种文档，存储各种文档，采用其他先进设备如复印机、传真机等复制、传递文档，或者采用计算机网络技术传递文档，是办公室自动化的基本特征。而办公自动化则包括更广泛的意义，即包括网络化的大规模信息处理系统。

1. 办公自动化的定义

办公自动化是指在行政机关工作中，采用Internet(因特网)或Intranet(企业内部网)技术，基于工作流的概念，以计算机为中心，采用一系列现代化的办公设备和先进的通信技术，广泛、全面、迅速地收集、整理、加工、存储和使用信息，使企业内部人员方便快捷地共享信息,高效地协同工作。改变过去复杂、低效的手工办公方式,为科学管理和决策服务,从而达到提高行政效率的目的。一个企业实现办公自动化的程度也是衡量其实现现代化管理的标准。我国专家在第一次全国办公自动化规划讨论会上提出办公自动化的定义为:利用先进的科学技术,使部分办公业务活动物化于人以外的各种现代化办公设备中,由人与技术设备构成服务于某种办公业务目的的人机信息处理系统。

2. 办公自动化的功能

(1) 建立内部的通信平台。建立组织内部的邮件系统,使组织内部的通信和信息的交流快捷通畅。

(2) 建立信息发布的平台。在内部建立一个有效的信息发布和交流的场所,例如电子公告、电子论坛、电子刊物,使内部的规章制度、新闻简报、技术交流、公告事项等能够在企业或机关内部员工之间得到广泛的传播,使员工能够了解单位的发展动态。

(3) 实现工作流程的自动化。由于每个企业部门都存在着大量流程化的工作,例如公文的处理、收发文、各种审批、请示、汇报等,通过实现工作流程的自动化,就可以规范各项工作,提高部门之间协同工作的效率。

(4) 实现文档管理的自动化。可使各类文档(包括各种文件、知识、信息)能够按权限进行保存、共享和使用,并有一个方便的查找手段。每个部门都会有大量的文档,在手工办公的情况下这些文档都保存在每个人的文件柜里。因此,文档的保存、共享、使用和再利用是十分困难的。另外,在手工办公的情况下文档的检索存在非常大的难度。办公自动化使各种文档实现电子化,通过电子文件柜的形式实现文档的保管,按权限进行使用和共享。

(5) 辅助办公。实现了会议管理、车辆管理、物品管理、图书管理等与日常事务性的办公工作相结合的各种辅助办公的自动化。

(6) 信息集成。每个部门可能存在大量的业务系统,如购销存、ERP(Event-related Potentials,企业资源规划)等系统,企业的信息源往往都在这些业务系统里,通过办公自动化系统与这些业务系统的集成,使相关的人员能够有效地获得信息,提高整体的反应速度和决策能力。

(7) 实现分布式办公。办公自动化可以支持多分支机构、跨地域的办公模式以及移动办公。

3. 办公自动化管理的主要技术

办公室自动化技术作为一门综合性、跨学科的技术,涉及计算机科学、通信科学、系统工程学、人机工程学、控制论、经济学、社会心理学、人工智能等,但人们通常把计算技术、通信技术、系统科学和行为科学称做办公自动化的四大支柱。以科学为主导、系统科学为理论、结合运用计算技术和通信技术来帮助人们完成办公室的工作,实现办公自动化。

1) 系统设计

办公室自动化系统的应用,经过较长时间的发展,已不是对一些办公设备的随意组合使用,而是根据一定的要求,作有计划的系统设计。在系统设计过程中,需要通过分析办公系统的层次,从而简单明确地反映系统中各层次的职能,准确地描述各个层次所具有的特性,借助模型勾画出办公系统的主要轮廓界线,从而实现一个结构完整的系统。

2) 行为科学和人机工程

传统的办公室工作完全是由人来实现的。为了能有效地替代人处理办公事务，首先必须研究使用机器进行办公室管理的体制，对办公体系划分层次和模拟人的办公方式，这种利用计算机系统模拟人类工作行为的科学称为行为科学。它属于一种软科学范畴。在以人为主要替代对象的办公自动化技术中，行为科学起着主导地位。只有在充分研究人类办公活动的行为科学的前提下，才能使办公自动化系统切实有效地替代人们的办公行为。

在办公自动化体系中，大量的办公事务由机器执行，但操作、指挥它的还是人，要使人和机器设备之间有密切的界面关系，使人们方便、习惯于操作机器，这就要研究办公自动化系统中的人机界面(包括各种设备的操作性能、外形、操作面板、结构特点、使用维护等)，并寻找改进人机界面关系的方法。这些都属于人机工程学的内容。

3) 通信技术

对于办公自动化系统来说，局域网(Local Area Network，LAN)通信是一种很重要的通信手段，可实现资源共享及电子邮件、电子广告、电子会议等一系列新的技术和新的办公体制，大大提高办公自动化效率。

对于大型机构，可设立多个 LAN 及数字式专用程控电话交换机 PABX(Private Automatic Branch Exchange，自动用户小交换机)系统，LAN 和 PABX 之间可以用网间通信处理机连接起来，LAN 和 PABX 系统还可以分别和远程通信网络相连接，从而构成范围更广泛的通信体系。

目前，办公自动化系统通信技术正朝着分布处理方式发展，利用分布处理的计算机网络把分散的办公计算机系统、LAN 系统、分散的终端设备、终端工作站以及大型主机等相互连接构成一个通信体系。

4) 计算技术

电子计算机具有高速处理大量信息的能力，它是否用于办公事务已成为实现办公室自动化的重要标志。近年来由于计算机系统的价格与性能比迅速降低，小型及微型机日益普及，电子计算机尤其是微型机大量用于办公自动化，如各种智能化终端设备、微机工作站、个人计算机等。就计算机科学技术而言，除了要提供必要的硬件设备外，更重要的是开发办公自动化软件，它是使系统能有效运行的重要保证。

2.1.2 办公自动化系统平台构建

1. 硬件设备

初期办公室自动化主要是单项设备的应用，如传统的电话、各种打字机、复印机、传真机、收录机、文字缩微装置等。近年来由于电子数据处理技术的发展，智能化的数据终端、文字图形处理终端、个人计算机、多用户工作站等类设备相继出现，同时又发展了 LAN，可以把上述各类设备连接到一起。

目前办公室自动化使用的机器大体分为事务处理类、数据处理类和通信传输类等，各类所包括的机器及其用途见表 2-1。

表 2-1 办公室自动化使用的机器及用途

分类	办公自动化机器	主要用途
事务系统	文字处理	自动编制文书作业
	图像文件信息装置	节约从大量文件中找出所需文件资料的时间
	多功能复印机	简化和节约文件复制的手续和时间
数据处理系统	个人计算机	简单方便地重复进行计算或统计制表处理
	办公计算机	用于在办公室内进行票据、报表处理并做成管理资料等业务
	终端	与中央计算机联机,可使数据输入、收发信息和处理业务机械化
通信系统	传真机	可以远程发送文件、简化和节约收发手续和时间
	多功能电话机	简化打电话手续和节省时间、预约电话
	内部交换机	内部电话预定、交换业务自动化

2. 软件系统

计算机的软件是给计算机配备的一系列程序的总称,它是计算机应用技术的具体体现。对软件的要求,应当是功能齐全,使计算机操作方便,能充分发挥硬件的效用。

办公自动化系统的软件结构:办公自动化系统是设备、技术、功能均具有综合性特点的系统,这就决定了办公自动化软件的综合性和复杂性。办公自动化系统软件结构是层次式的,机器与人之间共有 3 层软件;即基本软件层、办公室环境软件层和应用软件层。各层软件都支持办公室网络环境。

(1) 基本软件层:办公自动化系统基本软件与通常概念下基本软件相同,这层软件主要包括操作系统(单机及网络环境下)和各种语言处理程序。

(2) 办公室环境软件层:办公室环境软件(或称为办公室基本软件)指为办公室提供基本支持环境的软件,主要有以下几个方面。

① 办公室管理软件:管理办公室系统的配置、作业、安全、保密等。

② 办公室文件管理:管理办公室环境下个人文件及共用文件。

③ 办公室邮件管理:个人工作站之间资料和信息的传递管理,又可分为电子邮件管理和声音邮件管理两部分。

④ 办公室数据库管理:办公室系统共享信息的管理。办公室数据库管理系统应具有在系统网络上运行的可能,并要有良好的人机界面工作环境。

(3) 办公室应用软件层:应用软件是办公室系统中最大的软件层,包括各种办公事务处理的应用程序和实用程序。这一层软件又可分为通用软件及完全专用的软件。

① 通用软件:较为通用的应用软件大多是一些办公人员的工具型软件,用这些软件可以处理各种不定型的办公业务,主要有:文字处理软件,声音处理软件,表格处理软件,图像处理软件,图形处理软件,文字、数据、图表的集成软件,统计分析软件,预测软件,情报资料检索软件,日程计划软件,词典检索服务软件。

② 专用软件:专用软件为具体办公业务和其他业务使用的软件,数量较多,使用广泛,一般由用户研制,但近年也有软件产品出售,如:各种专家系统软件、会议室管理软件、印刷排版系统软件、电话记账软件、办公用品管理软件、出退勤管理软件、现金出纳软件、会计业务软件、图书馆软件、备忘录软件、行业管理专用软件、旅馆管理系统、医院管理系统、商店管理系统、车辆调度系统、工厂管理信息系统。

3. 系统平台的选择

对于办公自动化系统的选型而言，确定系统平台的方向是第一个应该做的工作。办公自动化软件(协同办公软件)的系统平台，目前主要有以下两类。

(1) 以群件为基础，主要是基于 IBM 的 Domino(即 Lotus Notes)和基于微软的 Exchange 两种。Domino 是一个从邮件系统中发展起来的类似于文档数据库的产品，早期曾是办公自动化系统的主流，随着办公自动化应用的不断发展出现了不少基于 Notes 和 Domino 的办公自动化产品，功能也从原来最简单的收发文和信息共享发展到包括工作流等较全面的功能。Exchange 则是完全基于微软平台的一个产品，其本质是一个邮件服务器，但有一些增强功能，也有少数公司基于它开发了一些办公自动化产品。

(2) 以开放平台为基础，主要是基于 J2EE(Java)、基于微软的 .NET 平台(严格地讲其中部分产品是基于 ASP 的，而非 .NET)，以及基于其他一些程序开发语言这 3 种。它们都是基于程序开发语言来实现的，后台采用标准的数据库如 Oracle、SQL Server 等，采用标准的 B/S 三层架构。

2.2 网络技术

2.2.1 网络技术基础

计算机网络技术是 20 世纪对人类社会产生最深远影响的科技成就之一。随着 Internet 技术的发展和信息基础设施的完善，计算机网络技术正在改变人们的生活、学习和工作方式，推动着社会文明的进步。计算机网络是计算机技术与通信技术密切结合的综合性学科，也是计算机应用中一个空前活跃的领域。

1. 计算机网络的基本概述

1) 计算机网络的定义

计算机网络就是利用通信设备和线路将地理位置不同、功能独立的多个计算机系统相互联接起来，以功能完善的网络软件实现资源共享和信息传递。

2) 计算机网络的组成

计算机网络通常由 3 个部分组成，即通信子网、资源子网和通信协议。所谓通信子网就是计算机网络中负责数据通信的部分；资源子网是计算机网络中面向用户的部分，负责整个网络面向应用的数据处理工作；通信协议是指通信双方必须共同遵守的规则和约定，它的存在是计算机网络与一般计算机互连系统的根本区别。

2. TCP/IP 协议

TCP/IP 协议(Transmission Control Protocol/Internet Protocol)是为美国 ARPA(Advanced Research Project Agency，美国国防部高级研究计划署)网设计的，目的是使不同厂家生产的计算机能在共同网络环境下运行。它涉及异构网通信问题，后来发展成为 DARPA(Defence Advanced Research Projects Agency，美国国防部高级研究计划局)网际 Internet 标准，要求 Internet 上的计算机均采用 TCP/IP 协议，TCP/IP 协议是 Internet 的核心协议。TCP 是传输控制协议，规定一种可靠的数据信息传递服务；IP 协议又称互联网协议，是支持网间互联的数据报协议,它提供网间连接的完善功能,包括 IP 数据报规定的互联网络范围内的地址格式。

3. 计算机网络的安全性

随着计算机网络的普及和发展,与此相关的网络安全问题也随之凸现出来,并逐渐成为企业网络应用所面临的主要问题。

1) 网络安全存在的主要问题

无论是内部安全问题还是外部安全问题,归结起来一般有以下几个方面。

(1) 网络建设单位、管理人员和技术人员缺乏安全防范意识,从而就不可能采取主动的安全措施加以防范,完全处于被动的局面。

(2) 组织和部门的有关人员对网络的安全现状不明确,不知道或不清楚网络存在的安全隐患,从而失去了防御攻击的先机。

(3) 组织和部门的计算机网络安全防范没有形成完整的、组织化的体系结构,其缺陷给攻击者以可乘之机。

(4) 组织和部门的计算机网络没有建立完善的管理体系,从而导致安全体系和安全控制措施不能充分有效地发挥效能。业务活动中存在安全疏漏,造成不必要的信息泄露,给攻击者收集敏感信息的机会。

(5) 网络安全管理人员和技术人员缺乏必要的专业安全知识,不能安全地配置和管理网络,不能及时发现已经存在的和随时可能出现的安全问题,对突发的安全事件不能作出积极、有序和有效的反应。

任何一种单一的技术或产品都无法满足网络对安全的要求,只有将技术和管理有机地结合起来,从控制整个网络安全建设、运行和维护的全过程入手,才能提高网络的整体安全水平。

2) 网络安全管理体系的建立

实现网络安全的过程是复杂的。这个复杂的过程需要严格有效的管理才能保证整个过程的有效性,才能保证安全控制措施有效地发挥其效能,从而确保实现预期的安全目标。因此,建立组织和部门的安全管理体系是网络安全的核心。要从系统工程的角度构建网络的安全体系结构,把组织和部门的所有安全措施和过程通过管理的手段融合为一个有机的整体。安全体系结构由许多静态的安全控制措施和动态的安全分析过程组成。

(1) 安全需求分析。"知己知彼,百战不殆",只有了解自己的安全需求才能有针对性地构建适合于自己的安全体系结构,从而有效地保证网络系统的安全。

(2) 安全风险管理。安全风险管理是对安全需求分析结果中存在的安全威胁和业务安全需求进行风险评估,以组织和部门可以接受的投资,实现最大限度的安全保障。风险评估为制定组织和部门的安全策略和构建安全体系结构提供直接的依据。

(3) 制定安全策略。根据组织和部门的安全需求和风险评估的结论,制定组织和部门的计算机网络安全策略。

(4) 定期安全审核。安全审核的首要任务是审核组织的安全策略是否被有效和正确地执行。其次由于网络安全是一个动态的过程,组织和部门的计算机网络配置可能经常变化,因此组织和部门对安全的需求也会发生变化,组织和部门的安全策略需要进行相应的调整。为了在发生变化时,安全策略和控制措施能够及时反映这种变化,必须进行定期安全审核。

(5) 外部支持。计算机网络安全同必要的外部支持是分不开的,通过专业的安全服务机构的支持,将使网络安全体系更加完善,并可以得到更新的安全资讯,为计算机网络安全提供安全预警。

(6) 计算机网络的安全管理。安全管理是计算机网络安全的重要环节,也是计算机网络安全体系结构的基础性组成部分。通过恰当的管理活动,规范组织的各项业务活动,使网络有序地进行,是获取安全的重要条件。

4. 因特网及其应用

因特网是当今世界上最大的信息网络。自20世纪80年代以来,它的应用已从军事、科研与学术领域进入商业、传播和娱乐等领域,并于20世纪90年代成为发展最快的传播媒介之一。

1) 因特网的产生与发展

Internet 最早来源于 DARPA 的前身 ARPA 建立的 ARPANet,该网于1969年投入使用。从20世纪60年代开始,ARPA 就开始向美国国内大学的计算机系和一些私人有限公司提供经费,以促进基于分组交换技术的计算机网络的研究。1968年,ARPA 为 ARPANet 网络项目立项,最初 ARPANet 主要用于军事研究。

Internet 的第二次飞跃归功于 Internet 的商业化,由于 Internet 在通信、资料检索、客户服务等方面的巨大潜力,世界各地的企业纷纷涌入 Internet,带来了 Internet 发展史上一个新的飞跃。

1995年5月,中国公用计算机互联网(CHINANET)开始向公众提供 Internet 服务,标志着 Internet 进入中国。

2) 因特网的应用

因特网已发展了多种类型的信息服务,其中 Telnet、FTP、Archie、E-mail、Gopher、WAIS、IRC 和 WWW(World Wide Web,万维网)是最基本的和得到广泛利用的服务。

(1) WWW 是目前 Internet 上最为流行、最受欢迎也是最新的一种信息浏览服务。它最早于1989年出现在欧洲粒子物理实验室(CERN),该实验室是由欧洲20国共同出资兴办的。WWW 的初衷是为了让科学家们以更方便的方式彼此交流思想和研究成果,但现在它正成为一种最受欢迎的浏览工具。

WWW 是一个将检索技术与超文本技术结合起来,遍布全球的检索工具。它遵循超文本传输协议(Hyper Text Transfer Protocol,HTTP),它以超文本(Hypertext)或超媒体(Hypermedia)技术为基础,将 Internet 上各种类型的信息(包括文本、声音、图形、图像、影视信号)集合在一起,存放在 WWW 服务器上,供用户快速查找。通过使用 WWW 浏览器,一个不熟悉网络的人几分钟就可漫游 Internet。电子商务、网上医疗、网上教学等服务都是基于 WWW、网上数据库和新的编程技术实现的。

WWW 可谓功能强大,它不仅能展现文字、图像、声音、动画等超媒体文件,而且可以运行使用者单一界面存取各种网络资源服务的实用理念。

(2) Telnet 是传输控制协议/因特网协议(TCP/IP)网络(例如 Internet)的登录和仿真程序。它最初是由 ARPANet 开发的,但是现在它主要用于 Internet 会话。它的基本功能是,允许用户登录进入远程主机系统。

(3) FTP(File Transfer Protocal,文件传输协议),用于 Internet 上控制文件的双向传输。

同时它也是一个应用程序(Application)。用户可以通过它把自己的 PC 与世界各地所有运行 FTP 协议的服务器相连，访问服务器上的大量程序和信息。

(4) E-mail 又称电子信箱、电子邮件，它是一种用电子手段提供信息交换的通信方式，是 Internet 应用最广泛的服务。通过网络的电子邮件系统，用户可以用非常低廉的价格(不管发送到哪里，都只需负担电话费和网费即可)，以非常快速的方式(几秒钟之内可以发送到世界上任何你指定的目的地)，与世界上任何一个角落的网络用户联系，这些电子邮件可以是文字、图像、声音等各种形式。同时用户可以得到大量免费的新闻、专题邮件，并实现轻松的信息搜索。

常见的电子邮件协议有以下几种：SMTP(Simple Mail Transfer Protocol，简单邮件传输协议)、POP(Post Office Protocol，邮局协议)、IMAP(Internet Message Access Protocd，邮件访问协议)，这几种协议都是由 TCP/IP 协议定义的。

① SMTP：SMTP 主要负责底层的邮件系统如何将邮件从一台机器传至另外一台机器。
② POP：目前的版本为 POP3，POP3 是把邮件从电子邮箱中传输到本地计算机上的协议。
③ IMAP：目前的版本为 IMAP4，是 POP3 的一种替代协议，提供了邮件检索和邮件处理的新功能，这样用户可以不必下载邮件正文就能看到邮件的标题摘要，从邮件客户端软件就可以对服务器上的邮件和文件夹目录等进行操作。

(5) 新闻讨论组。现实社会中，人们通过广播、报纸、电视等新闻媒体了解当今世界的动态和发展。在 Internet 社会中，也提供了这种服务，这便是新闻讨论组。目前，Internet 上有几千个新闻组，讨论的内容从文艺到天文，从电影到宗教，从哲学到计算机等，无所不包，无所不含。通过这些新闻组，人们可以了解各个领域的最新动态。存放新闻的服务器叫做新闻服务器，各服务器之间没有直接联系，不同的新闻服务器讨论的题目可从几十个到几千个不等。Internet 上的用户可对某个新闻服务器上的讨论话题发表见解。

(6) 电子公告牌(Bulletin Board System，BBS)是与新闻讨论组类似的另一种服务。在 Internet 上存在着另一种服务器，它通过字符和网页两种界面与用户交流。用户通过这种服务器可发布信息、获取信息、收发电子邮件、与人交谈、多人聊天、就某个问题表决，这在青年学生中很受欢迎。

(7) 电子商务是目前发展迅速的一项新业务，它是指在 Internet 上利用电子货币进行结算的一种商业行为。它不但改变着人们的购物方式，也改变着商家的经营理念，更由于它广阔的发展前景，成为 Internet 吸引商业用户的一个重要的方面。

3) 因特网的不足

因特网的内在特点和技术上的局限使之存在一些不足，主要表现在随着因特网用户的增加，网络出现超负荷现象，网络管理遇到一系列困难和由此引起一些负面的社会影响。这些问题已经引起国际社会的普遍关注，并且正在寻求解决的办法。其中比较突出的是网络安全和知识产权。

(1) 网络安全：由于用户对因特网的利用不受时间、地点的限制，甚至可以避开国家和地方法律的直接管理和控制，因而容易被一些人滥用来进行某些非法活动。例如，用户的口令和密码被居心叵测的人获悉或盗用，使个人隐私权受到侵犯或造成国家机密的泄露；大量跨国交易在网上进行，引起巨额关税流失；制造网络"病毒"，使大量计算机不能正常运行。这些问题随着因特网用户的迅速增多而变得日趋严重，对用户行为的管理正变得越来越困难。网络环境中的安全问题已成为网络技术进一步发展的一个关键问题，并日益引起各国政府的关注。但是解决这个问题不仅局限于技术方面，而且涉及社会和法律等多种因素，需要采取多种手段综合治理，尤其需要国际社会的通力合作。但是到目前为止，还没有取得令人满意的结果。一些技术手段还不够完善，或因种种原因难以推广，有关的立法仍处于探讨阶段。信息借助于互联网已超越国界，在国际范围内流动，而有关法律、法规往往只在规定的管辖范围内起作用，这是当前因特网管理中面临的一个主要矛盾。

(2) 知识产权：因特网上大量信息和服务被任意免费地使用也引起了有关知识产权的问题。由于因特网是在专用通信基础设施上建立起来的，不存在使用的直接成本，因而所提供的信息和服务不可避免地被大量免费奉送。人们广泛地、自由地利用这些服务不仅出于职业原因，而且越来越多地为了私人目的。这使这些信息和服务提供者的权益受到严重忽视。这个问题如果得不到合理解决，将会影响整个网络的正常运行。

除此之外，因特网也存在其他一些不足，例如存在着域名的非法抢注和国际域名分配的独家垄断倾向；网上信息资源的分散化存储和管理，给用户检索造成的困难；以及一些非法有害内容的大量传播也是当前许多国家比较关心的问题。

这一切说明，因特网的发展与所有现代科学技术的发展一样，都具有两面性，需要人们在充分利用它的优势的同时，采取有效措施克服或避免它的不足之处。既要尽快提高其信息传输的速度，又要注意从法律上加以规范、技术上加强管理，使之更好地为人类的物质文明和精神文明的发展作出贡献。

2.2.2 企业网站建设

1. Intranet 概述

Intranet 又称为企业内部网、内联网，是 Internet 技术在企业内部的应用，是指覆盖企业范围的网络，是把企业的通信资源、处理器资源、存储器资源，以及企业的信息资源等捆绑在一起的网络。通过这个网络，企业员工可以很方便地访问这些资源。通常一个企业网仅包括企业所拥有的网络资源，如微机、服务器、工作站、局域网和路由器等。实际上它是采用 Internet 技术建立的企业内部网络，它的核心技术是基于 Web 的计算。Intranet 的基本思想是：在内部网络上采用 TCP/IP 作为通信协议，利用 Internet 的 Web 模型作为标准信息平台，同时建立防火墙把内部网和 Internet 分开。当然 Intranet 并非一定要和 Internet 连接在一起，它完全可以自成一体作为一个独立的网络。

Intranet 与 Internet 相比，可以说 Internet 是面向全球的网络，而 Intranet 则是 Internet 技术在企业机构内部的实现，它能够以极少的成本和时间将一个企业内部的大量信息资源高效合理地传递给每个人。Intranet 为企业提供了一种能充分利用通信线路，经济而有效地建立企业内联网的方案。应用 Intranet，企业可以有效地进行财务管理、供应链管理、进销存管理、客户关系管理等。

内联网与因特网的区别在于内联网上的绝大部分资源仅供企业内部使用，不对外开放。为了防止外界的非法侵入，通常采用防火墙或者其他安全技术，将内联网和因特网隔离开来。

1) 企业 Intranet 的组成

典型的企业 Intranet，主要包括以下几个组成部分，如图 2.1 所示。

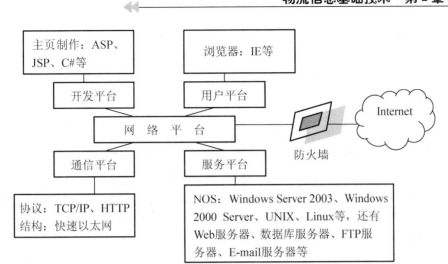

图 2.1 Intranet 组成

(1) 网络平台。网络平台是整个 Intranet 网络系统的核心和中枢，所有平台都运行在它上面。主要有网络传输介质、接入设备、网络互连设备、交换机、布线系统、网络操作系统、服务器等。

(2) 网络服务平台。网络服务平台可为网络用户提供各种应用服务。主要有域名解析服务、动态地址分配、Web 服务、E-mail 服务、FTP、News、Telnet、消息查询和信息检索等。对于一个 Intranet 来说，如果没有各种应用服务的存在，那么就没有什么意义了。而在 Intranet 上提供这些服务的各种应用服务器，本质上是和 Internet 上基本是一样的，只有在运行范围和安全机制上有些不同。

(3) 开发平台。开发平台主要由一些应用开发工具组成，利用这些开发工具，用户可以根据需要开发各种应用平台。

(4) 用户平台。网络用户平台是用户最终的工作平台。一般的网络用户平台包括办公软件、浏览器软件等。

(5) 通信平台。网络通信平台为网络通信提供所需的环境。不同的网络环境采用不同的 TCP/IP 协议实现相互通信。

(6) 网络安全平台。网络安全对于企业内部 Intranet 系统是非常重要的。目前常用的安全措施主要有防火墙、代理技术、加密认证技术、网络监测和病毒检测等。

其他还有用于管理和维护用户数据信息资源的数据库系统，实现对网络资源监控和管理的网络管理平台，以及用于维持网络正常运行的环境因素等。

目前，许多跨地区、跨区域、跨国度的企业，都已经开始从自身发展的角度出发，架构企业自己的 Intranet，希望通过 Internet 的通信资源，迅速、廉价地建立营销网络，与客户、市场建立更紧密的联系，建立更完善的企业市场形象。

2) Intranet 的特点

从技术角度来说，Intranet 具有以下几个方面的特点。

(1) Intranet 基于 TCP/IP 组网，可以方便地和外界连接，尤其是和其他 Internet 的连接，也可以独立组网。

(2) Intranet 提供基于 Internet 的网络服务,如 WWW、FTP、E-mail,操作简单、维护更新方便。

(3) Intranet 广泛使用 WWW 工具,使企业员工和用户能方便地浏览和挖掘企业内部的信息以及 Internet 丰富的信息资源。

(4) Intranet 为企业或组织所有,可根据企业的安全要求设置防火墙、安全代理等网络安全措施,以保护企业内部的信息安全,防止外界侵入。

(5) Intranet 的物理网络应该采用综合布线技术,以减少物理网络故障的发生。

从本质上说,Internet 和 Intranet 两者采用同样的技术,均使用 TCP/IP 协议,所有 Internet 上的网络服务都可以在 Intranet 上运行。实际上,Intranet 就是 Internet 技术,如 WWW、E-mail 及 FTP 等在企业内部网络中的应用和延伸。Intranet 的用户可以方便地访问 Internet,而 Internet 的用户也可以经过授权访问 Intranet。

Internet 和 Intranet 的主要区别在于,Internet 是连接了众多网络的全球最大的广域网,是公用的网络,允许任何人从任何一个站点访问它的资源。而 Intranet 是一种企业内部的计算机信息网络,但是 Intranet 并不等于局域网,Intranet 可以是 LAN、城域网(MAN)甚至是广域网(WAN)的形式。它是专用或私有的网络,对其访问需要具有一定的权限。其内部信息必须严格加以维护,因此对网络安全性有特别要求,如必须通过防火墙与 Internet 连接,而 Intranet 也只有与 Internet 互联才能真正发挥作用。

2. 企业 Intranet 建设方案

Intranet 是企业的信息基础设施,对企业在 21 世纪占领竞争的制高点起着关键的支撑作用。Internet 的建设涉及面广、建设周期长,应当遵循总体规划、分步实施的原则。

Intranet 建设分为 3 个重要阶段。这 3 个阶段是:建设需求的分析、建设的前期工作和建设的具体阶段。

1) 建设需求的分析

建设需求的分析包括连接方式、服务类型、信息量分析、管理需求分析、运行分析、建设步骤和投资预算等方面。

(1) 连接方式。Intranet 的连接方式包括:对上与 Internet 或其他公共网络的连接,以及对下与 Intranet 内的单机用户、局域子网和广域子网的连接。Intranet 的对上与 Internet 或其他公共网络的连接方式主要有:DDN、FR、DDR(按需拨号路由选择)和 X.25 等。这些信道的选择原则上与 Internet 类似,Intranet 通过路由器连接广域信道并与 Internet 连通。Intranet 对下直接与单机用户的连接可采用拨号接入方式;与 LAN 的连接采用双绞线或光缆连接方式;与远程子网的连接方式与 Intranet 的对上连接方式相同。

(2) 服务类型。Intranet 的服务类型可分为基本服务、可选服务和特殊服务。Intranet 提供的基本服务包括 DNS、E-mail 和 WWW 服务;提供的可选服务包括 FTP、Telnet 等,用于网络文件的传输、网络的远程管理操作;某些企业构建的 Intranet 还提供一些为本企业服务的特殊服务,如数据库、事务处理、CIS、CAD、视频会议、网络电话、网络 FAX、远程教育等。

(3) 信息量分析。在建设 Intranet 前,要对网络中的信息量进行必要的基本分析,例如:信息量的类型、实时性、时延、吞吐量、存储量和时效等,便于网络的设计与实现。

(4) 管理需求分析。Intranet 的管理可分为设备管理、系统管理和应用管理。

(5) 运行分析。运行分析主要是指系统运行维护的环境和人员的分析,包括通信、

NOC(网络运行中心)、NIC(网络信息中心)、信息资源建设、安全管理、用户管理和开发等所需的环境和人员安排。

2) 建设的前期工作

Intranet 建设的前期工作主要有 ISP(Internet Service Provider，互联网服务提供商)选择、域名申请、用户规划、组织机构、人员培训、规划建网步骤和编制投资预算等。

(1) ISP 选择。ISP 主要提供 Internet 网络服务，包括 IAP(Internet Access Provider，互联网接入服务商)和 ICP(Internet Content Provider，互联网内容服务商)两种服务提供商。其中，IAP 主要提供网络的接入服务(包括再次接入服务)，ICP 提供网络信息服务(包括信息链接服务)。此外，ISP 还提供其他增值服务，例如 FAX 转发、IP 语音等。目前，国内发展了很多 ISP，4 种互联网络 CHINANET、ChinaGBN、CERNET、CSTN(CASnet)是国内最大的 ISP，此外还有其他一些中小型的 ISP 为用户提供多种网络服务。这些 ISP 按照国务院信息办、公安机关和电信业务管理部门的相关规定进行各自的网络服务。ISP 的选择要从以下几个方面来考虑。

① 服务能力和服务保证能力：包括网络能力和信息能力。

a. 网络能力：信道速率、接入类型和再次接入能力、三要素(IP 地址、域名和路由)的提供。

b. 信息能力：信息数量、信息类型、信息链接等级。

② 服务类型：基本服务/增值服务、基本连接/再次连接、直接信息/链接信息。

向 ISP 申请接入，首先要决定接入方式、速率，然后办理相应手续并调试、开通。

(2) 域名申请。理论上，TCP/IP 域名语法只是一种抽象的标准，其中各标号值可任意填写，只要原则上符合层次型名字空间的要求。因此，任何组织均可根据域名语法构造本组织内部的域名，但这些域名的使用当然也仅限于系统内部。为保证域名系统的通用性，Internet 规定了一组正式的通用标准号，作为其第一级域的域名。在域名系统中，每个域分别由不同的组织进行管理。这样一种管理方式往往使得域名成为企业在网上的标志，因此人们又把域名称为企业的"网上商标"。但与此同时也带来了"抢注域名"的问题。目前，我国的所有域名都存在于 cn 域下，意为 China。用户要获得自己的域名可以向自己的 ISP 提出申请，由 ISP 代其申请域名，也可以直接向 ChinaNIC 申请。

(3) 用户规划。在用户规划中要考虑以下几个问题：① 用户数量及它们对服务的需求；② 用户权限分配和用户分组；③ 用户管理制度的建立。

在用户规划的过程中，不仅要做好各种调研、分析和文档工作，同时还要对用户进行广泛宣传并进行用户登记。

(4) 组织机构。Intranet 组织机构建设主要是要确定主管领导以及网络运行部门，并配备必要的工作人员。

(5) 人员培训。人员培训是 Intranet 建设中最重要、最难办也是最易忽视的环节。需要培训和培养的人员包括系统管理人员和最终用户。通常还需要培养一定的应用开发人员。

3) 建设的具体阶段

在进行完建设目标分析和前期工作后，即进入了具体的建设阶段。建设阶段的重点包括以下几方面。

(1) 快速连入网络。在决定建设 Intranet 之后，应当尽快连入 Internet。快速连入网络可以为网络建设做好前期技术准备和人员准备,还可以方便工作联系。一般采用单机拨号入网方式,大概在1个月之内完成。

(2) 试验小网建设。试验性的小型网络建设可以提供基本的网络服务,逐步取得网络运行的经验,并建立基本网络的工作环境。在试验小网建设中还要完成各种外部手续(如ISP、线路、IP地址、域名等)的办理,然后开始进行简单的应用开发,并可以考核集成商的网络方案和应用方案。试验小网可采用简单的LAN入网方式,应该在4个月到半年之内完成。

LAN入网为用户提供DNS、E-mail和WWW等基本服务,内部用户可以通过拨号上网,并逐步开发、试验多种应用。其硬件设备有Hub、带同步口(DDN)、可选异步口(拨号口)的路由器等网络设备,以及UNIX服务器、PC服务器和网络工作站(PC)。软件主要有服务器操作系统(UNIX等)、工作站软件(Windows 2000等)和DBMS(SQL Server等)。

(3) 信息资源建设。从建设小型网络开始,就应该抓紧信息资源的建设。如果等到网络全面建设基本完成才开始建设信息资源,就会严重延误企业在信息竞争中的时机。

信息资源建设可以为企业建立网络形象,通过网络扩大商业联系,并可以培养一批信息资源制作人员。信息资源建设首先通过建立企业网络主页(Homepage)的方式进行。

(4) 应用系统开发。应用系统开发的几个要点是考核技术、评估方案、模拟试验、验证方案、培养人员等,应用系统的开发包括数据库、事务处理等应用系统的开发。

(5) 全面网络建设。全面的网络建设起始于系统需求说明书(Request For Proposal,RFP)的制定,根据系统需求说明书征求系统集成商的意见并进行方案评定。对网络、主机、主要软件及应用软件系统应该相互配合进行建设,在建设过程中还必须充分注意网络管理体制和服务体制的建立。

2.3 物流信息存储技术

数据库技术是现代信息科学与技术的重要组成部分,是计算机数据处理与信息管理系统的核心。数据库技术研究和解决了计算机信息处理过程中大量数据有效地组织和存储的问题,使数据库系统减少数据存储冗余、实现数据共享、保障数据安全以及高效地检索数据和处理数据。

随着计算机技术与网络通信技术的发展,数据库技术已成为信息社会中对大量数据进行组织与管理的重要技术手段及软件技术,是网络信息化管理系统的基础。

2.3.1 数据库概述及其物流应用

1. 数据库的产生与发展

从20世纪60年代末期开始到现在,数据库技术已经发展了40多年。在这40多年的历程中,人们在数据库技术的理论研究和系统开发上都取得了辉煌的成就,而且已经开始对新一代数据库系统进行深入研究。数据库系统已经成为现代计算机系统的重要组成部分。

数据模型是数据库技术的核心和基础。因此,对数据库系统发展阶段的划分应该以数据模型的发展演变作为主要依据和标志。按照数据模型的发展演变过程,数据库技术从开始到现在主要经历了3个发展阶段:第一代是网状和层次数据库系统;第二代是关系数据库系统;第三代是以面向对象数据模型为主要特征的数据库系统。数据库技术与网络通信技术、人工智能技术、面向对象程序设计技术、并行计算技术等相互渗透、有机结合,成为当代数据库技术发展的重要特征。

2. 数据库系统访问技术

目前访问数据库服务器的主流标准接口主要有 ODBC(Open Database Connectivity,开放数据库连接)、OLE DB、ADO(Active Data Objects,动态数据对象)和 ADO .NET。

1) ODBC

ODBC 是由 Microsoft 公司定义的一种数据库访问标准。使用 ODBC 应用程序不仅可以访问存储在本地计算机的桌面型数据库中的数据,而且可以访问异构平台上的数据库,例如可以访问 SQL Server、Oracle、Informix 或 DB2 构建的数据库等。

2) OLE DB

OLE DB 是 Microsoft 公司提供的关于数据库系统程序的接口(System Level Programming Interface),是 Microsoft 公司数据库访问的基础。OLE DB 实际上是 Microsoft 公司 OLE 对象标准的一个实现。OLE DB 本身是 COM(组件对象模型)对象并支持这种对象所有必需的接口。

3) ADO

ADO 是一种简单的对象模型,可以被开发者用来处理任何 OLE DB 数据,可以由脚本语言或高级语言调用。ADO 对数据库提供了应用程序水平级的接口(Application-Level Programming Interface),并且 ADO 支持当前大部分程序语言。

4) ADO .NET

ADO .NET 是微软 .NET 平台中的一种最新的数据访问技术,它提供了一组数据访问服务的类。ADO .NET 为创建分布式数据共享应用程序提供了丰富的组件。ADO .NET 支持多种开发需求,包括创建由应用程序、工具、语言或 Internet 浏览器使用的前端数据库客户端和中间层业务对象。

3. 常用数据库简介

1) Oracle

Oracle 数据库系统是美国 Oracle 公司提供的以分布式数据库为核心的一组软件产品,是目前最流行的 C/S 或 B/S 体系结构的数据库之一。Oracle 数据库是目前世界上使用最广泛的数据库管理系统,它具有完整的数据管理功能和分布式处理功能。

2) SQL Server、Access

SQL Server 是一个关系数据库管理系统。它最初是由 Microsoft、Sybase 和 Ashton-Tate 这 3 家公司共同开发的,于 1988 年推出了第一个 OS/2 版本。SQL Server 的事务处理量大,响应速度快,并能为数百或更多用户维持这种高性能。

SQL Server 首先在核心层实现了数据完整性控制,包括建表时申明完整性和用触发器机制定义与应用有关的完整性。支持分布式查询与更新。

Microsoft Office Access(前名 Microsoft Access)是由微软发布的关联式数据库管理系统。它结合了 Microsoft Jet Database Engine 和图形用户界面两项特点，是 Microsoft Office 的成员之一。Microsoft Office Access 在很多地方得到广泛应用，例如小型企业，大公司的部门，喜爱编程的开发人员专门利用它来制作处理数据的桌面系统，它也常被用来开发简单的 Web 应用程序。

3) IBM DB2

IBM DB2 是 IBM 公司研制的一种关系型数据库系统。DB2 主要应用于大型应用系统，具有较好的可伸缩性，可支持从大型机到单用户环境，可应用于 OS/2、Windows 等平台下。DB2 提供了高层次的数据利用性、完整性、安全性、可恢复性以及小规模到大规模应用程序的执行能力，具有与平台无关的基本功能和 SQL 命令。

4) Informix

Informix 是美国 InfomixSoftware 公司研制的关系型数据库管理系统。Informix 有 Informix-SE 和 Informix-Online 两种版本：Informix-SE 适用于 UNIX 和 Windows NT 平台，是为中小规模的应用而设计的；Informix-Online 在 UNIX 操作系统下运行，可以提供多线程服务器，支持对称多处理器，适用于大型应用。

5) MySQL

MySQL 是一个小型关系型数据库管理系统，开发者为瑞典 MySQL AB 公司。目前 MySQL 被广泛地应用在 Internet 上的中小型网站中。由于其体积小、速度快、总体拥有成本低，尤其是开放源码这一特点，许多中小型网站为了降低网站总体成本而选择了 MySQL 作为网站数据库。

目前 Internet 上流行的网站构架方式是 LAMP(Linux+Apache+MySQL+PHP)，即使用 Linux 作为操作系统，Apache 作为 Web 服务器，MySQL 作为数据库，PHP 作为服务器端脚本解释器。由于这 4 个软件都遵循 GPL 的开放源码软件，因此使用这种方式可以建立起一个稳定、免费的网站系统。

6) PostgreSQL

PostgreSQL 是以加州大学伯克利分校计算机系开发的 POSTGRES，版本 4.2 为基础的对象关系型数据库管理系统(ORDBMS)。它支持大部分 SQL 2003 标准并且提供了许多其他现代特性，如复杂查询、外键、触发器、视图、事务完整性、多版本并发控制。

7) Sybase

1984 年，Mark B. Hiffman 和 Robert Epstern 创建了 Sybase 公司，并在 1987 年推出了 Sybase 数据库产品。Sybase 主要有 3 种版本：①UNIX 操作系统下运行的版本；②Novell Netware 环境下运行的版本；③Windows NT 环境下运行的版本。对 UNIX 操作系统目前广泛应用的为 Sybase 10 及 Sybase 11 for SCO UNIX。

Sybase 是一个面向联机事务处理，具有高性能、高可靠性的功能强大的关系型数据库管理系统(RDBMS)。Sybase 数据库的多库、多设备、多用户、多线索等特点极大地丰富和增强了数据库功能。因为 Sybase 数据库系统是这样一个复杂的、多功能的系统，所以对 Sybase 数据库系统的管理就变得十分重要，管理的好坏与数据库系统的性能息息相关。

4. 物流中的数据库应用

在物流管理信息系统中，其信息数量多、分布广，许多信息具有传递性和要求一致性。物流中心信息系统功能模块中，从采购进货管理、销售发货管理、库存储位管理、财务会计管理、运营业绩管理等子系统都包含着信息的上传下达，都要通过数据库和共享信息来完成物流系统的信息管理。因此，物流系统数据库在物流管理中起着举足轻重的作用。

1) 物流数据库设计步骤

数据库设计(Database Design)是指根据用户的需求，在某一具体的数据库管理系统上，设计数据库的结构和建立数据库的过程。

(1) 需求分析阶段：分析客户的业务和数据处理需求，分析情况或公司通过对终端用户的访问来寻求最初事实的过程。如果具备额外知识和公司内部操作知识的计算机技术人员在场，那么他们也是需要访问的对象。

分析更多地是关于需求的内容，而不是关于提供这些内容的方法。为了实现这些需求，数据库模型需要完成的工作是什么？实现这些需求的途径则是另一个不同的问题。分析的本质是对某项商业行为的描述，公司应该通过何种途径来获得利润？如果某家公司为汽车制造轮胎，那么它很有可能做如下几件事情：购买橡胶、钢铁和用于加固的尼龙、阀门，为轮胎做广告以及和其他商品一起销售轮胎。分析有助于了解公司从原材料到获得最终产品的所有步骤。

(2) 概念设计阶段：对用户要求描述的现实世界(可能是一个工厂、一个商场或者一个学校等)，通过对其中住处的分类、聚集和概括，建立抽象的概念数据模型。这个概念数据模型应反映现实世界各部门的信息结构、信息流动情况、信息间的互相制约关系以及各部门对信息储存、查询和加工的要求等。所建立的模型应避开数据库在计算机上的具体实现细节，用一种抽象的形式表示出来。首先明确现实世界各部门所含的各种实体及其属性、实体间的联系以及对信息的制约条件等，从而给出各部门内所用信息的局部描述(在数据库中称为用户的局部视图)。其次再将前面得到的多个用户的局部视图集成为一个全局视图，即用户要求描述的现实世界的概念数据模型。

(3) 逻辑设计阶段：主要工作是将现实世界的概念数据模型设计成数据库的一种逻辑模式，即适应于某种特定数据库管理系统所支持的逻辑数据模式。与此同时，可能还需为各种数据处理应用领域产生相应的逻辑子模式。这一步设计的结果就是所谓的"逻辑数据库"。

(4) 物理设计阶段：根据特定数据库管理系统所提供的多种存储结构和存取方法等依赖于具体计算机结构的各项物理设计措施，对具体的应用任务选定最合适的物理存储结构(包括文件类型、索引结构和数据的存放次序与位逻辑等)、存取方法和存取路径等。这一步设计的结果就是所谓的"物理数据库"。

(5) 验证设计阶段：在上述设计的基础上，收集数据并具体建立一个数据库，运行一些典型的应用任务来验证数据库设计的正确性和合理性。一般来说，一个大型数据库的设计过程往往需要经过多次循环反复。当设计的某步发现问题时，可能就需要返回到前面去进行修改。因此，在做上述数据库设计时就应考虑到今后修改设计的可能性和方便性。

至今，数据库设计的很多工作仍需要人工来做，除了关系型数据库已有一套较完整的数据范式理论，可用来部分地指导数据库设计之外，仍缺乏一套完善的数据库设计理论、方法和工具，以实现数据库设计的自动化或交互式的半自动化。所以数据库设计今后的研究发展方向是研究数据库设计理论，寻求能够更有效地表达语义关系的数据模型，为各阶段的设计提供自动或半自动的设计工具和集成化的开发环境，使数据库的设计更加工程化、规范化和方便易行，使得在数据库的设计中充分体现软件工程的先进思想和方法。

2) 物流数据库应用基本程序

数据库的应用是物流信息系统的核心技术，因为数据库是物流信息系统的根本所在，是用户最关心的资源。

物流数据库的应用基本程序均可以概括为 6 个方面：数据收集、数据存储、数据传输、数据加工、信息解释、信息输出。

(1) 数据收集。根据数据和信息的来源不同，可以把物流信息的收集工作分为原始信息收集和二次信息收集两种。

(2) 数据存储。保证已得到的物流信息能够不丢失、不走样、不外泄、整理得当、随时可用。

(3) 数据传输。即数据通信，把信息从一个子系统传送到另一个子系统，或者从一个部门传送到另一个部门。

(4) 数据加工。对已经收集到的物流信息进行某些处理，以便得到某些更加符合需要或更能反映本质的物流信息，或者使物流信息更适于各级管理人员使用，这就是数据的加工。

(5) 信息解释。物流信息系统的服务对象是物流管理者，因此，它必须具备向物流管理者提供信息的手段或机制，否则它就不能实现其自身的价值。经过解释的物流信息，根据不同的需要，以不同形式的格式进行输出。

(6) 信息输出。经过信息解释的信息输出，有的直接提供给人使用，有的提供给计算机做进一步处理。信息输出的手段是物流信息系统与物流管理者的接口或界面，它的情况应由双方的情况来定，即需要向使用者提供的信息情况以及使用者自身的情况。

2.3.2　数据挖掘及其物流应用

数据收集和数据存储技术的快速进步使得各组织机构可以积累海量数据。然而，提取有用的信息已经成为巨大的挑战。通常，由于数据量太大，无法使用传统的数据分析工具和技术处理它们。有时即使数据集相对较小，由于数据本身的非传统特点，也不能使用传统的方法处理。在另外一些情况下，需要回答的问题不能使用已有的数据分析技术来解决，这样，就需要开发新的方法。

数据挖掘是一种技术，它将传统的数据分析方法与处理大量数据的复杂算法相结合。数据挖掘为探查和分析新的数据类型以及用新方法分析旧数据类型提供了令人振奋的机会。

数据挖掘技术可以用来支持广泛的商务智能应用，如顾客分析、定向营销、工作流管理、商店分布和欺诈检测等。数据挖掘还能帮助零售商回答一些重要的商务问题，如"谁是最有价值的顾客？"；"什么产品可以交叉销售或提升销售？"；"公司明年的收入前景如何？"；等等。

1. 数据挖掘的概述

1) 概念

数据挖掘(Data Mining)又称为数据库中的知识发现(Knowledge Discovery in Database,

KDD),就是从大量数据中获取有效的、新颖的、潜在有用的、最终可理解的模式的非平凡过程,简单地说,数据挖掘就是从大量数据中提取或"挖掘"知识。

并非所有的信息发现任务都被视为数据挖掘。例如,使用数据库管理系统查找个别的记录,或通过因特网的搜索引擎查找特定的Web页面,则是信息检索(Information Retrieval)领域的任务。虽然这些任务是重要的,可能涉及复杂的算法和数据结构,但是它们主要依赖传统的计算机科学技术和数据的明显特征来创建索引结构,从而有效地组织和检索信息。尽管如此,数据挖掘技术也已用来增强信息检索系统的能力。

2) 数据挖掘的起源

数据挖掘利用来自如下一些领域的思想:① 来自统计学的抽样、估计和假设检验;② 人工智能、模式识别和机器学习的搜索算法、建模技术和学习理论。数据挖掘也迅速地接纳来自其他领域的思想,这些领域包括最优化、进化计算、信息论、信号处理、可视化和信息检索。

数据挖掘在其他领域也起到重要的支撑作用。特别地,需要数据库系统提供有效的存储、索引和查询处理支持,源于高性能(并行)计算的技术在处理海量数据集方面常常是很重要的。分布式技术也能帮助处理海量数据,并且当数据不能集中到一起处理时更是至关重要。

图2.2展示了数据挖掘与其他领域之间的联系。

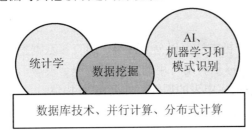

图2.2　数据挖掘是许多学科的汇集

2. 数据挖掘的功能

(1) 分类(Classification):首先从数据中选出已经分好类的训练集,在该训练集的基础上运用数据挖掘分类的技术建立分类模型,对于没有分类的数据进行分类。

例如:

① 信用卡申请者,分类为低、中、高风险;

② 分配客户到预先定义的客户分片。

(2) 估值(Estimation):估值与分类类似,不同之处在于分类描述的是离散型变量的输出,而估值处理连续值的输出;分类的类别是确定数目的,估值的量是不确定的。

例如:

① 根据购买模式,估计一个家庭的孩子个数;

② 根据购买模式,估计一个家庭的收入;

③ 估计房地产的价值。

一般来说,估值可以作为分类的前一步工作。给定一些输入数据,通过估值,得到未知的连续变量的值,然后,根据预先设定的阈值进行分类。例如银行对家庭贷款业务,运用估值给各个客户记分(Score 0~1)。然后,根据阈值将贷款级别分类。

(3) 预言(Prediction)：通常预言是通过分类或估值起作用的，也就是说，通过分类或估值得出模型，该模型用于对未知变量的预言。从这种意义上说，预言其实没有必要分为一个单独的类。预言其目的是对未来未知变量的预测，这种预测是需要时间来验证的，即必须经过一定时间后，才知道预言准确性是多少。

(4) 相关性分组或关联规则(Affinity Grouping or Association Rules)：决定哪些事情将一起发生。

例如：

① 超市中客户在购买 A 的同时，经常会购买 B，即 A=>B(关联规则)；

② 客户在购买 A 后，隔一段时间，会购买 B(序列分析)。

(5) 聚集(Clustering)：聚集是对记录分组，把相似的记录在一个聚集里。聚集和分类的区别是聚集不依赖于预先定义好的类，不需要训练集。

例如：

① 一些特定症状的聚集可能预示一个特定的疾病；

② 租 VCD 类型不相似的客户聚集，可能暗示成员属于不同的亚文化群。

聚集通常作为数据挖掘的第一步。例如"哪一种类的促销对客户响应最好？"，对于这一类问题，首先对整个客户做聚集，将客户分组在各自的聚集里，然后对每个不同的聚集回答问题，可能效果转好。

3. 数据挖掘的分类

以上 6 种数据挖掘的分析方法可以分为两类，即直接数据挖掘和间接数据挖掘。

(1) 直接数据挖掘。目标是利用可用的数据建立一个模型，这个模型对剩余的数据和特定的变量(可以理解成数据库中表的属性，即列)进行描述。

(2) 间接数据挖掘。目标中没有选出某一具体的变量可以用模型进行描述，而且在所有的变量中建立起某种关系。

分类、估值、预言属于直接数据挖掘，后 3 种属于间接数据挖掘。

4. 数据挖掘的一般流程

(1) 定义问题：清晰地定义出业务问题，确定数据挖掘的目的。

(2) 数据准备：数据准备包括选择数据——在大型数据库和数据仓库目标中提取数据挖掘的目标数据集；数据预处理——进行数据再加工，包括检查数据的完整性及数据的一致性、去噪声，填补丢失的域、删除无效数据等。

(3) 数据挖掘：根据数据功能的类型和数据的特点选择相应的算法，在净化和转换过的数据集上进行数据挖掘。

(4) 结果分析：对数据挖掘的结果进行解释和评价，转换成能够最终被用户理解的知识。

(5) 知识的运用：将分析所得到的知识集成到业务信息系统的组织结构中去。

5. 数据挖掘技术的实现

可以根据其工作过程将数据挖掘技术分为数据的抽取、数据的存储和管理、数据的展现等。

1) 数据的抽取

数据的抽取是数据进入仓库的入口。由于数据仓库是一个独立的数据环境，它需要通过抽取过程将数据从联机事务处理系统、外部数据源、脱机的数据存储介质中导入数据仓库。数据抽取在技术上主要涉及互连、复制、增量、转换、调度和监控等几个方面的处理。在数据抽取方面，未来的技术发展将集中在系统功能集成化方面，以适应数据仓库本身或数据源的变化，使系统更便于管理和维护。

2) 数据的存储和管理

数据仓库的组织管理方式决定了其有别于传统数据库的特性，也决定了其对外部数据的表现形式。数据仓库管理所涉及的数据量比传统事务处理量大得多，且随时间的推移而快速累积。在数据仓库的数据存储和管理中需要解决的是如何管理大量的数据、如何并行处理大量的数据、如何优化查询等。目前，许多数据库厂家提供的技术解决方案是扩展关系型数据库的功能，将普通关系数据库改造成适合担当数据仓库的服务器。

3) 数据的展现

在数据展现方面主要的方式有以下几种。

查询：实现预定义查询、动态查询、OLAP 查询与决策支持智能查询；报表：产生关系数据表格、复杂表格、OLAP 表格、报告以及各种综合报表；可视化：用易于理解的点线图、直方图、饼图、网状图、交互式可视化、动态模拟、计算机动画技术表现复杂数据及其相互关系；统计：进行平均值、最大值、最小值、期望、方差、汇总、排序等各种统计分析；挖掘：利用数据挖掘等方法，从数据中得到关于数据关系和模式的知识。

6. 数据挖掘基本模型

1) 决策树(Decision Tree)

决策树学习是以实例为基础的归纳学习算法，着眼于从一组无次序、无规则的事例中推理出决策树表示形式的分类规则，用二叉树形图来表示处理逻辑的一种工具。可以直观、清晰地表达加工的逻辑要求，特别适合于判断因素比较少、逻辑组合关系不复杂的情况。

决策树提供了一种类似在什么条件下会得到什么值这类规则的方法。比如在求职过程中要根据薪水和教育背景做出是否接收的判断，图 2.3 是为了解决这个问题而建立的一棵决策树，从中可以看到决策树的基本组成部分：决策节点、分支和叶子。

决策树中最上面的节点称为根节点，是整个决策树的开始。本例中根节点是"salary<20 000"，对此问题的不同回答产生了"yes"和"no"两个分支。

决策树的每个节点子节点的个数与决策树所用的算法有关。如 CART 算法得到的决策树每个节点有两个分支，这种树称为二叉树。允许节点含有多于两个子节点的树称为多叉树。

对于每个分支要么是一个新的决策节点，要么是树的结尾，称为叶子。在沿着决策树从上到下遍历的过程中，每个节点都会遇到一个问题，对每个节点上问题的不同回答导致不同的分支，最后会到达一个叶子节点。这个过程就是利用决策树进行分类的过程，利用几个变量(每个变量对应一个问题)来判断所属的类别(最后每个叶子会对应一个类别)。

决策树的基本算法是贪婪算法，它以自顶向下递归、各个击破的方式构造决策树。

salary	education	label
10 000	high-school	reject
40 000	under-graduate	accept
15 000	under-graduate	reject
75 000	graduate	accept
18 000	graduate	accept

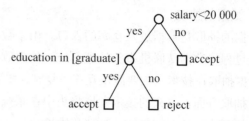

图 2.3　决策树模型

2) 关联规则(Association Rules)

世间万物的事情发生总会有一些关联。一件事情的发生很可能也会引起另外一件事情的发生。或者说，这两件事情很多时候在很大程度上会一起发生。那么人们通过发现这个关联的规则，可以由一件事情的发生来推测另外一件事情的发生，从而更好地了解和掌握事物的发展、动向等。这就是数据挖掘中寻找关联规则的基本意义。

关联规则挖掘发现大量数据中项集之间有趣的关联或相关联系，它在数据挖掘中是一个重要的课题，最近几年已被业界所广泛研究。

关联规则挖掘的一个典型例子是购物篮分析。关联规则研究有助于发现交易数据库中不同商品(项)之间的联系，找出顾客购买行为模式，如购买某一商品对购买其他商品的影响。分析结果可以应用于商品货架布局、货存安排以及根据购买模式对用户进行分类。

关联规则是形式如下的一种规则，"在购买面包和黄油的顾客中，有 90%的人同时也买了牛奶"(面包+黄油→牛奶)。

(1) 关联规则基本概念。

设 $I=\{i_1, i_2, \cdots, i_m\}$ 是项的集合，其中的元素称为项(item)。记 D 为事务 T (transaction)的集合，这里事务 T 是项的集合，并且 $T \subseteq I$。对应每一个事务有唯一的标识，如事务号，记作 TID。设 X 是一个 I 中项的集合，如果 $X \subseteq T$，那么称事务 T 包含 X。

一个关联规则是形如 $X \Rightarrow Y$ 的蕴涵式，这里 $X \subset I$，$Y \subset I$，并且 $X \cap Y = \Phi$。

关联规则具有以下两个重要的属性。

① 支持度：规则 $X \Rightarrow Y$ 在事务数据库 D 中的支持度(support)是事务集中包含 X 和 Y 的事务数与所有事务数之比，记为 support($X \Rightarrow Y$)，即 support($X \Rightarrow Y$)= $P(X \cup Y)$。

② 置信度：规则 $X \Rightarrow Y$ 在事务集中的置信度(confidence)是指包含 X 和 Y 的事务数与包含 X 的交易数之比，记为 confidence($X \Rightarrow Y$)，即 confidence($X \Rightarrow Y$)= $P(X|Y)$。

同时满足最小支持度阈值和最小置信度阈值的规则称为强规则。一个事务集 D，挖掘关联规则问题就是寻找支持度和可信度分别大于用户给定的最小支持度(minsupp)和最小可信度(minconf)的关联规则，也就是产生强规则的问题。

(2) 关联规则种类有以下几种。

① 基于规则中处理的变量类别，关联规则可以分为布尔型和数值型。布尔型关联规则处理的值都是离散的、种类化的，它显示了这些变量之间的关系；数值型关联规则可以和多维关联或多层关联规则结合起来，对数值型字段进行处理，再进行动态的分割，或者直接对原始的数据进行处理，当然数值型关联规则中也可以包含种类变量。

例如：性别="女"=>职业="秘书"，是布尔型关联规则；性别="女"=>收入=2300，涉及的收入是数值类型，所以是一个数值型关联规则。

② 基于规则中数据的抽象层次，关联规则可以分为单层关联规则和多层关联规则。在

单层关联规则中，所有的变量都未考虑到现实的数据具有多个不同的层次；而在多层关联规则中，对数据的多层性已经进行了充分的考虑。

例如：IBM 台式机=>Sony 打印机，是一个细节数据上的单层关联规则；台式机=>Sony 打印机，是一个较高层次和细节层次之间的多层关联规则。

③ 基于规则中涉及的数据的维数，关联规则可以分为单维关联规则和多维关联规则。在单维关联规则中，只涉及数据的一个维，如用户购买的物品；在多维关联规则中，要处理的数据将会涉及多个维。

例如：啤酒=>香烟，这条规则只涉及用户购买的物品；性别="女"=>职业="秘书"，这条规则就涉及两个字段的信息，是两个维上的一条关联规则。

3) 聚类(Clustering)

聚类是根据数据的不同特征，将其划分为不同的簇(Cluster)，目的是使得属于同一个簇中的对象之间具有较高的相似度，而不同簇中的对象差别(相异度)较大。

就数据挖掘功能而言，聚类能够作为一个独立的工具获得数据的分布状况，观察每一簇数据的特征，集中对特定的聚簇集合作进一步的分析。聚类分析还可以作为其他数据挖掘任务(如分类、关联规则)的预处理步骤。数据挖掘领域主要研究面向大型数据库、数据仓库的高效实用的聚类分析算法。

聚类技术大致分为以下 5 种方法。

(1) 划分方法(Partitioning Method)。首先创建 k 个划分，k 为要创建的划分个数，然后利用一个循环定位技术将对象从一个划分移到另一个划分来帮助改善划分质量。典型的划分方法包括

k-means、k-medoids、CLARA(Clustering LARge Application)、CLARANS(Clustering Large Application based upon RANdomized Search)、FCM。

(2) 层次方法(Hierarchical Method)。创建一个层次以分解给定的数据集。该方法可以分为自上而下(分解)和自下而上(合并)两种操作方式。为弥补分解与合并的不足，层次合并经常要与其他聚类方法相结合，如循环定位。典型的层次方法包括：① BIRCH(Balanced Iterative Reducing and Clustering using Hierarchies)方法，它首先利用树的结构对对象集进行划分，然后再利用其他聚类方法对这些聚类进行优化；② CURE(Clustering Using Representatives)方法，它利用固定数目代表对象来表示相应聚类，然后对各聚类按照指定量(向聚类中心)进行收缩；③ ROCK 方法，它利用聚类间的连接进行聚类合并；④ CHEMALOEN，它则是在层次聚类时构造动态模型。

(3) 基于密度的方法(Density-Based Method)。根据密度完成对象的聚类。它根据对象周围的密度不断增长聚类。典型的基于密度方法包括：① DBSCAN(Densit-based Spatial Clustering of Application with Noise)算法通过不断生长足够高密度区域来进行聚类，它能从含有噪声的空间数据库中发现任意形状的聚类。此方法将一个聚类定义为一组"密度连接"的点集；② OPTICS(Ordering Points To Identify the Clustering Structure)算法并不明确产生一个聚类，而是为自动交互的聚类分析计算出一个增强聚类的顺序。

(4) 基于网格的方法(Grid-Based Method)。首先将对象空间划分为有限个单元以构成网格结构，然后利用网格结构完成聚类。典型的基于网络的方法包括：① STING(Statistical Information Grid)就是一个利用网格单元保存的统计信息进行基于网格聚类的方法；② CLIQUE(Clustering In Quest)和 Wave-Cluster 则是一个将基于网格与基于密度相结合的方法。

(5) 基于模型的方法(Model-Based Method)。它假设每个聚类的模型并发现适合相应模型的数据。典型的基于模型方法包括：① OBWEB 是一个常用的且简单的增量式概念聚类方法，它的输入对象是采用符号量(属性—值)来加以描述的，COBWEB 采用分类树的形式来创建一个层次聚类；② ASSIT 可以对连续取值属性进行增量式聚类，它为每个节点中的每个属性保存相应的连续正态分布(均值与方差)，并利用一个改进的分类能力描述方法，即不像 COBWEB 那样计算离散属性(取值)而是对连续属性求积分，但是 CLASSIT 方法也存在与 COBWEB 类似的问题，因此它们都不适合对大数据库进行聚类处理。

4) 神经网络(Artificial Neural Networks，ANN)

人工神经网络是对人类大脑系统的模拟。神经网络是一组连接的输入/输出单元，其中每个连接都与一个权相关联，在学习阶段，通过调整神经网络的权，使得能够预测输入样本的正确类标号来学习，BP 神经网络模型如图 2.4 所示。

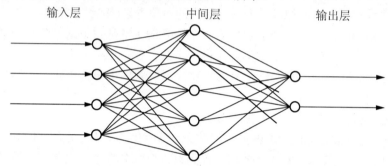

图 2.4　BP 神经网络模型

5) 粗糙集(Rough Set)

粗糙集理论是一种研究不精确、不确定性知识的数学工具。粗糙集对不精确概念的描述方法是通过上近似概念和下近似概念这两个精确概念来表示。一个概念(或集合)的下近似指的是其中的元素肯定属于该概念，一个概念(或集合)的上近似指的是其中的元素可能属于该概念。

粗糙集方法的优点有不需要预先知道额外的信息，如统计中要求的先验概率和模糊集中要求的隶属度，算法简单，易于操作。

粗糙集理论在知识发现研究中有着许多具体应用，特别适合于数据之间(精确的或近似的)依赖关系发现，评价某一分类(属性)的重要性，数据相似或差异发现，数据模式发现，从数据中产生一般决策规则，削减冗余对象与属性，寻求属性的最小子集以确保产生满意的近似分类等。

6) 概念格(Concept Lattice)

概念格描述的是对象和属性之间的联系和统一，表明概念之间的泛化和例化关系。其概念为给定形式背景(Formal Context)三元组 $T=(O, D, R)$，其中 O 为事例集合，D 为描述符(属性)集合，R 是 O 和 D 之间的一个二元关系，则存在唯一的一个偏序集与之对应，并且该偏序集产生一种格结构，这种由背景 (O, D, R) 所诱导的格 L 称为一个概念格，格 L 中的每个节点为一个序偶(称为概念)，记为 (Y, X)。

7) 遗传算法(Genetic Algorithms，GA)

遗传算法是以自然选择和遗传理论为基础，将生物进化过程中"适者生存"规则与群体内部染色体的随机信息交换机制相结合的搜索算法。遗传算法主要组成部分包括编码方案、适应度计算、父代选择、交换算子和变异算子。

8) 序列模式(Sequence Pattern)

序列模式是指在多个数据序列中发现共同的行为模式,通过时间序列搜索出重复发生概率较高的模式。这里强调时间序列的影响,例如,在所有购买激光打印机的人中,半年后 80%的人再购买新硒鼓,20%的人用旧硒鼓装碳粉;在所有购买彩色电视机的人中,有 60%的人再购买 VCD 产品。在时序模式中,需要找出在某个最短时间内出现比率一直高于某一最小百分比(阈值)的规则。

9) 贝叶斯(Bayes)分类

贝叶斯分类是统计学的分类方法,该分析方法的特点是使用概率来表示所有形式的不确定性,学习或推理都用概率规则来实现。朴素贝叶斯分类是指假定一个属性值对给定类的影响独立于其他属性的值。贝叶斯网络用来表示变量间连接概率的图形模式,它提供了一种自然的表示因果信息的方法,用来发现数据间的潜在关系。

10) 支持向量机(Support Vector Machine,SVM)

支持向量机建立在计算学习理论的结构风险最小化(SRM)原则之上,其核心问题是寻找一种归纳原则,以实现最小化风险,从而实现最佳的推广能力。而且支持向量机的一个重要优点是可以处理线性不可分的情况,以往的机器学习理论的核心是经验风险最小化原则(ERM)。

11) 模糊集(Fuzzy Set)

模糊集不同于经典集合,是没有精确边界的集合。其定义为设 X 是对象 x 的集合,x 是 X 的任一个元素。X 上的模糊集合 A 定义为一组有序对 $A=\{(x, uA(X)|x \in X\}$,其中 $uA(X)$ 称为模糊集合 A 的隶属度函数(Membership Function,MF)MF 将集合中的元素映射为 0~1 之间的隶属度,隶属度为 0 或者 1,则 A 就退化为经典集合。

12) 基于案例的推理(Case-Based Reasoning,CBR)

CBR 起源于 Roger Schank 教授的 *Dynamic Memory* 一文,是近年来人工智能中发展较为成熟的领域。它是区别于基于规则推理的一种推理模式。CBR 兴起的主要原因是传统的基于规则的系统在解释异常情况和评价解决方案方面存在诸多缺点,而 CBR 恰好能解决这些问题。案例推理中的知识表示以旧的案例或经验为基础,通过目标案例的提示信息得到历史记忆中的源案例,并由源案例来指导目标案例,提出问题解决方案,进而评价解决方案、解释异常情况。CBR 的优势是能相对容易地同其他方法相结合,另外它采用启发式的方法把一个问题分解成为一个个简单的子问题。由于案例本身是一段带有上下文信息的知识,该知识包含了其达到目标过程中能起关键作用的经验,因此 CBR 的依据不是某种规则,而是从案例库中搜索与当前问题最相似的案例,然后经过一些合理的修正后,以获得对当前问题的解决方案。

7. 数据挖掘在物流管理中的应用

信息化物流网络体系产生的巨大数据流使企业很难对这些数据进行准确、高效的收集和及时处理。为了帮助决策者快速、准确地做出决策,实现对物流过程的控制,提高企业的运作效率,降低整个过程的物流成本,增加收益,就需要一种新的数据分析技术来处理数据。

现代物流的新理念包括反应快速化、服务系列化、作业规范化、目标系统化、手段现代化、组织网络化、经营市场化，这些都离不开完善的信息系统的支撑。随着数据量的剧增，数据挖掘技术将成为深化物流信息管理的最有效方法，在解决选址、仓储和配送等基础物流问题方面可以发挥出很大的作用。

1) 选址问题

物流中心的选址属于最小成本问题，即求解运输成本、处理变动成本和固定成本之和的最小化问题等。选址需要考虑中心点数量和中心点如何分布等情况，尤其是多中心选址的问题。多中心选址是指在一些已知的备选地点中选出一定数目的地点来设置物流中心，使形成的物流网络的总费用最小。在实际操作中，当问题规模变得很大，或者要考虑一些市场因素(比如顾客需求量)时，数学规划就存在一些困难。针对这一问题，可以用数据挖掘中的分类树方法加以解决。

分类树的目标是连续地划分数据，使依赖变量的差别最大。分类树真正的目的是将数据分类到不同组或分支中，在依赖变量的值上建立最强划分。用分类树的方法解决这个问题时，通常需要以下 4 个方面的数据：中心点的位置、每个中心点的业务需求量、备选点的位置、在中心点和备选点之间的距离。

通过分类树的方法，不仅确定了中心点的位置，同时也确定每年各个地址间物品的运输量，使整个企业必要的销售量得到保证，企业长期折现的总成本也会达到最小值。

2) 配送问题

配送问题包括配送计划的编制、配送路线的设计优化以及配送过程中的配载(混载)问题。在许多配送体系中，管理人员需要采取有效的配送策略以提高服务水平、降低货运费用，其中首要的难题是车辆的路径问题。车辆路径问题是为一些车辆确定一些客户的路径，每一客户只能被访问一次，且每条路径上的客户需求量之和不能超过车辆的承载能力。

要合理解决这个问题，需要物流设计人员考虑到车辆的利用能力，如果车辆在运输过程中的空载率过高或整车的运力不完全利用，这些无疑会增加企业的运输成本。另外还涉及车辆的运输能力，这就必须考虑到货品的规格大小和利润价值的大小。

在采取有效的配送策略时这些因素都必须同时考虑，如果能够对顾客的需求和运输路径综合起来进行分类，对整个配送策略中车辆的合理选择分派会有较好的作用。

3) 仓储问题

现代物流管理在电子商务、供应链合作、全球化、及时反应的影响下，对仓库的要求越来越高：交易更频繁，处理和存储更多货品，提供更多客户自定义产品和服务以及提供更多的增值服务等等。

仓库问题包括存储货物、中转运输、顾客服务 3 方面的内容。在这 3 方面的成本计算中，仓储成本无疑在企业总的成本核算中占很大一部分，如何合理安排货品的存储、压缩货品的存储成本，正成为现代物流管理者不断思考的问题。哪些货品放在一起可以提高拣货效率？哪些货品放在一起却达不到这样的效果？这时就可以采取数据挖掘中的关联模式分析来帮助解决这方面的问题。

关联模式分析的目的是为了挖掘隐藏在数据间的相互关系，即通过量化的数字，描述产品 A 的出现对产品 B 的出现有多大影响。关联分析就是给定一组 Item 和一个记录集合，通过分析记录集合，推导出 Item 间的相关性。

可以用 4 个属性来描述关联规则：① 可信度，即在产品集 A 出现的前提下，B 出现的概率；② 支持度，即产品集 A、B 同时出现的概率；③ 期望可信度，即产品集 B 出现的概率；④ 作用可信度，即对期望可信度的比值。目前大多数的关联分析都基于"支持度—置信度"的框架，其目的是抽取形如"if A then B"的规则。上述规则的支持度用 S 表示，置信度用 C 表示。

通过上述关联分析可以得出一个关于同时购买商品的简单规则，以及每条规则的置信度和支持度。支持度高表示规则经常被使用，置信度高表示规则比较可靠。通过关联分析后可以得到关于产品 A、B 的关联程度，从而决定这两种货品在货架上的配置。

沃尔玛公司就是一个成功应用数据挖掘技术的大公司。一个典型例子是客户的菜篮子分析，从客户购买的记录中得出客户会同时购买哪些产品。其中最著名的结论是一个生病的消费者的购买篮包括橙汁和咳嗽糖浆。如果一个消费者购买了咳嗽糖浆，他就有 30% 的可能会同时购买橙汁。这些结论可以战略性地布置货品在仓库中的位置，以促进交叉销售和某类交易模式。

目前已有多项与计算机相关的技术在物流领域中得到广泛应用，这些技术包括电子数据交换、人工智能和专家系统、互联网技术和通信技术等。随着数据量的剧增，深化物流信息管理最有效的方法是在其中引进数据挖掘技术，以从数据中发现趋势和模式，并将新发现转变为经营上的成果，提高利润，降低成本。

本 章 小 结

办公室自动化系统一般指实现办公室内事务性业务的自动化，而办公自动化则包括更广泛的意义，即包括网络化的大规模信息处理系统。办公室自动化系统有助于物流企业实现信息快速共享，提高企业经营效率。

计算机网络技术是 20 世纪对人类社会产生最深远影响的科技成就之一。随着 Internet 技术的发展和信息基础设施的完善，计算机网络技术正在改变着人们的生活、学习和工作方式，推动着社会文明的进步。计算机网络是计算机技术与通信技术密切结合的综合性学科，也是计算机应用中一个空前活跃的领域。计算机网络技术的普及使得物流企业的经营方式以及经营理念发生了革命性的变化，物流企业开始从内部管理转向外部管理。

数据库技术是现代信息科学与技术的重要组成部分，是计算机数据处理与信息管理系统的核心。数据库技术研究和解决了计算机信息处理过程中大量数据有效地组织和存储的问题，以及在数据库系统中减少数据存储冗余、实现数据共享、保障数据安全以及高效地检索数据和处理数据。数据库技术的发展是物流信息的合理存储与处理，以及以信息的深度挖掘的前提。

关键术语

办公自动化　内联网　数据库　数据挖掘　开放系统互连

综 合 练 习

一、填空题

1. _____、_____ 和 _____ 是广义的或完整的办公自动化系统构成中的3个功能层次。

2. _____ 标识着网络中一个系统的位置。

3. 在关系模式 R 中的每一个具体关系 r，如果每个属性值都是不可再分的最小数据单位，则称 R 是 _____ 的关系。

4. 从大量数据中获取有效的、新颖的、潜在有用的、最终可理解的模式的非平凡过程，人们称之为 _____。

二、名词解释

计算机网络、数据库、1NF(第一范式)、2NF(第二范式)、3NF(第三范式)、BCNF、数据挖掘

三、简答题

1. 简述办公自动化系统构成中的3个功能层次。
2. 试比较几种知名自动化软件(协同办公软件)的系统平台的特点。
3. 说明几种常见的网络拓扑结构的优缺点。
4. 阐述数据挖掘的功能。

案 例 分 析

根据以下案例所提供的资料，试分析：
(1) 办公自动化系统的作用。
(2) 宝钢办公自动化系统的特点是什么？
(3) 宝钢办公自动化系统的应用有哪些启示？

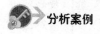
分析案例

宝钢办公自动化应用

在企业信息化建设方面，宝钢一直积极采用世界先进的信息技术构建企业高效率的通信基础设施。目前，宝钢已经成功地应用世界领先的 Intranet 企业平台及计算机通信软件 Louts Domino/Notes，建立起一个覆盖面积达18平方千米、能够触及整个厂区的企业网，一些重要的二级单位还建立了自己的二级 Notes Server，很好地满足了本单位办公信息自动化管理的要求，同时能够与上级机构的 Notes Server 实时联系，形成一个既相对独立又容易集中的灵活的企业网，使整个企业能够充分利用 Lotus Domino/Notes 强劲的协作和通信功能，实现高效率的企业管理。宝钢的办公自动化系统始建于1994年，是宝钢现代化管理与

信息时代相结合的产物,它在整个宝钢的普及与应用,促使宝钢办公信息管理产生深刻的变革——从纸质管理迈进数字化信息管理,迅速提升了宝钢的整个办公效率。采用 Lotus Notes 建立起来的电子邮件系统是宝钢办公自动化系统中的重要组成部分,目前已拥有 881 个用户(包括个人和群组)。这个电子邮件系统不仅为用户搭建一个传递和处理信息的平台,使人们能够跨越时间和地域的限制,自由、畅通地交换信息,更重要的是,它为用户提供了一种强劲的计算能力,允许不同的用户根据自身需要定制自己的应用,轻松实现"最终用户计算/最终用户开发(End User Computing/End User Developing, EUC/EUD)",从而能够充分利用现有的人力和设备资源。

系统环境:宝钢的电子邮件系统采用 Client/Server 体系,以 Domino/Notes 4.5 为主要的应用开发平台,它的系统架构如图 2.5 所示。

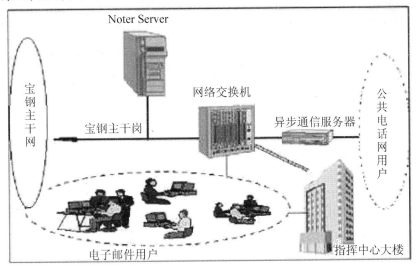

图 2.5　宝钢系统构架图

宝钢电子邮件系统的用户主要包括总公司的领导、各二级厂部、机关处室、子公司以及集团合作伙伴等,他们分布在宝钢厂区内外,甚至在外省市。

为了能够确保分布在不同地点的用户便捷地通过网络与 Notes 系统进行实时通信,宝钢的电子邮件系统提供了 4 种连接 Notes 系统的方式。

(1) 位于宝钢指挥中心大楼内的各单位直接加入 PDS 布线系统。宝钢指挥中心大楼是公司各主要机关部门和公司领导办公所在地,为了有效地提高信息覆盖面,在办公自动化系统的实施过程中,对整个大楼进行建筑物结构化综合布线。通过网络交换技术连接 PDS 布线系统中的各个网段,大楼网络可以便捷地联入宝钢主干网。宝钢指挥中心大楼内各部处机关全部是经过该布线系统进入 Notes 系统的。

(2) 宝钢厂区内各个二级厂部通过宝钢已经建成的主干网连接分布于各个厂的局域网的方式联入 Notes 系统。

(3) 厂区外单位及远程办公用户,以远程终端方式采用拨号通过异步通信服务器访问 Notes 系统。目前以这种方式连接的用户多达几十个,其中包括广州、成都和天津等宝钢在上海以外的销售分公司站点。

(4) 新成立的上海宝钢集团公司所在地——浦东宝钢大厦,通过 2MDDN 专线与宝钢厂区的主干网互联,远程访问 Notes 系统。

无论采用何种连接方式进入办公自动化系统,各个工作站点均采用 TCP/IP 协议通过 Notes 系统进行通信,从而能够有效保证所有站点的工作界面完全一致,确保宝钢的办公自动化系统真正建立在网络计算环境中,为宝钢在网络时代的长远发展提供坚实的信息化基础。

资料来源:高充.基于 Lotus Domino/Notes 的宝钢办公自动化系统[J].软件世界,2000(05).

第 3 章 物流信息标识与采集技术

【教学目标】

通过本章的学习，了解条码技术、射频识别技术的基本原理，掌握条码技术及射频识别技术在物流活动中的应用。

【教学要求】

知识要点	能力要求	相关知识
条码技术	条码技术的产生与发展 条码编码 一维条码与二维条码的区别	条码的定义 条码的结构 条码识读原理 二维条码
RFID 技术	RFID 技术是建立在电磁理论的基础上 RFID 技术由标签、识读器构成 RFID 技术在物流中的运用	RFID 技术的定义 RFID 技术的构成 RFID 技术的应用

麦德龙集团 RFID 系统应用案例

2004 年 11 月,当大部分的 RFID 厂商还在关注 EPCglobal 第二代 RFID 标准的最终敲定和行将实施的强迫性标签项目期限时,麦德龙的托盘追踪应用已经完成试行阶段,正式投入运行。2005 年 1 月,其他供应链项目刚启用,而第二代标准的细节尘埃落定,麦德龙已率先庆祝"成功实施 RFID 百天纪念",在这 100 天里,麦德龙通过使用 Intermec 的 Intellitag RFID 读写器,成功识别超过 50 000 个托盘,其标签的识读率更超过 90%。此外,麦德龙正式实施 RFID 所取得的成效与试验计划相仿:仓储人力开支减少了 14%、存货到位率提高了 11%以及货物丢失降低了 18%。

在 2006 年,麦德龙遍布德国的全部 Cash & Carry 品牌批发商店正式启用了 Intermec 的第二代 RFID。从 4 月 1 日起,麦德龙集团的供应商已经可以向该公司付运带有第二代 RFID 标签的托盘。

麦德龙 Cash & Carry 是自助批发店中的佼佼者,它采用了一套先进的第二代 RFID 设施,包括 Intermec 的第二代 IF5 UHF RFID 读取器和 IBM 的中间件。应用于麦德龙 Cash & Carry 商店的 Intermec 第二代 RFID 技术构建了一个令各种 RFID 产品及系统兼容协作的平台,有效协助追踪托盘的去向,从而改进存货管理。

(资料来源:翁兆波.物流信息技术[M].北京:化学工业出版社,2007.)

问题:
1. RFID 技术较之条码技术优势在哪里?
2. 麦德龙集团应用 RFID 技术取得了什么效果?

3.1 条 码 技 术

条码是由一组按一定编码规则排列的条、空符号,用以表示一定的字符、数字及符号组成的信息。条码系统是由条码符号设计、制作及扫描阅读组成的自动识别系统。

3.1.1 条码技术概述

1. 条码技术的产生与发展

条码最早出现在 20 世纪 40 年代,但得到实际应用和发展是在 20 世纪 70 年代左右。现在世界各国和地区都已普遍使用条码技术,其应用领域也越来越广泛,并逐步渗透到许多技术领域。

20 世纪 40 年代,美国乔·伍德兰德(Joe Wood Land)和伯尼·西尔沃(Berny Silver)两位工程师就开始研究用条码表示食品项目及相应的自动识别设备,并于 1949 年获得美国专利。该条码图案很像微型射箭靶,被叫做"公牛眼"代码。靶式的同心圆是由圆条和空绘成的圆环形。在原理上,"公牛眼"代码与后来的条码很相近。

1970 年美国超级市场 Ad Hoc 委员会制定出通用商品代码 UPC 码,许多团体也提出了各种条码符号方案。UPC 码首先在杂货零售业中试用,这为以后条码的统一和广泛采用奠定了基础。次年布莱西公司研制出布莱西码及相应的自动识别系统，用以库存验算，这是条码技术第一次在仓库管理系统中的实际应用。1972年蒙那奇·马金(Monarch Marking)等人研制出库德巴(Code Bar)码，至此美国的条码技术进入新的发展阶段。

1973年美国统一编码协会(UCC)建立了UPC条码系统，实现了该码制标准化。同年，食品杂货业把UPC码作为该行业的通用标准码制，为条码技术在商业流通销售领域里的广泛应用起到了积极的推动作用。1974年，Intermec公司的戴维·阿利尔(Davide Allair)博士研制出39码，该条码很快被美国国防部所采纳，作为军用条码码制。39码是第一个字母、数字式相结合的条码，后来被广泛应用于工业领域。

1976年在美国和加拿大超级市场上，UPC码的成功应用给人们以很大的鼓舞，尤其是欧洲人对此产生了极大兴趣。次年，欧洲共同体在UPC-A码基础上制定出欧洲物品编码EAN-13和EAN-8码，签署了"欧洲物品编码"协议备忘录，并正式成立了欧洲物品编码协会(EAN)。到了1981年由于EAN已经发展成为一个国际性组织，故改名为"国际物品编码协会"(IAN)。但由于历史原因和习惯，至今仍称为EAN(后改为EAN-International)。

日本从1974年开始着手建立POS系统，研究标准化以及信息输入方式、印制技术等，并在EAN基础上，于1978年制定出日本物品编码JAN。同年加入了国际物品编码协会，开始进行厂家登记注册，并全面转入条码技术及其系列产品的开发工作，10年之后成为EAN最大的用户。

从20世纪80年代初起，人们为了提高条码符号的信息密度开展了多项研究，研制出了128码和93码。128码于1981年被推荐使用，而93码于1982年使用。这两种码的优点是条码符号密度比39码高出近30%。随着条码技术的发展，条码码制种类不断增加，因而标准化问题显得更加突出。为此美国先后制定了军用标准1189；交插25码、39码和Code bar码ANSI标准MH10.8M等。同时一些行业也开始建立行业标准，以适应发展需要。此后，戴维·阿利尔又研制出49码，这是一种非传统的条码符号，它比以往的条形码符号具有更高的密度(即二维条码的雏形)。接着特泰德·威廉姆斯(Ted Williams)推出16K码，这是一种适用于激光扫描的码制。到1990年年底为止，共有40多种条码码制，相应的自动识别设备和印刷技术也得到了长足的发展。

从20世纪80年代中期开始，我国一些高等院校、科研部门及一些出口企业，把条码技术的研究和推广应用逐步提到议程。一些行业如图书、邮电、物资管理部门和外贸部门已开始使用条码技术。1988年12月28日，经国务院批准，国家技术监督局成立了"中国物品编码中心"。该中心的任务是研究、推广条码技术，同时组织、开发、协调、管理我国的条码工作。

条码技术发展过程中主要包括以下事件。

1949年，美国的N.J.Woodland申请了环形条码专利。

1960年，美国提出铁路货车上用的条码识别标记方案。

1963年，1963年10月《控制工程》杂志上发表了描述各种条码技术的文章。

1967年，美国辛辛那提的一家超市首先使用条码扫描器。

1969年，比利时邮政业采用荧光条码表示信函投递点的邮政编码。

1970年，美国成立UCC，美国邮政局采用长短形条码表示信函的邮政编码。

1971年，欧洲的一些图书馆采用Plessey码。

1972年，美国提出库德巴码、交叉25码和UPC码。

1974年，美国提出39码。

1977年，欧洲采用EAN码。

1980年，美国军事部门采纳39码作为其物品编码。

1981年，国际物品编码协会成立，实现自动识别的条码译码技术，128码被推荐使用。

1982年，手持式激光条码扫描器投入使用，美国军用标准military标准1189被采纳，93码开始使用。

1983年，美国制定了ANSI标准MH10.8M，包括交叉25码、39码和CodeBar码。

1984年，美国制定医疗保健业用的条码标准。

1987年，美国的David Allairs博士提出49码。

1988年，可见激光二极管研制成功，美国的Ted Willians提出适合激光系统识读的新颖码制16K码。

1986年，我国邮政确定采用条码信函分拣体制。

1988年年底，我国成立"中国物品编码中心"。

1991年4月，"中国物品编码中心"代表中国加入"国际物品编码协会"。

2. 条码技术的特点

条码是迄今为止最经济实用的一种自动识别技术。条码技术具有以下几个方面的优点

(1) 输入速度快：与键盘输入相比，条码输入的速度是键盘输入的5倍，并且能实现"即时数据输入"。

(2) 可靠性高：键盘输入数据出错率为三百分之一，利用光学字符识别技术出错率为万分之一，而采用条码技术误码率低于百万分之一。

(3) 采集信息量大：利用传统的一维条码一次可采集几十位字符的信息，二维条码更可以携带数千个字符的信息，并有一定的自动纠错能力。

(4) 灵活实用：条码标识既可以作为一种识别手段单独使用，也可以和有关识别设备组成一个系统，实现自动化识别，还可以和其他控制设备连接起来实现自动化管理。

(5) 条码标签易于制作，对设备和材料没有特殊要求，识别设备操作容易，不需要特殊培训，且设备也相对便宜。

3. 条码技术的基本概念

1) 条码技术的基础术语

(1) 条(Bar)：条码中反射率较低的部分，一般印刷的颜色较深。

(2) 空(Space)：条码中反射率较高的部分，一般印刷的颜色较浅。

(3) 空白区(Clear Area)：条码左右两端外侧与空的反射率相同的限定区域。

(4) 起始符(Start Character)：位于条码起始位置的若干条与空。

(5) 终止符(Stop Character)：位于条码终止位置的若干条与空。

(6) 中间分隔符(Central Seperating Character)：位于条码中间位置的若干条与空。

(7) 条码数据符(Bar Code Datd Character)：表示特定信息的条码符号。

(8) 校验符(Check Character)：表示校验码的条码若干条与空。

(9) 供人识别字符(Human Readable Character)：位于条码符的下方，与相应的条码相对应的、用于供人识别的字符。

条码基本术语表见表3-1。

表3-1 条码基本术语表

术　语	注　释
条码(Bar Code)	由一组规则排列的条、空及其对应字符组成的标记，用以表示一定的信息
条码系统(Bar Code System)	由条码符号设计、制作及扫描阅读组成的自动识别系统
条	条码中反射率较低的部分
空	条码中反射率较高的部分
空白区	条码左右两端外侧与空的反射率相同的限定区域
保护框(Bearer Bar)	围绕条码且与条反射率相同的边或框
起始符	位于条码起始位置的若干条与空
终止符	位于条码终止位置的条与空
中间分隔符	位于条码中间位置的若干条与空
条码字符(Bar Code Character)	表示一个字符的若干条与空
条码数据符	表示特定信息的条码字符
条码校验符(Bar Code Check Character)	表示校验码的条码字符
条码填充符(Filler Character)	不表示特定信息的条码字符
条高(Bar Height)	构成条码字符的条的二维尺寸的纵向尺寸
条宽(Bar Width)	构成条码字符的条的二维尺寸的横向尺寸
空宽(Space Width)	构成条码字符的空的二维尺寸的横向尺寸
条宽比(Bar Width Ratio)	条码中最宽条与最窄条的宽度比
空宽比(Space Width Ratio)	条码中最宽空与最窄空的宽度比
条码长度(Bar Code Length)	从条码起始符前缘到终止后缘的长度
长高比(Length To Height Ratio)	条码长度与条高的比
条码密度(Bar Code Density)	单位长度的条码所表示的字符个数
模块(Module)	组成条码的基本单位

续表

术　语	注　释
条码字符间隔(Bar Code Character Gap)	相邻条码字符间不表示特定信息且与空的反射率相同的区域
单元(Element)	构成条码字符的条、空
连续型条码(Continuos Bar Code)	没有条码字符间隔的条码
非连续型条码(Discrete Bar Code)	有条码字符间隔的条码
双向条码(Bidirectional Bar Code)	左右两端均可作为扫描起点的条码
附加条码(Add-on)	表示附加信息的条码
自校验条码(Self-checking Bar Code)	条码字符本身具有校验功能的条码
定长条码(Fixed Length of Bar Code)	条码字符个数固定的条码
非定长条码(Unfixed Length of Bar Code)	条码字符个数不固定的条码
条码字符集(Bar Code Character Set)	其类型条码所能表示的字符集合

2) 条码技术的基础概念

(1) 码制。条码的码制是指条码符号的类型，每种类型的条码符号都是由符合特定编码规则的条和空组合而成的。每种码制都具有固定的编码容量和所规定的条码字符集。条码字符中字符总数不能大于该种码制的编码容量。常用的一维条码的码制包括 EAN 码、39 码、交插 25 码、UPC 码、128 码、93 码，及 Coda Bar 码等。

(2) 条码字符集。条码字符集是指某种码制所表示的全部字符的集合。有些码制仅能表示 10 个数字字符 0~9，如 EAN/UPC 码，25 码；有些码制除了能表示 10 个数字字符外，还可以表示几个特殊字符，如 Code Bar 码。39 码可表示数字字符 0~9，26 个英文字母 A~Z 以及一些特殊符号。

(3) 连续性与非连续性。条码符号的连续性是指每个条码字符之间不存在间隔。相反，非连续性是指每个条码字符之间存在间隔。从某种意义上讲，由于连续性条码不存在条码字符间隔，即密度相对较高，而非连续性条码的密度相对较低，但非连续性条码字符间隔引起误差较大，一般规范不给出具体指标限制。而对连续性条码除了控制尺寸误差外，还需控制相邻条与条、空与空的相同边缘间的尺寸误差及每一条码字符的尺寸误差。

(4) 定长条码与非定长条码。定长条码是指仅能表示固定字符个数的条码。非定长条码是指能表示可变字符个数的条码。例如 EAN/UPC 码是定长条码，它们的标准版仅能表示 12 个字符，39 码为非定长条码。

定长条码由于限制了表示字符的个数，即密码的无视率相对较低，因为就一个完整的条码符号而言，任何信息的丢失总会导致密码的失败。非定长条码具有灵活、方便等优点，但受扫描器及印刷面积的控制，它不能表示任意多个字符，并且在扫描阅读过程中可能产生因信息丢失而引起错码，这些缺点在某些码制(如交插 25 码)中出现的概率相对较大，这个缺点可通过识读器或计算机系统的校验程度来克服。

(5) 双向可读性。条码符号的双向可读性是指从左、右两侧开始扫描都可被识别的特性。绝大多数码制都可双向识读，所以都具有双向可读性。事实上，双向可读性不仅仅是条码符号本身的特性，它是条码符号和扫描设备的综合特性。对于双向可读的条码，识读过程中译码器需要判别扫描方向。有些类型的条码符号，其扫描方向的判定通过起始符与终止符来完成，例如39码、交插25码、Code Bar码。有些类型的条码，由于从两个方向扫描起始符和终止符所产生的数字脉冲信号完全相同，所以无法用它们来判别扫描方向，例如EAN码和UPC码。在这种情况下，扫描方向的判别则是通过条码数据符的特定组合来完成的。对于某些非连续性条码符号，例如39条码，由于其字符集中存在着条码字符的对称性(例如字符"*"与"P"，"M"与"—"等)，在条码字符间隔较大时，很可能出现因信息丢失而引起译码错误。

(6) 自校验特性。条码符号的自校验特性是指条码字符本身具有校验特性。若在一条码符号中，一个印刷缺陷(例如因出现污点把一个窄条错认为宽条，而相邻宽空错认为窄空)不会导致替代错误，那么这种条码就具有自校验功能。例如39码、Code Bar码、交插25码都具有自校验功能，EAN和UPC码、93码等没有自校验功能。自校验功能也只能校验出一个印刷缺陷。对于大于一个的印刷缺陷，任何自校验功能的条码都不可能完全校验出来。对于某种码制，是否具有自校验功能是由其编码结构决定的。码制设置者在设置条码符号时，均须考虑自校验功能。

4. 条码的结构与类型

1) 条码符号的结构

一个完整的条码符号由两侧静区、起始字符、数据字符、校验字符(可选)和终止字符组成。

(1) 静区：没有任何印刷符或条码信息，它通常是白的，位于条码符号的两侧。静区的作用是提示阅读器即扫描器准备扫描条码符号。

(2) 起始字符：条码符号的第一位字符是起始字符，它的特殊条、空结构用于识别一个条码符号的开始。阅读器首先确认此字符的存在，然后处理由扫描器获得的一系列脉冲。

(3) 数据字符：由条码字符组成，用于代表一定的原始数据信息。

(4) 校验字符：在条码制中定义了校验字符，有些码制的校验字符是必须的，有些码制的校验字符则是可选的。校验字符是通过对数据字符进行一种算术运算而确定的。符号中的各字符由解码器进行算术运算，并将结果与校验字符比较，若两者一致时，则说明读入的信息有效。

(5) 终止字符：条码符号的最后一位字符是终止字符，它的特殊条、空结构用于识别一个条码符号的结束。阅读器识别终止字符，便可以知道条码符号已扫描完毕。若条码符号结束，阅读器就向计算机传送数据并向操作者提供"有效读入"的反馈。终止字符的使用，避免了不完整信息的输入。当采用校验字符时，终止字符还指示阅读器对数据字符实施校验计算。起始字符、终止字符的条、空结构通常是不对称的二进制序列。这种不对称允许扫描器进行双向扫描。当条码符号被反向扫描时，阅读器会在进行校验计算和传送信息前把条码各字符重新排列成正确的顺序。

条码排列方式如下所示：

| 静区 | 起始字符 | 数据字符 | 终止字符 | 校验字符 | 静区 |

2) 条码分类

(1) 条码按码制分类可分为以下几类。

① UPC 码：1973 年美国率先在国内的商业系统中应用 UPC 码之后，加拿大也在商业系统中采用了 UPC 码。UPC 码是一种长度固定的连续型数字式码制，其字符集为数字 0～9。它采用 4 种元素宽度，每个条或空是 1、2、3 或 4 倍单位元素宽度。3.1.2 节将详细介绍 UPC-A 码和 UPC-E 码。各种版本的 UPC 码见表 3-2。

表 3-2　UPC 码的各种版本

版本	应用对象	格　式
UPC-A	通用商品	SXXXXX XXXXXC
UPC-B	医药卫生	SXXXXX XXXXXC
UPC-C	产业部门	XSXXXXX XXXXXCX
UPC-D	仓库批发	SXXXXX XXXXXCXX
UPC-E	商品短码	XXXXXX

注：S－系统码；X－数据码；C－校验码。

② EAN 码：1977 年，欧洲经济共同体各国按照 UPC 码的标准制定了欧洲物品编码——EAN 码，与 UPC 码兼容，而且两者具有相同的符号体系。EAN 码的字符编号结构与 UPC 码相同，也是长度固定的、连续型的数字式码制，其字符集是数字 0～9。它采用 4 种元素宽度，每个条或空是 1、2、3 或 4 倍单位元素宽度。EAN 码有两种类型，即 EAN-13 码和 EAN-8 码。

③ 交叉 25 码：交叉 25 码是一种长度可变的连续型自校验数字式码制，其字符集为数字 0～9。采用两种元素宽度，每个条和空是宽或窄元素。编码字符个数为偶数，所有奇数位置上的数据以条编码，偶数位置上的数据以空编码。如果为奇数个数据编码，则在数据前补一位 0，以使数据为偶数个数位。

④ 39 码：39 码是第一个字母数字式码制，于 1974 年由 Intermec 公司推出。它是长度可比的离散型自校验字母数字式码制，其字符集为数字 0～9，26 个大写字母和 7 个特殊字符(-、。、Space、/、+、%、￥)，共 43 个字符。每个字符由 9 个元素组成，其中有 5 个条(2 个宽条，3 个窄条)和 4 个空(1 个宽空，3 个窄空)，是一种离散码。

⑤ Code Bar：Code Bar 出现于 1972 年，是一种长度可变的连续型自校验数字式码制。

其字符集为数字 0～9 和 6 个特殊字符(-、：、/、。、+、￥)，共 16 个字符。常用于仓库、血库和航空快递包裹中。

⑥ 128 码：128 码出现于 1981 年，是一种长度可变的连续型自校验数字式码制。它采用 4 种元素宽度，每个字符由 3 个条和 3 个空组成，共 11 个单元元素宽度，又称(11, 3)码。它由 106 个不同条形码字符组成，每个条形码字符有 3 种不同含义的字符集，分别为 A、B、C，使用这 3 个交替的字符集可将 128 个 ASCII 码编码。

⑦ 93 码：93 码是一种长度可变的连续型字母数字式码制，其字符集为数字 0～9、26 个大写字母和 7 个特殊字符(-、。、Space、/、+、%、￥)以及 4 个控制字符。每个字符由 3 个条和 3 个空组成，共 9 个元素宽度。

⑧ 49 码：49 码是一种多行连续型、长度可变的字母数字式码制。出现于 1987 年，主要用于小物品标签上的符号。采用多种元素宽度，其字符集为数字 0～9、26 个大写字母、7 个特殊字符(-、。、Space、/、+、%、￥)、3 个功能键(F1、F2、F3)和 3 个变换字符，共 49 个字符。

⑨ 其他码制：除上述码外还有其他的码制，例如 25 码出现于 1977 年，主要用于电子元器件标签；矩阵 25 码是 11 码的变形；Nixdorf 码已被 EAN 码所取代；Plessey 码出现于 1971 年 5 月，主要用于图书馆等。

(2) 按维数分类可分为以下几类。

① 普通的一维条码：普通的一维条码自问世以来，很快得到了普及并广泛应用。但是由于一维条码的信息容量很小，如商品上的条码仅能容纳 13 位的阿拉伯数字，更多的描述商品的信息只能依赖数据库的支持，离开了预先建立的数据库，这种条码就变成了无源之水，无本之木，因而条码的应用范围也受到了一定的限制。一维条码按条码的长度来分，可分为定长和非定长条码；按排列方式划分，可分为连续型和非连续型条码；从校验方式划分，可分为自校验和非自校验型条码等。

② 二维条码：除具有普通条码的优点外，二维条码还具有信息容量大、可靠性高、保密防伪性强、易于制作、成本低等优点。美国 Symbol 公司于 1991 年正式推出名为 PDF417 的二维条码，简称 PDF417，即便携式数据文件。FDF417 是一种高密度、高信息含量的便携式数据文件，是实现证件及卡片等大容量、高可靠性信息自动存储、携带并可用机器自动识读的理想手段。二维条码根据构成原理、结构形状的差异可分为两大类型：行排式二维条码(2D Stacked Bar Code)和矩阵式二维条码(2D Matrix Bar Code)。

③ 多维条码：进入 20 世纪 80 年代以后，人们为了提高条码符号的信息密度进行了多方面的研究工作。其中多维条码和集装箱条码成为研究、发展与应用的方向。

3.1.2 商品条码

1. 商品条码概论

1) 商品条码概述

商品条码有两大类：EAN 码和 UPC 码，我国目前常用的为 EAN 码。

商品条码是 ANCC 系统的一个重要组成部分,是 ANCC 系统发展的基础。它主要用于对零售商品、非零售商品及物流单元的条码标识。

零售商品是指在零售端通过 POS 扫描结算的商品,其条码标识由全球贸易项目代码(GTIN)及其对应的条码符号组成。零售商品的条码标识主要采用 EAN/UPC 码。一听啤酒、一瓶洗发水和一瓶护发素的组合包装都可以作为一项零售商品卖给最终消费者。

非零售商品是指不通过 POS 扫描结算的用于配送、仓储或批发等操作的商品。其标识代码由全球贸易项目代码及其对应的条码符号组成。非零售商品的条码符号主要采用 ITF-14 码或 UCC/EAN-128 码,也可使用 EAN/UPC 码。一个装有 24 条香烟的纸箱、一个装有 40 箱香烟的托盘都可以作为一个非零售商品进行批发、配送。

物流单元条码是为了便于运输或仓储而建立的临时性组合包装,在供应链中需要对其进行个体的跟踪与管理。一箱有不同颜色和尺寸的 12 件裙子和 20 件夹克的组合包装,一个含有 40 箱饮料的托盘(每箱 12 盒装)都可以视为一个物流单元。通过扫描每个物流单元上的条码标签,实现物流与相关信息流的链接,可分别追踪每个物流单元的实物移动。物流单元的编码采用系列货运包装箱代码(SSCC-18)进行标识。

2) 商品条码数据结构

全球贸易项目代码是为全球贸易项目提供唯一标识的一种代码(或称数据结构)。对贸易项目进行编码和符号表示,能够实现商品零售(POS)、进货、存货管理、自动补货、销售分析及其他业务运作的自动化。

全球贸易项目代码是唯一的、无含义的、多行业的、全球认可的代码。有 4 种编码结构:EAN/UCC-13、EAN/UCC-8、UCC-12 以及 EAN/UCC-14,前 3 种结构也可表示成 14 位数字的代码结构,见表 3-3。

表 3-3 全球贸易项目代码数据结构

数据结构	GTIN 格式													
	N_1	N_2	N_3	N_4	N_5	N_6	N_7	N_8	N_9	N_{10}	N_{11}	N_{12}	N_{13}	N_{14}
EAN/UCC-13	0	N_1	N_2	N_3	N_4	N_5	N_6	N_7	N_8	N_9	N_{10}	N_{11}	N_{12}	N_{13}
UCC-12	0	0	N_1	N_2	N_3	N_4	N_5	N_6	N_7	N_8	N_9	N_{10}	N_{11}	N_{12}
EAN/UCC-8	0	0	0	N_1	N_2	N_3	N_4	N_5	N_6	N_7	N_8	N_9	N_{10}	N_{11}
EAN/UCC-14	N_1	N_2	N_3	N_4	N_5	N_6	N_7	N_8	N_9	N_{10}	N_{11}	N_{12}	N_{13}	N_{14}

前 3 种编码结构用于通过零售渠道销售的贸易单元,即通过 POS 结算进行销售的贸易单元。

第 4 种结构用于由相同贸易项目组成的包装单元。如装有 12 瓶规格为 400 毫升洗发水的箱子。因为在物流过程中,有时候在批发、配送中以"箱"为单位进行贸易。那么,箱子的 $N_2 \sim N_{13}$ 代码就是其内含贸易项目的 EAN·UCC 标识代码(EAN/UCC-13 除去校验码)。如果此类贸易单元内含的贸易项目为 UCC-12 编码结构或 EAN/UCC-8 编码结构,可通过对其内含贸易项目的 EAN/UCC 标识代码前面补"零"变成 14 位数字结构。

3) 商品编码原则

商品编码是指用一组阿拉伯数字标识商品的过程，这组数字称为代码。在对商品进行编码时，应遵守以下基本原则。

(1) 唯一性。唯一性原则是商品编码的基本原则。是指同一项目的商品应分配相同的商品标识代码，不同项目的商品必须分配不同的商品标识代码。基本特征相同的商品应视为同一商品项目，基本特征不同的商品应视为不同的商品项目。通常商品的基本特征包括商品名称、商标、种类、规格、数量、包装类型等。商品的基本特征一旦确定，只要商品的一项基本特征发生变化，就必须分配一个不同的商品标识代码。

在商品条码系统中，商品及商品价格的差异是靠不同的代码识别的。假如把两种不同价格的商品用同一代码标识，自动识别系统就把它们视为同一种商品，这样不是给顾客造成经济损失，就是给销售商带来经济损失。同时，这样做还会导致销售商和制造商不能准确掌握商品销售信息，使商店自动化系统失去意义。如果同一商品项目有几个代码，自动识别系统将视其为几种不同的商品，这样不仅大大增加数据处理的工作量，而且会造成管理上的混乱。

(2) 稳定性。稳定性原则是指商品标识代码一旦分配，只要商品的基本特征没有发生变化，就应保持不变。同一商品项目，无论是长期连续生产还是间断式生产，都必须采用相同的标识代码。即使该商品项目停止生产，其标识代码应至少在 4 年之内不能用于其他商品项目上。另外，即便商品已不在供应链中流通，由于要保存历史纪录，需要在数据库中较长期地保留它的标识代码。

(3) 无含义性。无含义性原则是指商品标识代码中的每一位数字不表示任何与商品有关的特定信息。有含义的编码通常会导致编码容量的损失。厂商在编制商品项目代码时，最好使用无含义的流水号。

在 EAN 及 UPC 系统中，商品编码仅仅是一种识别商品的手段，而不是商品分类的手段。无含义使商品编码具有简单、灵活、可靠、充分利用代码容量、生命力强等优点，这种编码方法尤其适合于较大的商品系统。

与无含义代码相对应的是有含义代码，即代码数字本身及其位置能够表示商品特定的信息。由于不同种类商品的数量不均衡，而且很难预测新产品的种类与数量，这就给设计有含义代码带来困难。其结果可能是一些商品的代码容量留多了，造成浪费。另一些商品的代码容量留少了，只好占用其他商品预留的代码。这样一来，有含义代码最终还是变成无含义代码。特别是当企业没有固定的编码人员时，由于对代码含义(例如商品分类)理解不同等原因，有含义代码很难长期保持下去。

2. 商品条码的组织机构与管理

1) 商品条码的组织机构

(1) 国际物品编码协会(EAN)。EAN 是一个不以营利为目的的国际标准化组织。1976

年美国和加拿大在超级市场上成功地使用了 UPC 系统。1977 年欧洲共同体开发出与 UPC 系统兼容的欧洲物品编码系统(European Article Numbering System，EAN 系统)，并签署了欧洲物品编码协议备忘录，正式成立了欧洲物品编码协会(European Article Numbering Association，EAN)。1981 年，随着协会成员的不断增加，EAN 组织已发展成为一个事实上的国际性组织，欧洲物品编码协会改称为国际物品编码协会(International Article Numbering Association)，即 EAN International，也称为 EAN，后改名为 GS1。

(2) 美国统一代码委员会(UCC)。UCC 与 EAN 一样，是一个国际标准化组织，UCC(Uniform Code Council)是负责开发和维护北美地区包括产品标识标准在内的国际标准化组织，创建于 1972 年。2002 年底已拥有 26 万家系统成员，推广 UPC 商品条码是它的一项业务。目前，UCC 正在面向 23 个行业开展活动，主要对象是零售及食品行业。

2002 年 11 月 26 日 EAN 正式接纳 UCC 成为系统成员，EAN 和 UCC 合并为一个全球统一的标识系统——EAN·UCC 系统。目前，EAN/UCC 系统已拥有 99 个编码组织，代表 100 多个国家或地区，遍及 6 大洲，已有 120 多万家用户通过国家(或地区)编码组织加入到 EAN·UCC 系统。EAN·UCC 系统正广泛应用于工业生产、运输、仓储、图书、票汇等领域。

(3) 中国物品编码中心(Arcticle Numbering Center of China，ANCC)。ANCC 是我国商品条码工作的组织、协调、管理机构，于 1988 年 12 月 28 日经国务院批准正式成立，并于 1991 年 4 月 19 日加入国际物品编码协会。

ANCC 是全国商品条码工作机构，在国家质量监督与检验检疫总局领导下履行各项职责，主要工作范围有以下几个方面。

① 贯彻执行我国商品条码、物品编码、产品电子代码工作的方针、政策、法规和标准。

② 负责研究、推广和发展以商品条码为基础的 ANCC 系统，并推动其在物流、供应链管理、电子商务等中的应用。

③ 负责全国商品条码和物品编码的登记、管理、维护、信息咨询和技术培训等工作。

④ 提供我国全球位置码(GLN)的登记、管理、维护及推广应用等服务。

⑤ 根据全球产品电子代码管理中心(EPCglobal)的授权，负责我国产品电子代码(EPC)的注册、管理和推广，提供技术支持和培训。

⑥ 依据全球商务联盟的授权，负责全球产品分类(GPC)、全球数据字典(GDD)、全球数据同步(GDS)的研究及推广应用工作，建立和维护我国与全球数据中心信息同步的商品信息服务平台，并开展相关服务。

⑦ 依据 UCC 的授权，以 UNSPSC China 的名义，负责联合国标准产品与服务代码(UNSPSC)中文版的维护及在我国的推广应用工作。

⑧ 负责物品编码、产品电子代码及条码、射频等自动识别技术国家标准和技术规范的修订工作。

⑨ 承担中国条码技术与应用协会、中国自动识别技术协会、全国供应链过程管理与控制标准化技术委员会(中国ECR委员会)、全国信息技术标准化技术委员会自动识别与数据采集分委会、全国物流信息管理标准化技术委员会5个组织的秘书处工作。

⑩ 参加国际物品编码协会的各项活动，对口联系EPCglobal、国际标准化组织、国际电工委员会第一联合委员会的第31分委会(ISO/IEC JTC1/SC31)、国际自动识别制造商协会(AIM Global)、亚洲ECR委员会(ECR ASIA)等国际组织，跟踪世界条码、射频等自动识别技术的发展。

⑪ 出版发行《条码与信息系统》杂志。

⑫ 举办每年一度的"SCAN-CHINA 国际自动识别技术展览会"。

ANCC地方分支机构接受所在地的省、自治区、直辖市人民政府质量技术监督行政部门的领导，其业务工作接受编码中心的指导、检查和考核。ANCC统一审批商品条码的注册、变更、续展和注销，统一向系统成员发放证书。

ANCC作为EAN会员，对口联系EAN和国际上其他物品编码机构。遵守EAN章程；执行EAN条码技术规范和工作规范；参加EAN的活动；向EAN上报年度工作计划及总结，交纳会费；与相关国际编码组织开展商品条码技术、EDI技术、供应链技术、二维码技术交流与合作；负责在我国开发、维护、推广以商品条码为基础的全球统一标识系统——EAN·UCC系统。

2) 我国商品条码的注册与管理

(1) 商品条码的注册。依法取得营业执照的企业法人或依法取得营业执照的生产者、销售者可根据自己的经营需要，申请注册厂商识别代码。申请注册行为完全是自愿的。

申请人可到所在地的编码分支机构办理申请注册手续，办理流程如图3.1所示。

(2) 商品条码的管理。加入ANCC系统，使用ANCC系统资源的企业，我们称之为ANCC系统成员。获准注册厂商识别代码并由ANCC颁发《中国商品条码系统成员证书》的企业，将获得中国商品条码系统成员资格。

中国商品条码系统成员享有以下权利。

① 享有对合法拥有的厂商识别代码、商品代码及其相应的商品条码的专用权。

② 享有使用厂商识别代码、自行分配商品代码的权利。

③ 享有获得编码中心及其分支机构提供的咨询、培训、检测等技术服务的权利。

④ 享有对编码中心及其分之机构的工作提出建议的权利。

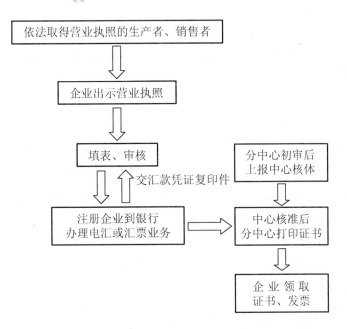

图 3.1　企业申请注册厂商识别代码流程图

中国商品条码系统成员应履行以下义务。

① 按国家标准、技术规范及相关规定，正确使用商品条码相关技术。

② 不得转让或与他人共享厂商识别代码、商品代码及其相应的商品条码。

③ 按期续展，及时交纳系统维护费。

④ 企业信息变更时，需及时办理变更手续。

⑤ 按规定进行产品信息备案。

商品条码工作是一项集行政管理、监督管理和技术管理于一体的综合性管理工作。国家质量监督检验检疫总局是全国商品条码工作的主管部门，ANCC 及其分支机构设立了条码质量监督检验站，专门负责对商品条码质量的检验工作。

3. 零售商品的标识代码与条码符号

零售商品条码的代码是按照 EAN 统一规定的规则编制的，分为标准版和缩短版两种。标准版商品条码的代码由 13 位阿拉伯数字组成，简称 EAN-13 码。缩短版商品条码的代码由 8 位数字组成，简称 EAN-8 码。EAN-13 码和 EAN-8 码的前 3 位数字叫前缀码，是用于标识 EAN 成员的代码，由 EAN 统一管理和分配，不同的国家或地区有不同的前缀码。中国的前缀码目前有 3 个：690、691、692。

1) 零售商品的编码结构

(1) 标准版商品条码的代码结构。对于我国商品条码的代码而言，由 690、691、692 这 3 个前缀码构成的 EAN-13 码有两种结构，见表 3-4。

表 3-4　EAN-13 码的两种结构

结构种类	结构 1	结构 2
厂商识别代码	$X_{13}X_{12}X_{11}X_{10}X_9X_8X_7$	$X_{13}X_{12}X_{11}X_{10}X_9X_8X_7X_6$
商品项目代码	$X_6X_5X_4X_3X_2$	$X_5X_4X_3X_2$
校验码	X_1	X_1

注：① $X_i(i=1\sim13)$ 表示从右至左的第 i 位数字代码；② GB 12904—1998 还规定了结构 3，但目前尚未用于编码。

① 当前缀码为 690、691 时，EAN/UCC-13 码的代码结构为：

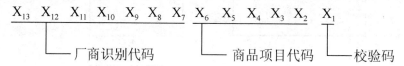

② 当前缀码为 692、693 时，EAN/UCC-13 码的代码结构为：

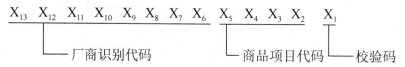

以上两种结构的代码均由 3 部分组成，即厂商识别代码、商品项目代码和校验码。

厂商识别代码是 ANCC 按照国家标准的规定，在 EAN 分配的前缀码基础上增加 4 位或 5 位数字编制的，用于对厂商的唯一标识。

商品项目代码是取得 ANCC 核准的商品条码系统成员资格的企业，按照国家标准的规定，在已获得的厂商识别代码的基础上，自行对本企业的商品项目进行编码(包括 5 位或 4 位数)。

校验码是根据前 12 位数按 GB 12904—1998 规定的方法计算得出的。在实际工作中，校验码一般不用人工计算，由制作条码原版胶片或制作条码标签的设备自动生成。

(2) 缩短版商品条码的代码结构。与上述标准版商品条码的代码相比，缩短版商品条码的代码(EAN-8 码)只有一种结构，并且只含两个部分，见表 3-5。

表 3-5　EAN-8 码结构

商品项目识别代码	$X_8X_7X_6X_5X_4X_3X_2$
校验码	X_1

EAN-8 码中商品项目识别代码是由 ANCC 在前缀码的基础上编制并直接分配给厂商特定商品项目的代码。校验码的计算方法与 EAN-13 码相同。EAN-8 码的使用是有限制的，按照《商品条码管理办法》的规定，商品条码印刷面积超过商品包装表面积或者标签可印刷面积的四分之一时，系统成员才可以申请使用缩短版商品条码。

2) 零售商品条码符号表示

零售商品条码通常选择使用 EAN/UPC 码符号来表示。

(1) EAN/UPC 码符号的设计包括以下原则。

① 符号尺寸：EAN/UPC 码符号的放大系数一般选择在 0.80~2.00 的范围内。条码符号随放大系数的变化而放大或缩小。具体尺寸要求见 GB 12904—2003。

② 左右侧空白区：条码左右侧空白区的宽度尺寸随放大系数的变化而变化。左右侧空白区的宽度对条码的成功识读有着重要的意义，因此其宽度尺寸要求是衡量条码符号质量的主要参数之一。

③ 条空颜色搭配：条空颜色搭配是指条码中条色与衬底空色的组合搭配。条码是使用专用识读设备依靠分辨条空的边界和宽窄来实现的，因此，要求条与空的颜色反差越大越好。一般来说，白色作底，黑色作条是最理想的颜色搭配。

④ 符号位置：条码符号位置的选择应以符号位置相对统一、符号不易变形、便于扫描操作和识读为准则。首选的条码符号位置宜在商品包装背面的右侧下半区域内。

(2) 零售商品条码符号结构。

① UPC-A 码和 UPC-E 码的符号结构。UPC-A 码左、右侧空白区最小宽度均为 9 个模块宽，其他结构与 EAN-13 码相同。UPC-A 码的符号如图 3.2 所示。

图 3.2 UPC-A 码符号图

UPC-A 码具有以下特点。

a. 每个字符均由 7 个模组组合成 2 线条和 2 空白，其逻辑值可用 7 位二进制数字表示，例如逻辑值 0001101 代表数字 1，逻辑值 0 为空白，1 为线条，故数字 1 的 UPC-A 码为粗空白(000)、粗线条(11)、细空白(0)、细线条(1)。

b. 从空白区开始共有 113 个模组，每个模组长 0.33mm，条码符号长度为 37.29mm。

c. 中间符两侧的数据符编码规则是不同的，左侧为奇，右侧为偶。奇表示线条的个数为奇数；偶表示线条的个数为偶数。左侧数据符与右侧数据符字码的逻辑值见表 3-6。

表3-6　UPC-A码左侧数据符与右侧数据符字码的逻辑值对照表

字码	值	左侧数据符(奇) 逻辑值	右侧数据符(偶) 逻辑值
0	0	0001101	1110010
1	1	0011001	1100110
2	2	0010011	1101100
3	3	0111101	1000010
4	4	0100011	1011100
5	5	0110001	1001110
6	6	0101111	1010000
7	7	0111011	1000100
8	8	0110111	1001000
9	9	0001011	1110100

注：0为空白，1为线条。

d. 起始符、终止符、中间符的线条高度长于数据符。

e. 检查码的算法从国别码开始自左至右取数，设UPC-A码各码代号如下：

N1	N2	N3	N4	N5	N6	N7	N8	N9	N10	N11	C

则校验码的计算步骤如下：

C1=N1+N3+N5+N7+N9+N11

C2=(N2+N4+N6+N8+N10)×3

CC=(C1+C2)取个位数

C(校验码)=10-CC(若值为10，则取0)

UPC-E码不同于UPC-A码和EAN码，它不含中间分隔符，由左侧空白区、起始符、数据符、终止符、右侧空白区及供人识别字符组成。UPC-E码的左侧空白区、起始符的模块数同UPC-A码，终止符为6个模块宽，右侧空白区最小宽度为7个模块宽，数据符为42个模块宽。

UPC-E码是UPC-A码的简化形式，其编码方式是将UPC-A码整体压缩成短码，以方便使用，因此其编码形式须由UPC-A码来转换。UPC-E码由6位数码与左右护线组成，无中间线。6位数字码的排列为3奇3偶，其排列方法取决于检查码的值。UPC-E码只用于国别码为0的商品。

UPC-E码商品条码符号图如图3.3所示。

图 3.3 UPC-E 码商品条码符号图

左护线：为辅助码，不具有任何意义，仅供列印时作为识别之用，逻辑型态为 010101，其中 0 代表细白，1 代表细黑。

右护线：同 UPC-A 码，逻辑型态为 101。

校验码：为 UPC-A 码原形的校验码，其作用为导入一值，但并不属于信息编码的一部分。

信息码：除第一码固定为 0 外，UPC-E 码实际参与编码的部分只有 6 码，其编码方式视校验码的值来决定，见表 3-7。奇位数信息码与偶位数信息码的逻辑值见表 3-8。

表 3-7 UPC-E 码信息编码的排列方式

0	d6	d5	d4	d3	d2	d1	c	←校验码
	▼	▼	▼	▼	▼	▼	▼	
	B	B	B	A	A	A	0	
	B	B	A	B	A	A	1	
	B	B	A	A	B	A	1	
	B	B	A	A	A	B	3	
	B	A	B	B	A	A	4	
	B	A	A	B	B	A	5	
	B	A	A	A	B	B	6	
	B	A	B	A	B	A	7	
	B	A	B	A	A	B	8	
	B	A	A	B	A	B	9	

注：A 为奇，B 为偶，d 为信息码。

表 3-8 UPC-E 码的编码方式

字 码	值	奇信息码 逻辑值	偶信息码 逻辑值
0	0	0001101	0100111
1	1	0011001	0110011
2	2	0010011	0011011

续表

字 码	值	奇信息码 逻辑值	偶信息码 逻辑值
3	3	0111101	0100001
4	4	0100011	0011101
5	5	0110001	0111001
6	6	0101111	0000101
7	7	0111011	0010001
8	8	0110111	0001001
9	9	0001011	0010111

注：0 为空，1 为条。

② EAN-8 码的符号结构。EAN-8 码由左侧空白区、起始符、左侧数据符、中间分隔符、右侧数据符、校验符、终止符、右侧空白区及供人识别字符组成，如图 3.4 和图 3.5 所示。

图 3.4　EAN-8 码的符号结构

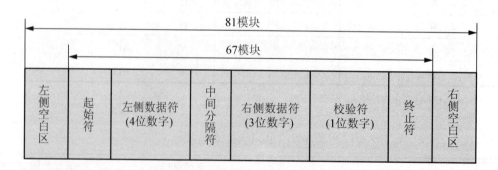

图 3.5　EAN-8 码符号构成示意图

EAN-8 码的起始符、中间分隔符、校验符、终止符的结构同 EAN-13 码。

EAN-8 码左侧空白区与右侧空白区的最小宽度均为 7 个模块宽。为保护左右侧空白区的宽度,可在条码符号左下角加"<"符号,在条码符号右下角加">"符号,"<"和">"符号的位置如图3.6所示。

图 3.6　EAN-8 商品条码符号空白区中"<"">"的位置及尺寸

左侧数据符表示 4 位信息,由 28 个模块组成。

右侧数据符表示 3 位数字信息,由 21 个模块组成。

供人识别字符是与条码相对应的 8 位数字,位于条码符号的下方。

③ EAN-13 码的符号结构。EAN-13 码由左侧空白区、起始符、左侧数据符、中间分隔符、右侧数据符、校验符、终止符、右侧空白区及供人识别字符组成,如图 3.7 和图 3.8 所示。

图 3.7　EAN-13 码符号结构

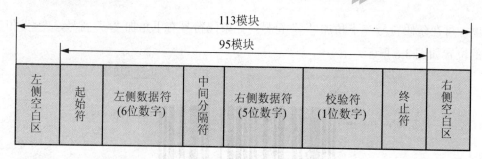

图 3.8　EAN-13 码符号构成示意图

其各个组成部分如下。

a. 左侧空白区。位于条码符号最左侧的与空的反射率相同的区域，其最小宽度为 11 个模块宽。

b. 起始符。位于条码符号左侧空白区的右侧，表示信息开始的特殊符号，由 3 个模块组成。

c. 左侧数据符。位于起始符号右侧，中间分隔符左侧的一组条码字符。表示 6 位数字信息，由 42 个模块组成。

d. 中间分隔符。位于左侧数据符的右侧，是平分条码字符的特殊符号，由 5 个模块组成。

e. 右侧数据符。位于中间分隔符右侧，校验符左侧的一组条码字符。表示 5 位数字信息的一组条码字符，由 35 个模块组成。

f. 校验符。位于右侧数据符的右侧，表示校验码的条码字符，由 7 个模块组成。

g. 终止符。位于条码符号校验符的右侧，表示信息结束的特殊符号，由 3 个模块组成。

h. 右侧空白区。位于条码符号最右侧的与空的反射率相同的区域，其最小宽度为 7 个模块宽。为保护右侧空白区的宽度，可在条码符号右下角加 ">" 符号，">" 符号的位置如图 3.9 所示。

图 3.9　EAN-13 商品条码符号右侧空白区中 ">" 的位置及尺寸

i. 供人识别字符。位于条码符号的下方与条码相对应的 13 位数字。供人识别字符优先选用 GB/T 12508 中规定的 OCR-B 字符集。字符顶部和条码字符底部的最小距离为 0.5 个模块宽。EAN-13 码供人识别字符中的前置码印制在条码符号起始符的左侧。

4. 非零售商品标识代码与条码符号表示

1) 非零售商品编码结构

非零售商品的标识代码主要采用 GTIN 4 种数据结构中的 EAN/UCC-14 码、EAN/UCC-13 码和 UCC-12 码(见零售商品标识代码的结构)3 种。EAN/UCC-14 码的结构见表 3-9。

表 3-9　EAN/UCC-14 码的代码结构

指 示 符	内含商品的标识代码(不含校验位)												校 验 位
N_1	N_2	N_3	N_4	N_5	N_6	N_7	N_8	N_9	N_{10}	N_{11}	N_{12}	N_{13}	N_{14}

EAN/UCC-14 码结构。组成部分如下。

(1) 指示符的赋值区间为 1～9，其中 1～8 用于定量的非零售商品，9 用于变量的非零售商品。最简单的方法是按顺序分配指示符，即将 1，2，3，……分别分配给非零售商品的不同级别的包装组合。

(2) 厂商识别代码、商品项目代码、校验位的含义同零售商品。

2) 非零售商品编码方法

(1) 单个包装的非零售商品。单个包装的非零售商品是指独立包装但又不适合通过零售端 POS 扫描结算的商品项目，如独立包装的冰箱、洗衣机等。其标识代码可以采用 EAN/UCC-13 码、EAN/UCC-8 码或 UCC-12 码结构。

(2) 含有多个包装等级的非零售商品。如果要标识的货物内含有多个包装等级，如装有 24 条香烟的一整箱烟，或装有 6 箱烟的托盘等。其标识代码可以选用 EAN/UCC-14 码、EAN/UCC-13 码或 UCC-12 码。采用 EAN/UCC-13 码或 UCC-12 码时，与零售贸易项目的标识方法相同，包装指示符的取值范围为 1～8。不同包装等级的商品的编码方案如图 3.10 所示。

3) 非零售商品条码符号表示

非零售商品的符号表示有多种，如 EAN/UPC 码、ITF-14 码或 UCC/EAN-128 码。采用 EAN/UPC 码标识非零售商品时，其方法与零售商品相同。

(1) ITF-14 码。ITF-14 码是一种连续型、定长、具有自校验功能，并且条、空都表示信息的双向条码。

① ITF-14 码结构。ITF-14 条码的码字符集、条码字符的组成与交插二五码相同。它由矩形保护框、左侧空白区、条码字符、右侧空白区、供人识别字符组成，如图 3.11 所示。

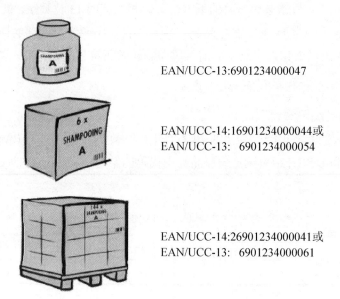

图3.10　不同包装等级的商品的编码方案

图3.11　ITF-14码结构

② ITF-14印刷位置。每个完整的非零售商品包装上至少应有一个条码符号。包装项目上最好使用两个条码符号，放置在相邻的两个面上——短的面和长的面右侧各放一个。在仓库应用中，这样可以保证包装转动时，人们总能看到其中的一个条码符号。ITF-14条码符号印刷位置如图3.12所示。

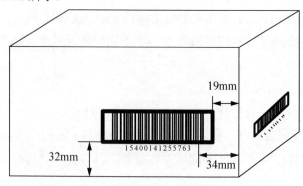

图3.12　ITF-14条码符号印刷位置

(2) UCC/EAN-128码。UCC/EAN-128码是一种连续型、非定长条码，能更多地标识贸易单元中需表示的信息，如产品批号、数量、规格、生产日期、有效期、交货地等。

UCC/EAN-128 码由应用标识符和数据两部分组成,每个应用标识符由 2~4 位数字组成。条码应用标识的数据长度取决于应用标识符。条码应用标识采用 UCC/EAN-128 码表示,并且多个条码应用标识可由一个条码符号表示。UCC/EAN-128 码是由双字符起始符号、数据符、校验符、终止符及左、右侧空白区组成的。

UCC/EAN-128 码是使信息伴随货物流动的全面、系统、通用的重要商业手段。

UCC/EAN-128 码结构图如图 3.13 所示。

图 3.13　UCC/EAN-128 码的符号结构

UCC/EAN-128 码可用于标识带有附加属性信息的商品。图 3.14 为一个表示非零售商品的标识代码、有效期和批号的 UCC/EAN-128 码。

图 3.14　UCC/EAN-128 码标识的非零售商品

UCC/EAN-128 码的印刷位置如图 3.15 所示。

物流单元条码符号位置放置原则同 ITF-14 码符号。在相邻的面上放置两个标签:一个放在短面的右边,一个放在长面的右边。

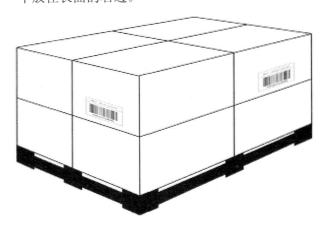

图 3.15　UCC/EAN-128 码的印刷位置

5. 物流单元标识代码与条码符号表示

物流条码是供应链中用以标识物流领域中具体实物的一种特殊代码，是整个供应链过程包括生产厂家、配销业、运输业、消费者等环节的共享数据。它贯穿整个贸易过程，并通过物流条码数据的采集、反馈，提高整个物流系统的经济效益。

与商品条码相比较，物流条码具有以下特点。

(1) 储运单元的唯一标识。商品条码是最终消费品，通常是单个商品的唯一标识，用于零售业现代化的管理；物流条码是储运单元的唯一标识，通常标识多个或多种类商品的集合，用于物流的现代化管理。

(2) 服务于供应链全过程。商品条码服务于消费环节，商品一经出售到最终用户手里，商品条码就完成了其存在的价值，商品条码在零售业的 POS 系统中起到了单个商品的自动识别、自动寻址、自动结账等作用，是零售业现代化、信息化管理的基础；物流条码服务于供应链全过程，生产厂家生产出产品，经过包装、运输、仓储、分拣、配送，直到零售商店，中间经过若干环节，物流条码是这些环节中的唯一标识，因此它涉及很广，是多种行业共享的通用数据。

(3) 信息多。通常，商品条码是一个无含义的 13 位数字条码；物流条码则是一个可变的，可表示多种含义、多种信息的条码，是无含义的货运包装的唯一标识，可表示货物的体积、重量、生产日期、批号等信息，是贸易伙伴根据在贸易过程中共同的需求，经过协商统一制定的。

(4) 可变性。商品条码是一个国际化、通用化、标准化的商品的唯一标识，是零售业的国际化语言；物流条码是随着国际贸易的不断发展，贸易伙伴对各种信息需求的不断增加应运而生的，其应用在不断扩大，内容也在不断丰富。

(5) 维护性。物流条码的相关标准是一个需要经常维护的标准。及时沟通用户需求，传达标准化机构有关条码应用的变更内容，是确保国际贸易中物流现代化、信息化管理的重要保障之一。

1) 物流条码编码结构

物流条码标识的内容主要有项目标识(货运包装箱代码 SCC-14)、动态项目标识(系列货运包装箱代码 SSCC-18)、日期、数量、参考项目(客户购货订单代码)、位置码、特殊应用(医疗保健业等)及内部使用，具体规定见国家相关标准。

SSCC 代码结构。系列货运包装箱代码(SSCC-18)是对每一个物流单元的唯一标识，其代码结构见表 3-10。

表 3-10　SSCC 代码结构

结构种类	应用标识符	系列货运包装箱代码			
		扩展位	厂商识别代码	参考代码	校验位
结构一	00	N_1	$N_2\ N_3\ N_4\ N_5\ N_6\ N_7\ N_8$	$N_9\ N_{10}\ N_{11}\ N_{12}\ N_{13}\ N_{14}\ N_{15}\ N_{16}\ N_{17}$	N_{18}
结构二	00	N_1	$N_2\ N_3\ N_4\ N_5\ N_6\ N_7\ N_8\ N_9$	$N_{10}\ N_{11}\ N_{12}\ N_{13}\ N_{14}\ N_{15}\ N_{16}\ N_{17}$	N_{18}
结构三	00	N_1	$N_2\ N_3\ N_4\ N_5\ N_6\ N_7\ N_8\ N_9\ N_{10}$	$N_{11}\ N_{12}\ N_{13}\ N_{14}\ N_{15}\ N_{16}\ N_{17}$	N_{18}
结构四	00	N_1	$N_2\ N_3\ N_4\ N_5\ N_6\ N_7\ N_8\ N_9\ N_{10}\ N_{11}$	$N_{12}\ N_{13}\ N_{14}\ N_{15}\ N_{16}\ N_{17}$	N_{18}

(1) 应用标识符：00 表示后跟系列货运包装箱代码。

(2) 扩展位：表示包装类型，用于增加 SSCC 的容量，由建立 SSCC 的厂商分配。N_1 的取值范围为 0～9。

(3) 厂商识别代码：同零售商品。

(4) 参考代码：厂商分配的一个连续号。

(5) 校验位：计算方法见 GB 12904—2003。

2) 物流条码符号的码制选择

目前现存的条码码制多种多样，但国际上通用的和公认的物流条码码制只有 3 种：ITF-14 码、UCC/EAN-128 码及 EAN-13 码。选用条码时，要根据货物的不同和商品包装的不同，采用不同的条码码制。单个大件商品，如电视机、电冰箱、洗衣机等商品的包装箱通常采用 EAN-13 码。储运包装箱常常采用 ITF-14 码或 UCC/EAN-128 码，包装箱内可以是单一商品，也可以是不同的商品或多件商品小包装。

6. 商品条码的应用

1) 建立 POS 系统

商品条码主要应用于商店内的 POS 系统。通过商品条码的应用，保证了商品标识的唯一性。而推广商品条码，首先要实现商店管理的自动化。也就是说，要达到商品管理的数据化和实现对外作业的自动化。而在这个过程中，POS 系统的建立是非常重要的。

POS 系统又称销售点管理系统，是利用现金收款机作为终端机与计算机系统相联，并借助于光电识读设备为计算机采集商品的销售信息。当带有条码符号的商品通过结算台扫描时，该商品的销售信息立刻传入商店的计算机管理系统，计算机自动查询到该商品的名称、价格等，并进行自动结算，提高了结算速度和结算的准确性。POS 系统可以根据这些信息，实现结算、商品货架补充、订货、盘点等自动化管理。

POS 系统的建立，可以采集到大量的商品信息。使零售商和批发商及时了解商店的经营情况，减少库存，降低成本，提高效益。制造商则可以从 POS 系统中获得准确的商品及市场销售信息，及时调整生产结构，提高产品的竞争能力。同时，POS 系统为顾客提供了更加满意的服务。商品条码在 POS 系统中起着"关键字"的作用，从而确保了它在全球信息交换中的重要地位。

建立 POS 系统的作用是承上启下的，它不但可以促进商品条码的普及，同时也可以带动商业的 EDI。

2) 实现商品信息的 EDI

采集商品信息的最终目的是为了使用信息，并通过信息交换实现资源共享，从而提高信息的利用率，为科学决策服务。没有信息交换，条码系统就无法发挥应有的效益。条码作为商品信息的载体，不仅为生产商、批发商和零售商建立了联系的纽带，更重要的是为电子信息交换提供了通用的"语言"。

推广商品条码不仅可以通过建立 POS 系统提高管理水平，还在于商业信息的 EDI，实现无纸张贸易。这样人们可以通过 EDI 系统及时、准确地获得所需要的商业信息，提高生产和经营效率。

EAN 组织几十个会员国，在联合国及国际标准化组织 ISO 规范指导下，根据联合国欧洲经济开发委员会的行政管理、商业和运输业电子数据交换规则(EDIFACT)，制定了电子通信标准(EANCOM)。

EANCOM 是世界上最早采用的多行业 EDI 标准，其主要作用是为用户提供实际可行的国际或国内电子通信标准。这套标准主要包括用户信息、价格/销售目录、订单、发票、汇款等方面的标准报文格式。

很多发达国家如英国、荷兰等，通过采用 EANCOM 建立了条码商品信息交换系统。有些中等发达国家和发展中国家也在这方面开始了有益的尝试。条码商品信息交换系统的出现，使工厂、商店和顾客可以通过计算机互联网，借助于条码，获得大量的商品信息，实现电子数据交换和资源共享。

由此可见，商品条码是一种产品的标识符号，同时也带动了一场深刻的商业和信息领域的革命。

3.1.3 二维条码

条码技术自 20 世纪 70 年代初问世以来，发展十分迅速，仅仅 20 年里，它已广泛应用于商业流通、仓储、医疗卫生、图书情报、邮政、铁路、交通运输、生产自动化管理等领域。条码技术的应用极大地提高了数据采集和信息处理的速度，改善了人们的工作和生活环境，提高了工作效率，并为管理的科学化和现代化做出了重要贡献。

二维条码技术是在一维条码无法满足实际应用需求的前提下产生的。由于受信息容量的限制，一维条码通常是对物品的标识，而不是对物品的描述。所谓对物品的标识，就是给某物品分配一个代码，代码以条码的形式标识在物品上，用来标识该物品以便自动扫描设备的识读，代码或一维条码本身不表示该产品的描述性信息。

因此，在通用商品条码的应用系统中，对商品信息，如生产日期、价格等的描述必须依赖数据库的支持。在没有预先建立商品数据库或不便联网的地方，一维条码表示汉字和图像的信息几乎是不可能的，即使可以表示，也显得十分不全且效率很低。

随着现代高新技术的发展，迫切需要用条码在有限的几何空间内表示更多的信息，以满足千变万化的信息需求。

20 世纪 80 年代末期，出现了具有大容量信息的条码——二维条码，它从简单地将一维码堆积而成的二维条码(如 PDF417)到矩形的二维码(如 QR)，信息容量从原来的几十个字节到接近 2 000 个字节，通过压缩技术能将凡是可以数字化的信息，包括汉字、照片、指纹、钳子、声音等进行编码，在远离数据库和不便联网的地方实现信息的携带、传递和防伪。二维码的样图如图 3.16 所示。

AZTAC

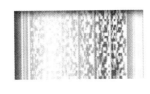
PDF417

QR

图 3.16　三种二维码的样图

二维条码具有容量大、密度高、纠错能力强、可靠性高、编码方式灵活、保密防伪性强等特点，具有比一维长形码更广泛的应用优势。其中 PDF417 堆积式二维条码应用最广。PDF 为 Portable Data File 的英文缩写，意为"便携式数据文件"。作为当今最先进的条码技术，PDF417 已广泛应用于各种证件、票据的管理、公共安全、物流和图书馆等领域。我国国家技术监督局于 1998 年 8 月正式决定采用 PDF417 作为我国的二维条码码制。可见，研究 PDF417 技术，并将其推广是具有很大价值和意义的。

二维条码作为一种全新的自动识别和信息载体技术，正被越来越多的人们所了解和认识。目前，国外先进发达国家已将此项技术广泛应用于国防、海关、税务、公共安全、交通运输等信息自动携带、传递、防伪的领域。

1. 二维条码的特点

(1) 存储量大：二维条码可以存储 1 100 个字，比一维条码的 15 个字，存储量大为增加，而且能够储存中文，其数据不仅可应用在英文、数字、汉字、记号等，甚至空白也可以处理，而且尺寸可以自由选择，这也是一维条码做不到的。

(2) 抗损性强：二维条码采用故障纠错技术，遭受污染以及破损后也能复原，即使条码受损程度高达 50%，仍然能够解读出原数据，误读率为 6 100 万分之一。

(3) 安全性高：在二维条码中采用了加密技术，所以其安全性大幅度提高。

(4) 可传真和影印：二维条码经传真和影印后仍然可以使用，而一维条码在经过传真和影印后机器就无法进行识读。

(5) 印刷多样性：对于二维条码来讲，它不仅可以在白纸上印刷黑字，还可以进行彩色印刷，而且印刷机器和印刷对象都不受限制，印刷起来非常方便。

(6) 抗干扰能力强：与磁卡、IC 卡相比，二维条码由于其自身的特性，具有强抗磁力、抗静电力。

(7) 码制更加丰富。

另外，还有一些新出现的二维条码系统。包括由 UPS 公司的 Figrare、lla 等人研制的适用于分布环境下运动特性的 UPS Code，这种二维条码更加适合自动分类应用场合。而美国 Veritec 公司提出一种新的二维条码——Veritec Symbol，这是一种用于微小型产品上的二进制数据编码系统，其矩阵符号格式和图像处理系统已获得美国专利，这种二维码具有更高的准确性和可重复性。此外，飞利浦研究实验室的 WILJ、WAN、GILS 等人也提出了一种新型的二维码方案，即用标准几何形体圆点构成自动生产线上产品识别标记的圆点矩阵二维码表示法。该方案由两大部分组成：①源编码系统，用于把识别标志的编码转换成通信信息字；②信道编码系统，用于对随机误码进行错误检测和校正。还有一种二维条码叫点阵码，它除了具备信息密度高等特点外，也便于用雕刻腐蚀制板工艺把点码印制在机械零部件上，用摄像设备识读和图像处理系统识别，这也是一种具有较大应用潜力的二维编码方案。

二维条码技术的发展主要表现为 3 方面的趋势：①出现了信息密集度更高的编码方案，增强了条码技术信息输入的功能；②发展了小型、微型、高质量的硬件和软件，使条码技术实用性更强，扩大了应用领域；③与其他技术相互渗透、相互促进，这将改变传统产品的结构、性能和扩展条码系统的功能。

2. 二维条码与一维条码的比较

一维条码与二维条码应用处理的比较见表 3-11，虽然一维条码和二维条码的原理都是用符号(Symbology)来携带信息，达成信息的自动辨识。但是从应用的观点来看，一维条码偏重于"标识"商品，而二维条码则偏重于"描述"商品。因此相较于一维条码，二维条码不仅只存关键值，而且可将商品的基本信息编入二维条码中，实现数据库与商品的统一，这是许多一维条码无法达成的。例如一维条码必须搭配计算机数据库才能读取产品的详细资讯，若为新产品则必须重新登录，对产品特性为多样少量的行业构成应用上的困扰。此外，一维条码稍有磨损即会影响条码阅读效果，故较不适用于工厂型行业。除了这些数据重复登录与条码磨损等问题外，二维条码还可以有效解决许多一维条码所面临的问题，让企业充分享受信息自动输入、无键输入的好处，对企业与整体产业带来相当的效益，也拓宽了条码的应用领域。

表 3-11 一维条码与二维条码的比较

项目/条码类型	一维条码	二维条码
条码密度与容量	密度低，容量小	密度高，容量大
错误校验及纠错能力	校验码可以进行错误校验，但没有错误纠正能力	有错误检验及错误纠正能力，并可根据实际应用设置不同的安全等级

续表

项目/条码类型	一维条码	二维条码
垂直方向的信息	不储存信息，垂直方向的高度是为了识读方便，并弥补印刷缺陷或局部损坏	携带信息，对印刷缺陷或局部损坏等可以进行错误纠正，恢复原信息
主要用途	主要用于对物品的标识	用于对物品的描述
信息网络与数据库依赖性	多数场合须依赖信息网络与数据库	可不依赖信息网络与数据库的存在而单独应用
识读设备	可用线扫描器识读，如光笔、线型CCD、激光扫描枪	对于堆叠式可用线型扫描器的多次扫描，或用图像扫描仪识读，矩阵式则仅能用图像扫描仪识读

一维条码与二维条码的差异可以从条码容量与密度、错误校验能力及错误纠正能力、主要用途、数据库依赖性、识读设备等项目看出，二者应用处理的比较如图 3.17 所示。

图 3.17　一维条码与二维条码应用处理的比较

3. 二维条码的类型

(1) 行排式二维码，即线性堆叠式二维码。就是在一维条码的基础上，降低条码行的高度，安排一个纵横比大的窄长条码行，并将各行在顶上互相堆积，每行间都用 1 模块宽的厚黑条相分隔。典型的线性堆叠式二维码有 Code 16K、Code 49、PDF417 等。

(2) 矩阵式二维码。它是采用统一的黑白方块的组合，而不是不同宽度的条与空的组合，它能够提供更高的信息密度，存储更多的信息，与此同时，矩阵式二维码比堆叠式的具有更高的自动纠错能力，更适用于在条码容易受到损坏的场合。矩阵式符号没有标识起始和终止的模块，但它们有一些特殊的定位符，定位符中包含了符号的大小和方位等信息。矩阵式二维码和新的堆叠式二维码能够用先进的数学算法将数据从损坏的条码符号中得到恢复。典型的矩阵式二维码有 Aztec、Maxi Code、QR Code 码、Data Matrix 等。

(3) 邮政码。通过不同长度的条进行编码，主要用于邮件编码，如 Postnet、BPO 4-State 等。

4. 两种典型的二维条码

1) PDF417

(1) PDF417 概述。PDF417 是一种行排式二维条码，目前应用最为广泛。PDF417 是由留美华人王寅敬(音)博士发明的。因为组成条码的每个符号字符都是由 4 个条和 4 个空共 17 个模块构成的，所以称为 PDF417。

PDF417 是一种多层、可变长度、具有高容量和纠错能力的二维条码。每一个 PDF417 符号可以表示 1 108 个字节、1 850 个 ASCII 字符或 2 710 个数字的信息。

① 层与符号字符(Row and Symbol Character)。每一个 PDF417 条码符号均由多层堆积而成，其层数为 3~90。每一层条码符号由起始、终止符，每层的左、右层指示符及 1~30 个符号字符组成。每一个符号字符由 17 个模块构成，其中包含有 4 个条和 4 个空，每个条、空由 1~6 个模块组成。由于层数及每一层的符号字符数是可变的，故 PDF417 条码符号的高宽比，即纵横比(Aspect Ratio)可以变化，以适应于不同可印刷空间的要求。

② 簇(Cluster)。PDF417 的字符集可分为 3 个相互独立的子集，即 0、3、6 这 3 个簇号。每一簇均以不同的条、空搭配形式表示 929 个符号字符值，即码词(Codeword)，故每一簇不可能与其他簇混淆。对于每一特定的行，使用符号字符的簇号用以下公式计算：

$$簇号 = [(行号-1) MOD\ 3] \times 3$$

③ 错误纠正码词(Error Correction Codeword)。通过错误纠正码词，PDF417 拥有了纠错功能。每个 PDF417 符号需两个错误纠正码词进行错误检测，并可通过用户定义纠错等级 0~8 共 9 级，可纠正多达 510 个错误码词。级别越高，纠错能力越强。由于这种纠错功能，使得污损的 PDF417 也可以被正确识读。错误纠正码词的生成是根据 Reed-Solomoon 错误控制码算法计算得到的。经过模式压缩的码字，不但能还原成所表示的信息，还作为生成错误纠正码词的多项式的系数。对于一组给定的数据码字和选定的错误纠正等级，错误纠正码字 CI 为符号数据多项式 D(X) 乘以 XK，除以生成多项式 G(X)，所得余式的各系数的补数。具体计算实例见 GB/T 17172—1997 417 条码。在通常情况下，按推荐值使用错误纠正等级，见表 3-12。

表 3-12 PDF 417 条码推荐使用错误纠正等级

数据码字符	错误纠正等级
1～40	2
41～160	3
161～320	4
321～863	5

④ 数据组合模式(Data Compaction Mode)。PDF417 提供了 3 种数据组合模式，每一种模式定义一种数据序列与码词序列之间的转换方法。3 种模式为：文本组合模式(Text Compaction，Mode-TC)、字节组合模式(Byte Compaction，Mode-BC)、数字组合模式(Numeric Compaction，Mode-NC)。通过模式锁定和模式转移进行模式间的切换，目的是为了更有效地表示对象数据。模式锁定码字用于将当前模式转换为指定的模式，且转换后在下一个切换前一直有效。模式转移码字用于将文本压缩模式(TC)暂时切换为字节压缩模式(BC)，且仅对切换后的第一个码字有效，随后的码字又返回到文本压缩模式下的当前子模式。

⑤ 全球标签标识符(Global Label Identifier，GLI)。全球标签标识符的表示形式为 GLI y，其中 y 的取值范围是 0～811 799。其默认表示为 GLI 0，GLI 1，表示 GB/T 15273.1 中规定的字符集。组合模式表示的数据序列的译解由全球标签标识符分配，一个 GLI 是一个特殊的符号字符，它可激活一组解释，GLIS 的应用使 PDF417 可以表示国际语言集，以及工业或用户定义的字符集。具体应用如下：GLI 0-GLI 899：用于国际字符集；GLI 900-GLI 810899用于通用目的；GLI 810900-GLI 811799：用于用户自定义。

⑥ 宏 PDF417。宏 PDF417 提供了一种强有力的机制，这种机制可以把一个 PDF417 符号无法表示的大文件分成多个 PDF417 符号来表示。宏 PDF417 包含了一些附加控制信息来支持文件的分块表示，译码器利用这些信息来正确组合和检查所表示的文件，不必担心符号的识读次序。具体是在条码符号布局中比标准的 PDF 417 条码增加了控制块。控制块以值为 928 的标志码开始，包含两个强制字段(块索引和文件标识)和一个可选字段。块索引最大值为 99 998，当不足 5 位时前面用 0 填充。用 GLI 0 里定义的数字压缩模式的两个码字表示。对于同一文件的文件标识(ID)字段里的值是一样的，其取值为 0～899 的整数，位于块索引后，可选字段前。可选字段在文件分块中可用于表示总的文件属性。

⑦ PDF417 其他特性及其变体。在相对理想的环境中，不可能损坏条码标签，故可利用截短 PDF417 符号。这种版本省略了右层标识符并将终止符缩减到一个模块宽的条。这种压缩版本减少了非数据符的数量，但却以降低其坚固性、抗噪声、损伤、污染等能力为代价。截短 PDF417 与普通 PDF417 完全兼容，表 3-13 列举了 PDF417 的特性。

表3-13　PDF417的特性

项　　目	特　　性
可编码字符集	全ASCII字符或8位二进制数据，可表示汉字
类型	连续、多行
字符自校验功能	有
符号尺寸	可变，高度3～90行，宽度90～583个模块宽度
双向可读	是
错误纠正码字数	2～512个
最大数据容量(错误纠正级别为0时)	每个符号表示1 850个大写字母或2 710个数字或1 108个字节
附加属性	可选择错误纠正等级、可跨行扫描、宏417条码、全球标记标识符等

⑧ 符号结构(如图3.18所示)。每一个PDF417符号由空白区包围的一序列层组成，每一层包括以下几部分。

　　a. 左空白区。

　　b. 起始符。

　　c. 左层指示符号字符。

　　d. 1～30个数据符号字符。

　　e. 右层指示符号字符。

　　f. 终止符。

　　h. 右空白区。

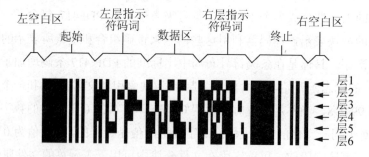

图3.18　PDF417符号的结构图

⑨ 符号字符的结构。每一个符号字符包括4个条和4个空，每一个条或空由1～6个模块组成。在一个符号字符中，4个条和4个空的总模块数为17，如图3.19所示。

(2) PDF417条码的标准化。自Symbol公司1991年将PDF417作为公开的标准后，PDF417条码为越来越多的标准化机构所接受。

① 1994年PDF417条码被选定为国际自动识别制造商协会(AIM)标准。

② 1995年北美和欧洲汽车工业组织将PDF417选定为各种生产及管理/纸面EDI标准

(AIAG/ODETTE)；同年，美国机动车管理局将 PDF417 选定为所有驾驶员及机动车管理的二维条码应用标准。美国一些州、加拿大部分省份已经在车辆年检、行车证年审及驾驶证年审等方面，将 PDF417 选为机读标准。

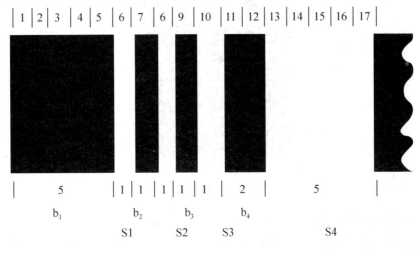

图 3.19　PDF417 符号字符

③ 1996 年美国标准化委员会(ANSI)将 PDF417 作为美国的运输包装的纸面 EDI 标准(ANSIMH 10.8)；美国工业论坛已将 PDF417 列为重要电讯产品的标识标准(TCIF)；美国国防部在其新的军人身份证上采用 PDF417 条码作为机读标准，将照片及紧急医疗信息编入条码。另外，美国国防部还将 PDF417 条码作为后勤管理和纸面 EDI 应用标准。

④ 1997 年欧洲标准化委员会(CEN)通过了 PDF417 的欧洲标准；欧洲负责 EDI 及条码在电子工业方面应用的工业组织已将 PDF417 定为管理/纸面 EDI 应用标准(EDIFICE)，并列入运输标识条码标签应用指南；1997 年国际标准化组织(ISO)与国际电工委员会(IEC)的第一联合委员会第三十一分委员会开始起草 PDF417 二维条码标准。

⑤ 在中国，二维条码被列为九五期间的国家重点科技攻关项目。1997 年 12 月国家标准 GB/T 17172—1997《四一七条码》正式颁布。

2) QR Code 码

(1) QR Code 码的特点。QR Code 码(图 3.20)是由日本 Denso 公司于 1994 年 9 月研制的一种矩阵二维条码符号，它除具有一维条码及其他二维条码所有的信息容量大、可靠性高、可表示汉字及图像多种文字信息、保密防伪性强等优点外，还具有以下特点。

① 超高速识读：从 QR Code 码的英文名称 Quick Response Code 可以看出，超高速识读特点是 QR Code 码区别于 417 条码、Data Matrix 等二维条码的主要特性。由于在用 CCD 识读 QR Code 码时，整个 QR Code 码符号中信息的读取是通过 QR Code 码符号的位置探测图形，用硬件来实现。因此，信息识读过程所需时间很短，它具有超高速识读的特点。用 CCD 二维条码识读设备，每秒可识读 30 个含有 100 个字符的 QR Code 码符号；对于含有相同数据信息的 417 条码符号，每秒仅能识读 3 个符号；对于 Data Martix，每秒仅能识

读2～3个符号。QR Code 码的超高速识读特性使它能够广泛应用于工业自动化生产线管理等领域。

图3.20 QR Code 码

② 全方位识读：QR Code 码具有全方位(360°)识读特点，这是 QR Code 码优于行排式二维条码的特点。由于417条码是将一维条码符号在行排高度上的截短来实现的，因此，它很难实现全方位识读，其识读方位角仅为±10°。

③ 能够有效地表示中国汉字和日本汉字。由于 QR Code 码用特定的数据压缩模式表示中国汉字和日本汉字，它仅用13位可表示一个汉字，而417条码、Data Martix 等二维条码没有特定的汉字表示模式，因此仅用字节表示模式来表示汉字，需用16位(两个字节)表示一个汉字，因此 QR Code 码比其他的二维条码表示汉字的效率提高了20%。

④ QR Code 码、Data Martix 和 PDF417 的比较见表3-14。

表3-14 QR Code 码、Data Martix 和 PDF417 的比较表

码　　制	QR Code 码	Data Martix	PDF 417
研制公司	Denso Corp. (日本)	I.D. Matrix Inc. (美国)	Symbol Technolgies Inc. (美国)
码制分类	矩阵式		堆叠式
识读速度	30个/s	2～3个/s	3个/s
识读方向	全方位(360°)		±10°
识读方法	深色/浅色模块判别		条空宽度尺寸判别
汉字表示	13位	16位	16位

(2) QR Code 码的编码字符集如下。

① 数字型数据(数字0～9)。

② 字母数字型数据(数字0～9；大写字母 A～Z；9个其他字符：space、$、%、*、+、-、•、/、:)。

③ 8位字节型数据。

④ 日本汉字字符。

⑤ 中国汉字字符(GB 2312《信息交换用汉字编码字符集 基本集》对应的汉字和非汉字字符)。

(3) QR Code 码符号的基本特性见表 3-15。

表 3-15　QR Code 码符号的基本特性

符号规格	21×21 模块(版本 1)～177×177 模块(版本 40)
	(每一规格：每边增加 4 个模块)
数据类型与容量 (指最大规格符号版本 40-L 级)	数字数据：7 089 个字符
	字母数据：4 296 个字符
	8 位字节数据：2 953 个字符
	中国汉字、日本汉字数据：1 817 个字符
数据表示方法	深色模块表示二进制"1"，浅色模块表示二进制"0"
纠错能力	L 级：约可纠错 7%的数据码字
	M 级：约可纠错 15%的数据码字
	Q 级：约可纠错 25%的数据码字
	H 级：约可纠错 30%的数据码字
结构链接(可选)	可用 1～16 个 QR Code 码符号表示一组信息
掩模(固有)	可以使符号中深色与浅色模块的比例接近 1∶1，使因相邻模块的排列造成译码困难的可能性降为最小
扩充解释(可选)	这种方式使符号可以表示默认字符集以外的数据(如阿拉伯字符、古斯拉夫字符、希腊字母等)以及其他解释(如用一定的压缩方式表示的数据)，或者对行业特点的需要进行编码
独立定位功能	有

QR Code 码可高效地表示汉字，相同内容，其尺寸小于相同密度的 PDF417。目前市场上的大部分条码打印机都支持 QR Code 码，其专有的汉字模式更加适合我国应用。因此，QR Code 码在我国具有良好的应用前景。

5. 二维条码的应用范围

二维条码具有存储量大、保密性高、追踪性高、抗损性强、备援性大、成本便宜等特性，这些特性特别适用于表单、安全保密、追踪、证照、存货盘点、资料备援等方面，如图 3.21 所示。

(1) 表单应用。应用于公文表单、商业表单、进出口报关单、舱单等资料的传送交换，减少人工重复输入表单资料，避免人为错误，降低人力成本。

如日本 Seimei 保险公司的每个经纪人在会见客户时都会带着笔记本电脑。每张保单和协议都在计算机中制作并打印出来。当他们回到办公室后需要将保单数据手工输入到公司的主机中。

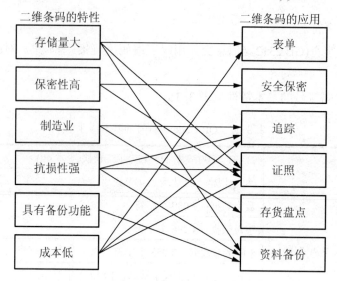

图 3.21 二维条码的应用范围

为了提高数据录入的准确性和速度,他们在制作保单的同时将保单内容编成一个 PDF417,打印在单据上,这样他们就可以使用二维条码阅读器扫描条码将数据录入主机。

(2) 安全保密应用。应用于商业情报、经济情报、政治情报、军事情报、私人情报等机密资料的加密及传递。

(3) 追踪应用。应用于公文自动追踪、生产线零件自动追踪、客户服务自动追踪、邮购运送自动追踪、维修记录自动追踪、危险物品自动追踪、后勤补给自动追踪、医疗体检自动追踪、生态研究(动物、鸟类等)自动追踪等。

(4) 证照应用。护照、身份证、挂号证、驾照、会员证、识别证、连锁店会员证等证照的资料登记及自动输入,发挥"随到随读"、"立即取用"的资讯管理效果。美国国防部已经在军人身份卡上印制 PDF417。持卡人的姓名、军衔、照片和其他个人信息被编成一个 PDF417 印在卡上。卡被用来做重要场所的进出管理及医院就诊管理。该项应用的优点在于数据采集的实时性和低实施成本,卡片损坏(比如枪击)也能阅读及防伪性。

我国香港特别行政区的居民身份证也采用了 PDF417。其他方面的应用,如营业执照、驾驶执照、护照、我国城市的流动人口居住证、医疗保险卡等也都是很好的应用方向。

(5) 存货盘点应用。物流中心、仓储中心的货品及固定资产的自动盘点。

(6) 资料备份应用。文件表单的资料如不愿或不能以磁盘、光盘等电子媒体储存备份时,可利用二维条码来储存备份,便于携带、不怕折叠、保存时间长,又可影印传真,做更多的备份。

3.1.4 条码识读技术

1. 条码识读原理

条码识读的基本工作原理为:由光源发出的光线经过光学系统照射到条码符号上面,

被反射回来的光经过光学系统成像在光电转换器上,产生电信号,信号经过电路放大后产生一个模拟电压,它与照射到条码符号上被反射回来的光成正比,再经过滤波、整形,形成与模拟信号对应的方波信号,再经译码器解释为计算机可以直接接收的数字信号。

2. 条码识读设备

1) 条码扫描器的分类

(1) CCD 扫描器和激光扫描器。CCD 扫描器是利用光电耦合(CCD)原理,对条码印刷图案进行成像,然后再译码。其优势是无转轴、电动机,使用寿命长、价格便宜。

激光扫描器是利用激光二极管作为光源的单线式扫描器,它主要有转镜式和颤镜式两种。转镜式是采用高速电动机带动一个棱镜组旋转,使二极管发出的单点激光变成一线。颤镜式的制作成本低于转镜式,但这种原理的激光枪不易提高扫描速度,一般为每秒 33 次,最高可以达到每秒 100 次。

(2) 手持式、小滚筒式、平台式条码扫描器。

① 手持式条码扫描器是 1987 年推出的技术形成的产品,外形很像超市收银员拿在手上使用的条码扫描器。手持式条码扫描器绝大多数采用 CIS 技术,光学分辨率为 200dpi,有黑白、灰度、彩色多种类型,其中彩色类型一般为 18 位彩色。也有个别高档产品采用 CCD 作为感光器件,可实现位真彩色,扫描效果较好。

② 小滚筒式条码扫描器是手持式条码扫描器和平台式条码扫描器的中间产品(这几年有新的出现,因为是内置供电且体积小被称为笔记本条码扫描器)这种产品绝大多数采用 CIS 技术,光学分辨率为 300dpi,有彩色和灰度两种,彩色型号一般为 24 位彩色。也有极少数小滚筒式条码扫描器采用 CCD 技术,扫描效果明显优于 CIS 技术的产品,但由于结构限制,体积一般明显大于 CIS 技术的产品。小滚筒式的设计是将条码扫描器的镜头固定,移动要扫描的物件来扫描,操作时就像打印机那样,要扫描的物件必须穿过机器再送出。因此,被扫描的物体不可以太厚。这种条码扫描器最大的好处就是体积很小,但是使用起来有多种局限,例如只能扫描薄薄的纸张,范围还不能超过条码扫描器的大小。

③ 平台式条码扫描器又称为平板式条码扫描器、台式条码扫描器,目前在市面上大部分的条码扫描器都属于平台式条码扫描器,是现在扫描器中的主流。这类条码扫描器光学分辨率为 300~8 000dpi,色彩位数从 24~48 位,扫描幅面一般为 A4 或者 A3。平台式的好处在于像使用复印机一样,只要把条码扫描器的上盖打开,不管是书本、报纸、杂志、照片底片都可以放上去扫描,相当方便,而且扫描出的效果也是所有常见类型条码扫描器中最好的。

图 3.22 为常用的两种条码识读设备。

其他的还包括大幅面扫描用的大幅面条码扫描器、笔式条码扫描器、条码扫描器、底片条码扫描器、实物条码扫描器,还有主要用于印刷排版领域的滚筒式条码扫描器等。

图 3.22 平台式激光扫描器和手持式 CCD 扫描器

2) 条码扫描器的接口

条码扫描器的常用接口类型有以下 3 种。

(1) SCSI(小型计算机标准接口)：此接口最大的连接设备数为 8 个，通常最大的传输速度是 40Mbps，速度较快，一般连接高速的设备。SCSI 设备的安装较复杂，在 PC 上一般要另加 SCSI 卡，容易产生硬件冲突，但是功能强大。

(2) EPP(增强型并行接口)：一种增强了的双向并行传输接口，最高传输速度为 1.5Mbps。优点是不需要在 PC 中加其他的卡，无限制连接数目(只要你有足够的端口)，设备的安装及使用容易。缺点是速度比 SCSI 慢。此接口因安装和使用简单方便，因而在对性能要求不高的中低端场合取代了 SCSI 接口。

(3) USB(通用串行总线接口)：最多可连接 127 台外设，目前 USB 1.1 标准的最高传输速度为 12Mbps，并且有一个辅通道用来传输低速数据。将来如果有了 USB 2.0 标准的条码扫描器速度可能会扩展到 480Mbps。具有热插拔功能，即插即用。此接口的条码扫描器随着 USB 标准在 Intel 的力推之下确立和推广并逐渐普及。

3) 条码扫描器的分辨率

条码扫描器的分辨率要从 3 个方面来确定：光学部分、硬件部分和软件部分。也就是说，条码扫描器的分辨率等于其光学部件的分辨率加上自身通过硬件及软件进行处理分析所得到的分辨率。

光学分辨率是条码扫描器的光学部件在每平方英寸面积内所能捕捉到的实际光点数，是指条码扫描器 CCD(或者其他光电器件)的物理分辨率，也是条码扫描器的真实分辨率，它的数值是由光电元件所能捕捉的像素点除以条码扫描器水平最大可扫描尺寸得到的数值。如分辨率为 1 200dpi 的条码扫描器，往往其光学部分的分辨率只占 400~600dpi。扩充部分的分辨率由硬件和软件联合生成，这个过程是通过计算机对图像进行分析，对空白部分进行数学填充所产生的(这一过程也叫插值处理)。

光学扫描与输出是一对一的，扫描到什么，输出的就是什么。经过计算机软硬件处理之后，输出的图像就会变得更逼真，分辨率会更高。目前条码扫描器大都具有对分辨率的软、硬件扩充功能。有的条码扫描器标识 9 600×9 600dpi，这只是通过软件插值得到的最大分辨率，并不是条码扫描器真正的光学分辨率。所以对条码扫描器来讲，其分辨率有光学分辨率(或称光学解析度)和最大分辨率之说，而光学分辨率才是真实分辨率。

通常说某台条码扫描器的分辨率高达 4 800dpi(这个 4 800dpi 是光学分辨率和软件差值处理的总和),是指用条码扫描器输入图像时,在 1 平方英寸的扫描幅面上,可采集到 4 800×4 800 个像素点(Pixel)。1 平方英寸的扫描区域,用 4 800dpi 的分辨率扫描后生成的图像大小是 4 800Pixel×4 800Pixel。在扫描图像时,扫描分辨率设置得越高,生成图像的效果就越精细,生成的图像文件也越大,但插值成分也越多。

3.2 RFID 技术

3.2.1 RFID 技术概述

RFID 技术是 20 世纪 90 年代兴起的一种自动识别技术,是一项利用射频信号通过空间耦合(交变磁场或电磁场)实现无接触信息传递并通过所传递的信息达到识别目的的技术。

1. RFID 的定义

RFID(Radio Frequency Identification),即射频识别技术,又称电子标签、无线射频识别,是一种非接触式的自动识别技术,它通过射频信号自动识别目标对象并获取相关数据。

2. RFID 技术的产生与发展

1) RFID 技术的产生

RFID 在历史上的首次应用可以追溯到第二次世界大战期间(约 20 世纪 40 年代),其当时的功能是用于分辨出敌方飞机与我方飞机。我方的飞机上装载有高耗电量的主动式卷标(Active Tag),当雷达发出询问信号,这些卷标就会发出适当的响应,借以识别出友军或是敌军,此系统称为 IFF(Identify Friend or Foe)。目前世界上的飞行安全管制系统仍是以此为概念。1948 年哈里·斯托克曼发表的"利用反射功率的通信"奠定了技术的理论基础。

到了 20 世纪 70 年代末期,美国政府通过 Los Alamos 科学实验室将 RFID 技术转移到社会。RFID 技术最先在商业上的应用是用于畜牧业。到了 20 世纪 80 年代,美国与欧洲的几家公司开始着手生产 RFID 卷标。目前,RFID 技术已经被广泛应用于各个领域,从门禁管制、牲畜管理到物流管理,都可以见到其踪迹。

2) RFID 技术的发展历程

RFID 技术的发展可按 10 年期划分,见表 3-16。

表 3-16 RFID 技术的发展历程

时　　间	RFID 技术发展
1941—1950 年	雷达的改进和应用催生了 RFID 技术,1948 年奠定了 RFID 技术的理论基础
1951—1960 年	早期 RFID 技术的探索阶段,主要处于实验室实验研究
1961—1970 年	RFID 技术的理论得到了发展,开始了一些应用尝试
1971—1980 年	RFID 技术与产品研发处于一个大发展时期,各种 RFID 技术测试得到加速,出现了一些最早的 RFID 应用

续表

时间	RFID 技术发展
1981—1990 年	RFID 技术及产品进入商业应用阶段,各种封闭系统应用开始出现
1991—2000 年	RFID 技术标准化问题日趋得到重视,RFID 产品得到广泛采用
2001—至今	标准化问题日趋为人们所重视,RFID 产品种类更加丰富,有源电子标签、无源电子标签及半无源电子标签均得到发展,电子标签成本不断降低

至今,RFID 技术的理论得到丰富和完善。单芯片电子标签、多电子标签识读、无线可读可写、无源电子标签的远距离识别、适应高速移动物体的 RFID 技术与产品正在成为现实并走向应用。

3. RFID 的基本组成部分

最基本的 RFID 系统由 3 部分组成。

(1) 标签(Tag):由耦合元件及芯片组成,每个标签具有唯一的电子编码,附着在物体上标识目标对象。标签(图 3.23)载有可用于认证识别其所附着的目标物的相关信息数据。标签可以是只读的、读/写兼具的或写一个/读多个的形式,可以是"主动式"的也可以是"被动式"的。通常,"主动式"标签需要专用电池支持其传输器及接收器的工作,但 RAM 区不一定大。为避免干扰,"主动式"的标签要求能接收与转发多个频点的信号,以避免邻道干扰,卡的组成复杂,而且功耗也大。由此,"主动式"标签一般比"被动式"标签在外形上要大一些且价格更昂贵。另外,"主动式"标签的使用寿命与其电池寿命直接相关。

"被动式"标签根据其应用的不同,可以分为有源和无源工作模式。"被动式"标签将从读写器或传输接收机(Transceiver)传来的射频信号反射回去并可通过调制解码将相关信息加入到其所反射的射频信号中。对于"被动式"标签而言,它无需电池来放大反射信号的载波能量,有的"被动式"标签使用电池仅是用于支持标签中存储器的工作或支持标签中的对反射信号进行调制解码的元件的工作。

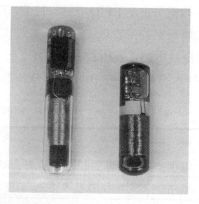

图 3.23 标签例图

(2) 阅读器(Reader):RFID 阅读器,是读取(有时还可以写入)标签信息的设备,又称解读器、识读器,它的任务是控制射频收发器发射射频信号。通过射频收发器接收来自标签上的编码射频信号,对标签的认证识别信息进行解码。将认证识别信息连带标签上其他相关信息传输到主机以供处理。有些读写器还具备其他功能,如在 ETC(电子收费)应用中,就包含采集车辆检测器、驱动道闸、交通灯等其他设备的数字输入输出信息。读写器中的硬件部分控制着读写器的工作。用户可以通过控制主机或本地终端发布命令以改变或定制其工作模式,适应具体应用的需求可设计为手持式或固定式,如图 3.24 所示。

固定式读写器　　　　　　　　　手持式读写器

图 3.24　阅读器例图

(3) 天线(Antenna):在标签和读取器间传递射频信号。任一 RFID 系统至少应包含一根天线(不管是内置还是外置)以发射和接收射频信号。有些 RFID 系统是由一根天线来同时完成发射和接收,而另一些 RFID 系统则是由一根天线完成发射而另一根天线承担接收,所采用天线(图 3.25)的形式及数量视具体应用而定。

电子标签设备天线　　　　　门型天线

图 3.25　天线例图

4. RFID 技术的基本工作原理

RFID 技术的基本工作原理:识读器通过天线发出一定频率的射频信号,标签进入磁场后,接收识读器发出的射频信号,凭借感应电流所获得的能量发送出存储在芯片中的产品信息(Passive Tag,无源标签或被动标签),或者主动发送某一频率的信号(Active Tag,有源标签或主动标签),解读器读取信息并解码后,送至计算机信息主机进行有关的数据处理。RFID 技术的基本工作原理如图 3.26 所示。

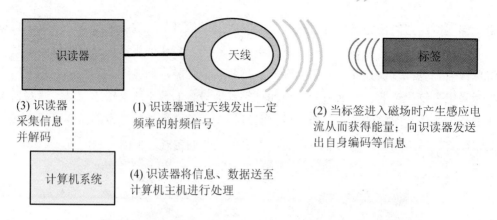

图 3.26　RFID 技术的基本工作原理图

5. RFID 系统的分类

根据 RFID 系统完成的功能不同,可以粗略地把 RFID 系统分成 4 种类型:EAS(Electronic Article Surveillance,电子商品防盗)系统、便携式数据采集系统、物流控制系统、定位系统。

(1) EAS 系统。EAS 技术是一种设置在需要控制物品出入门口的 RFID 技术。这种技术的典型应用场合是商店、图书馆、数据中心等地方,当未被授权的人从这些地方非法取走物品时,EAS 系统会发出警告。在应用 EAS 技术时,首先在物品上粘付 EAS 标签,当物品被正常购买或者合法移出时,在结算处通过一定的装置使 EAS 标签失活,物品就可以取走。物品经过装有 EAS 系统的门口时,EAS 装置能自动检测标签的活动性,发现活动性标签 EAS 系统会发出警告。EAS 技术的应用可以有效防止物品的被盗,不管是大件的商品,还是很小的物品。应用 EAS 技术,物品不用再锁在玻璃橱柜里,可以让顾客自由地观看、检查商品,这在自选日益流行的今天有着非常重要的现实意义。典型的 EAS 系统一般由 3 部分组成:①附着在商品上的电子标签,电子传感器;②电子标签灭活装置,以便授权商品能正常出入;③监视器,在出口处有一定区域的监视空间。

EAS 系统的工作原理是在监视区发射器以一定的频率向接收器发射信号。发射器与接收器一般安装在零售店、图书馆的出入口,形成一定的监视空间。当具有特殊特征的标签进入该区域时,会对发射器发出的信号产生干扰,这种干扰信号也会被接收器接收,再经过微处理器的分析判断,就会控制报警器的鸣响。根据发射器所发出的信号不同以及标签对信号干扰原理不同,EAS 可以分成许多种类型。关于 EAS 技术最新的研究方向是标签的制作,人们正在讨论 EAS 标签能不能像条码一样,在产品的制作或包装过程中,成为产品的一部分。

(2) 便携式数据采集系统。便携式数据采集系统是使用带有 RFID 阅读器的手持式数据采集器采集 RFID 标签上的数据。这种系统具有比较大的灵活性,适用于不宜安装固定式 RFID 系统的应用环境。手持式阅读器(数据输入终端)可以在读取数据的同时,通过无线电波数据传输方式(RFDC)实时地向主计算机系统传输数据,也可以暂时将数据存储在阅读器中,再一批一批地向主计算机系统传输数据。

(3) 物流控制系统。在物流控制系统中，固定布置的 RFID 阅读器分散布置在给定的区域，并且阅读器直接与数据管理信息系统相连，信号发射机是移动的，一般安装在移动的物体、人上面。当物体、人流经阅读器时，阅读器会自动扫描标签上的信息并把数据信息输入数据管理信息系统进行存储、分析、处理，达到控制物流的目的。

(4) 定位系统。定位系统用于自动化加工系统中的定位以及对车辆、轮船等进行运行定位支持。阅读器放置在移动的车辆、轮船上或者自动化流水线中移动的物料、半成品、成品上，信号发射机嵌入到操作环境的地表下面。信号发射机上存储有位置识别信息，阅读器一般通过无线的方式或者有线的方式连接到主信息管理系统。

6. RFID 技术的特点及优势

RFID 技术是一项易于操控，简单实用且特别适合用于自动化控制的灵活性的应用技术，识别工作无需人工干预，它既可支持只读工作模式也可支持读写工作模式，且无需接触或瞄准，可自由工作在各种恶劣环境下：短距离射频产品不怕油渍、灰尘污染等恶劣的环境，可以替代条码，例如用在工厂的流水线上跟踪物体；长距射频产品多用于交通上，识别距离可达几十米，如自动收费或识别车辆身份等。其所具备的独特优越性是其他识别技术无法比拟的，主要体现在以下几个方面。

(1) 读取方便快捷：数据的读取无需光源，甚至可以透过外包装来进行。有效识别距离更长，采用自带电池的主动标签时，有效识别距离可达到 30 米以上。

(2) 识别速度快：标签一进入磁场，阅读器就可以即时读取其中的信息，而且能够同时处理多个标签，实现批量识别。

(3) 数据容量大：数据容量最大的二维条码(PDF417)，最多也只能存储 2 725 个数字，若包含字母，存储量则会更少，RFID 标签则可以根据用户的需要扩充到数 10KB。

(4) 使用寿命长，应用范围广：其无线电通信方式，使其可以应用于粉尘、油污等高污染环境和放射性环境，而且它的封闭式包装使得它寿命大大超过印刷的条码。

(5) 标签数据可动态更改：利用编程器可以向电子标签里写入数据，从而赋予 RFID 标签交互式便携数据文件的功能，而且写入时间比打印条码更短。

(6) 更好的安全性：RFID 标签不仅可以嵌入或附着在不同形状、类型的产品上，而且可以为标签数据的读写设置密码保护，从而具有更高的安全性。

(7) 动态实时通信：标签以每秒 50～100 次的频率与阅读器进行通信，所以只要 RFID 标签所附着的物体出现在解读器的有效识别范围内，就可以对其位置进行动态的追踪和监控。

7. RFID 技术的应用领域

1) 仓储库存、资产管理领域

因为电子标签具有读写与方向无关、不易损坏、远距离读取、多物品同时一起读取等特点，所以可以大大提高对出入库产品信息的记录采集速度和准确性，减少库存盘点时的人为失误率，提高存盘点的速度和准确性。

2) 产品跟踪领域

电子标签能够无接触地快速识别，在网络的支持下，可以实现对附有 RFID 标签物品的跟踪，并可以清楚地了解到物品的移动位置，如 Symbol 公司为香港国际机场和美国 McCarran 国际机场提供的行李跟踪系统和中国铁路列车监控系统。

3) 供应链自动管理领域

电子标签自动读写和在网络中信息的方便传递功能将大大提高供应链的管理水平，通过这个过程降低库存，提高生产的有效性和效率，从而大大提高了企业的核心竞争力。

4) 防伪领域

RFID 电子标签的应用并不是为防伪单独设计的，但是电子标签中的唯一编码、电子标签仿造的难度以及电子标签的自动探测特点，都使电子标签具备了产品防伪和防盗的作用，在产品上使用电子标签，还可以起到品牌保护的功能，防止生产和流通中盗窃的功能，可广泛应用于药品、品牌商品防伪、门禁、门票等身份识别领域。

5) 医疗卫生领域

RFID 技术在医疗卫生领域的应用包括对药品监控预防、对患者的持续护理、不间断监测、医疗记录的安全共享、医学设备的追踪、进行正确有效的医学配药，以及不断地改善数据显示和通信。RFID 技术的应用领域见表 3-17。

表 3-17 RFID 技术的应用领域

区 分	领 域	主要内容	适用技术
物流/流通	制造业	附着在部件、TQM 及部件传送(JIT)	915MHz
	物流管理	附着在 palette、货物、集装箱等。降低费用及提供配送信息，收集 CRM 数据	433MHz
	支付	需要注油、过路费等非现金支付时自动计算费用	13.56MHz
	零售业	商品检索及陈列场所的检索，库存管理，防盗，特性化广告等	915MHz
	仓储业	个别货物的调查及减少发生错误，节省劳动力	915MHz
健康管理/食品	制药	为了视觉障碍者，在药品容器附着存储处方、用药方法、警告等信息的 RFID 标签，并通过识别器把信息转换成语音进行传送	915MHz
	健康管理	防止制药的伪造和仿造，提供利用设施的识别手段，附着在老年性痴呆患者的收容设施及医药品、医学消耗品	915MHz
	畜牧流通管理	家畜出生时附着 RFID 标签，把饲养过程及宰杀过程信息存储在中央数据库里	125kHz、134kHz
	游乐公园/活动	给访客附着内置 RFID 芯片的手镯或 ID 标签，进行位置跟踪及防止迷路，群体间位置确认服务	433MHz
确认身份/保安/支付	图书馆、录像带租赁店	在书和录像带附着 RFID 芯片，进行借出和退还管理，防止盗窃	13.56MHz、915MHz
	保安	用作个人 ID 标签，防止伪造，确认身份及控制出入，跟踪对象及防盗	2.45GHz
	服务业	自动支付及出入控制	13.56MHz
运输	交通	在车辆附着 RFID 标签，进行车辆管理(注册与否、保险等)及交通控制实时监控大众交通情况	433MHz、915MHz、2.45GHz

3.2.2 RFID 标准体系

由于 RFID 的应用牵涉到众多行业，因此其相关的标准盘根错节，非常复杂。从类别看，RFID 标准可以分为以下四类：技术标准(如 RFID 技术、IC 卡标准等)；数据内容与编码标准(如编码格式、语法标准等)；性能与一致性标准(如测试规范等)；应用标准(如船运标签、产品包装标准等)。

具体来讲，RFID 相关的标准涉及电气特性、通信频率、数据格式和元数据、通信协议、安全、测试、应用等方面。RFID 主要频段标准及特征见表 3-18。

表 3-18 RFID 主要频段标准及特征

	低频段/kHz	高频段/MHz	超高频/MHz		微波频/GHz
频率	125~134	13.56	JM 13.56	868 ~ 915	2.45 以上
市场比率	74%	17%	2003 年引入	6%	3%
读取距离	1.2m	1.2m	1.2m	4m(美国)	15m(美国)
速度	慢	中等	较快	快	很快
潮湿环境	无影响	无影响	无影响	影响较小	影响较大
方向性	无指向	无指向	无指向	宽指向	窄指向
全球适用	是	是	是	欧盟美国等	欧盟国家等
ISO 标准	11784/85，14223	18000-3.1/14443	18000-3/2 15693，A，B 和 C	EPC CO，C1，C2，G2	18000-4
应用范围	门禁、固定设备、物流管理	图书馆、产品跟踪、货架、运输	空运、邮局、医药、烟草	公路交通、货架、卡车、拖车跟踪	收费站、集装箱

与 RFID 技术和应用相关的国际标准化机构主要有：ISO、国际电工委员会(IEC)、国际电信联盟(ITU)、世界邮联(UPU)。此外还有其他的区域性标准化机构(如 EPC Global、UID Center、CEN)、国家标准化机构(如 BSI、ANSI、DIN)和产业联盟(如 ATA、AIAG、EIA)等也制定与 RFID 相关的区域、国家、或产业联盟的标准，并通过不同的渠道提升为国际标准。

1. 主要技术标准体系

目前 RFID 存在 3 个主要的技术标准体系，总部设在美国麻省理工学院(MIT)的 Auto-ID Center(自动识别中心)、日本的 Ubiquitous ID Center (泛在 ID 中心，UIC)和 ISO 标准体系。

1) EPC Global

EPC Global 是由美国统一代码协会(UCC)和国际物品编码协会(EAN)于 2003 年 9 月共

同成立的非营利性组织，其前身是 1999 年 10 月 1 日在美国麻省理工学院成立的非营利性组织 Auto-ID 中心。

Auto-ID 中心以创建物联网(Internet of Things)为使命，与众多成员企业共同制定一个统一的开放技术标准。旗下有沃尔玛集团、英国 Tesco 等 100 多家欧美的零售流通企业，同时有 IBM、微软、飞利浦、Auto-IDLab 等公司提供技术研究支持。

目前 EPC Global 已在加拿大、日本、中国等国建立了分支机构，专门负责 EPC 码段在这些国家的分配与管理、EPC 相关技术标准的制定、EPC 相关技术在本国的宣传普及以及推广应用等工作。

2) Ubiquitous ID

2003 年，日本政府经产省和总务省及相关大企业支持成立了 Ubiquitous ID 中心，开始推广日本的 RFID 标准。Ubiquitous ID 中心的识别技术体系架构由识别码（uCode）、信息系统服务器、ucode 解析服务器和通信器四部分构成。

uCode 采用 128 位记录信息，提供了 340×1 036 编码空间，并可以以 128 位为单元进一步扩展至 256、384 或 512 位。uCode 能包容现有编码体系的元编码设计，可以兼容多种编码，包括 JAN、UPC、ISBN、IPv6 地址，甚至电话号码。uCode 标签具有多种形式，包括条码、射频标签、智能卡、有源芯片等。Ubiquitous ID 中心把标签进行分类，设立了 9 个级别的不同认证标准。

信息系统服务器存储并提供与 ucode 相关的各种信息。

uCode 解析服务器确定与 uCode 相关的信息存放在哪个信息系统服务器上。uCode 解析服务器的通信协议为 uCodeRP 和 eTP，其中 eTP 是基于 eTron（PKI）的密码认证通信协议。

通信器主要由 IC 标签、标签读写器和无线广域通信设备等部分构成，用来把读到的 uCode 送至 uCode 解析服务器，并从信息系统服务器获得有关信息。

3) ISO 标准体系

ISO 以及其他国际标准化机构如 IEC、ITU 等是 RFID 国际标准的主要制定机构。大部分 RFID 标准都是由 ISO(或与 IEC 联合组成)的技术委员会(TC)或分技术委员会(SC)制定的。

2. RFID 主要标准简介

RFID 系统主要由数据采集和后台应用系统两大部分组成。目前已经发布或正在制定中的标准主要是与数据采集相关的，主要有电子标签与读写器之间的空气接口、读写器与计算机之间的数据交换协议、电子标签与读写器的性能和一致性测试规范，以及电子标签的数据内容编码标准等。后台应用系统目前并没有形成正式的国际标准，只有少数产业联盟制定了一些规范，现阶段还在不断发展中。

1) 电子产品编码标准

RFID 是一种只读或可读写的数据载体，它所携带的数据内容中最重要的是唯一标识号。因此，唯一标识体系以及它的编码方式和数据格式，是我国电子标签标准中的一个重要组成部分。

唯一标识号广泛应用于国民经济活动中,例如我国的公民身份证号、组织机构代码、全国产品与服务统一代码扩展码、电话号、车辆识别代号、国际证券号等。尽管国家多个部委在唯一标识领域开展了一系列的相关研究工作,但与发达国家相比,我国的唯一标识体系总体上处于发展的起步阶段,正在逐步完善中。

(1) 产品电子代码(EPC):EPC 是由 EPC Global 组织、各应用方协调一致的编码标准,可以实现对所有实体对象(包括零售商品、物流单元、集装箱、货运包装等)的唯一有效标识。

EPC 由一个版本号加上域名管理者、对象分类、序列号 3 段数据组成的一组数字。其中 EPC 的版本号标识 EPC 的长度或类型;域名管理者是描述与此 EPC 相关生产厂商的信息;对象分类记录产品精确类型的信息;序列号用于唯一标识货品单件。

EPC 与目前应用最成功的商业标准 EAN·UCC 全球统一标识系统是兼容,成为 EAN·UCC 系统的一个重要组成部分,是 EAN·UCC 系统的延续和拓展,是 EPC 系统的核心与关键。

(2) EAN·UCC:EAN 成立于 1977 年,是基于比利时法律规定建立的一个非营利性国际组织,总部设在比利时首都布鲁塞尔。EAN 目的是建立一套国际通行的全球跨行业的产品、运输单元、资产、位置和服务的标识标准体系和通信标准体系,即"全球商业语言——EAN·UCC 系统"。EAN 的前身是欧洲物品编码协会,现主要负责除北美以外的 EAN·UCC 系统的统一管理及推广工作。目前,其会员遍及 90 多个国家和地区,全世界已有约 90 万家公司、企业通过各国或地区的编码组织加入到 EAN·UCC 系统中来。近几年,EAN 加强了与 UCC 的合作,先后两次达成 EAN/UCC 联盟协议,以共同开发、管理 EAN·UCC 系统。

(3) GB 18937—2003:强制性国家标准 GB 18937—2003《全国产品与服务统一标识代码编制规则》规定了全国产品与服务统一代码(NPC)的适用范围、代码结构及其表现形式,由国务院标准化行政主管部门于 2003 年 2 月 2 日颁布,2003 年 4 月 16 日正式实施。

全国产品与服务统一代码是按照《全国产品与服务统一标识代码编制规则》国家标准要求编制的全国产品与服务统一标识代码,目前已经用于电子设备、食品、建材、汽车、石油化工、农业、专业服务等领域。

根据国内外对海量赋码对象进行赋码的一般规律,全国产品与服务统一代码按照全数字、最长不超过 14 位、便于维护机构维护和管理的原则设计,由 13 位数字本体代码和 1 位数字校验码组成,其中本体代码采用序列顺序码或顺序码。

2) 通信标准

RFID 的无线接口标准中最受注目的是 ISO/IEC 18000 系列协议,涵盖了从 125kHz~2.45GHz 的通信频率,识读距离由几厘米到几十米,其中主要是无源标签,但也有用于集装箱的有源标签。

近距离无线通信(NFC)是一项让两个靠近(近乎接触)的电子装置以 13.56MHz 频率通信

的 RFID 应用技术。由诺基亚、飞利浦和索尼创办的近距离无线通信论坛(NFC Forum)起草了相关的通信和测试标准，让消费类电子设备(尤其是手机)与其他的网络产品或计算机外设进行通信和数据交换。该标准还与 ISO/IEC 14443 和 ISO/IEC 15693 非接触式 IC 卡兼容。目前，已有支持 NFC 功能的手机面世，可以用手机来阅读兼容 ISO/IEC 14443 Type A 或 Sony FeliCa 的非接触式 IC 卡或电子标签。

超宽带无线技术(UWB)是一种直接以载波频率传送数据的通信技术。以 UWB 作为射频通信接口的电子标签可实现半米以内的精确定位。这种精确定位功能方便实现医院里的贵重仪器和设备管理、大楼或商场里以至奥运场馆内的人员管理。

无线传感器网络是另一种 RFID 技术的扩展。传感器网络技术的对象模型和数字接口已经形成产业联盟标准 IEEE 1451。该标准正进一步扩展，提供基于射频的无线传感器网络，相关标准草案 1451.5 正在草议中。有关建议将会对现有的 ISO/IEC 18000 系列 RFID 标准，以及 ISO/IEC 15961、ISO/IEC 15862 读写器数据编码内容和接口协议进行扩展。

3) 频率标准

RFID 标签与阅读器之间进行无线通信的频段有多种，常见的工作频率有 135kHz 以下、13.56MHz、860～928MHz (UHF)、2.45GHz 及 5.8GHz 等。

低频系统工作频率一般低于 30MHz，典型的工作频率有 125kHz、225kHz、13.56MHz 等，这些频点应用的 RFID 系统一般都有相应的国际标准予以支持。其基本特点是电子标签的成本较低、标签内保存的数据量较少、阅读距离较短(无源情况，典型阅读距离为 10cm)、电子标签外形多样(卡状、环状、纽扣状、笔状)、阅读天线方向性不强等。

高频系统一般指其工作频率高于 400MHz，典型的工作频段有 915MHz、2.45GHz、5.8GHz 等。高频系统在这些频段上也有众多的国际标准予以支持。基本特点是电子标签及阅读器成本均较高、标签内保存的数据量较大、阅读距离较远(可达几米至十几米)，适应物体高速运动性能好，外形一般为卡状，阅读天线及电子标签天线均有较强的方向性。

各种频段有其技术特性和适合的应用领域。低频系统使用最广，但通信速度过慢，传输距离也不够长。高频系统通信距离远，但耗电量也大。短距离的射频卡可以在一定环境下替代条码，用在工厂的流水线等场合跟踪物体。长距离的产品多用于交通系统，距离可达几十米，可用在自动收费或识别车辆身份等场合。

4) 应用标准

RFID 在行业上的应用标准包括动物识别、道路交通、集装箱识别、产品包装、自动识别等。整个应用标准的框架结构如图 3.27 所示。

5) 我国 RFID 标准的制定与推广

我国 RFID 技术与应用的标准化研究工作起步比国际上要晚 4～5 年，2003 年 2 月国家标准化委员会颁布强制标准《全国产品与服务统一代码编码规则》，为中国实施产品的电子标签化管理打下基础，并确定首先在药品、烟草防伪和政府采购项目上实施。此外，我国正在制定的 RFID 领域技术标准是采用了 ISO/IEC 15693 系列标准，该系列标准与

ISO/IEC 18000-3 相对应,均在 13.56MHz 的频率下工作,前者以卡的形式封装。目前,在这一频率下工作的电子标签技术已相对成熟。

在充分考虑我国国情和利用我国优势的前提下,应该参照或引用 ISO、IEC、ITU 等国际标准并做出本地化修改,这样能尽量避免引起知识产权争议,掌握国家在电子标签领域发展的主动权。

RFID 技术的广泛应用蕴藏着巨大的产业利益,还涉及国家安全利益、信息控制利益等,在这一点上我国政府主管部门应高度关注。我国应全面部署电子标签标准体系,尤其应重视编码体系、频率划分以及与知识产权有关的技术和应用,并推出具有我国自主知识产权的标准,特别是在解决安全、防伪、识别、管理等应用领域。

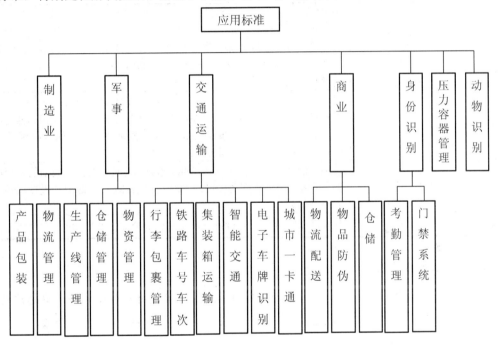

图 3.27 RFID 应用标准的基本结构

3.2.3 RFID 在 EPC 系统中的应用

随着经济全球化,信息网络化进程的加快,在技术革新迅猛发展的背景下,为满足对单个产品的标识和高效识别,提出了 EPC 的概念,并开发了 EPC 的应用标准、技术和产品。

EAN 和 VCC 主导,实现了全球统一标识系统中的 GTIN 编码体系与 EPC 概念的完美结合,将 EPC 纳入了全球统一标识系统。EPC 系统是一个复杂、全面、综合的系统,包括RFID、EPC 编码、网络、通信协议等,RFID 只是其中的一个组成部分。EPC 是 RFID 技术的应用领域之一,只有特定的低成本的 RFID 标签才适合 EPC 系统。

组织上:EPCGlobal 通过 EAN 和 UCC 将全球各国的编码组织在本国推广实施。

技术上:EPC 结构与现行的 EAN·UCC 系统中的 GTIN 是相兼容的,EPC 将成为EAN·UCC 系统通用规范的重要组成部分。

EPC 系统(物联网)是在计算机互联网和 RFID 的基础上,利用全球统一标识系统编码技术给每一个实体对象一个唯一的代码,构造了一个实现全球物品信息实时共享的"Internet of things"。它将成为继条码技术之后,再次变革商品零售结算、物流配送及产品跟踪管理模式的一项新技术。EPC 系统术语见表 3-19。

表 3-19　EPC 系统术语表

术　语	简　称	定　义
产品电子代码	EPC	EPC 是一种标识方案,通过 RFID 标签和其他方式普遍地识别物理对象。EPC 数据包括可以唯一标识单个对象的 EPC 代码,以及为了能够有效地识读 EPC 标签而设定的滤值(可选)
射频识别系统	RFID 系统	RFID 系统包括 EPC 标签和 EPC 识读器。EPC 标签包含微芯片以及与芯片相连的天线。EPC 代码存储在该标签中,标签应用于货箱、货盘和贸易项目上。EPC 标签使用 RFID 技术传送 EPC 到识读器;EPC 识读器通过无线电波与 EPC 标签通信并利用 EPC 中间件传输信息到本地的信息系统
EPC 中间件		管理事件和信息的实时读取,提供告警,此外还管理那些等待传送到 EPC IS 和其他企业现有信息系统的基本信息。为保证 EPC 识读器之间以及由识读器与信息系统组成的网络之间进行有效的数据通信,EPCGlobal 正在为相关服务开发软件接口标准
发现服务		使用户能够查找与特定 EPC 相关的数据并请求访问该数据的一套服务。对象名称解析服务(Object Naming Service,ONS)是"发现服务"的一个部分
EPC 信息服务	EPC IS	使用户能够通过 EPC Global 网络与贸易伙伴交换与 EPC 相关的数据

1. EPC 系统的构成

EPC 系统是一个非常先进的、综合的和复杂的系统。其最终目标是为每一单品建立全球的、开放的标识标准。它由 EPC 体系、EFID 系统及信息网络系统 3 部分组成,主要包括 6 个方面的内容,见表 3-20。

表 3-20　EPC 系统的构成

系统构成	名　称	注　释
全球产品电子代码的编码体系	EPC 编码标准	识别目标的特定代码
射频识别系统	EPC 标签	贴在物品之上或者内嵌在物品之中
	EPC 识读器	识读 EPC 标签
信息网络系统	EPC 中间件	EPC 系统的软件支持系统
	对象名称解析服务	
	实体标记语言(Physical Markup Language,PML)	

1) 全球产品电子代码编码体系

全球产品电子代码编码体系是新一代的与 GTIN 兼容的编码标准,它是全球统一标识系统的拓展和延伸,是全球统一标识系统的重要组成部分,是 EPC 系统的核心与关键。EPC 代码是由标头、管理者代码、对象分类代码、序列号等数据字段组成的一组数字。具有科学性、兼容性、全面性、合理性、国际性、无歧视性等特性。EPC 编码结构见表 3-21。

(1) 科学性:结构明确,易于使用、维护。

(2) 兼容性:EPC 编码标准与目前广泛应用的 EAN·UCC 编码标准是兼容的,GTIN 是 EPC 编码结构中的重要组成部分,目前广泛使用的 GTIN、SSCC、GLN 等都可以顺利转换到 EPC 中去。

(3) 全面性:可以在生产、流通、存储、结算、跟踪、召回等供应链的各环节全面应用。

(4) 合理性:由 EPC Global、各国 EPC 管理机构(中国的管理机构称为 EPC Global China)、被标识物品的管理者分段管理、共同维护、统一应用,具有合理性。

(5) 国际性:不以具体国家、企业为核心,编码标准全球协商一致,具有国际性。

(6) 无歧视性:编码采用全数字形式,不受地方色彩、语言、经济水平、政治观点的限制,是无歧视性的编码。

表 3-21 EPC 编码结构

	标 头	厂商识别代码	对象分类代码	序 列 号
EPC-96	8	28	24	36

当前,出于成本等因素的考虑,参与 EPC 测试所使用的编码标准采用的是 64 位数据结构,未来将采用 96 位的编码结构。

2) EPC 射频识别系统

EPC 射频识别系统是实现 EPC 代码自动采集的功能模块,由射频标签和射频识读器组成。射频标签是 EPC 的载体,附着于可跟踪的物品上在全球流通。射频识读器与信息系统相连,是读取标签中的 EPC 代码并将其输入网络信息系统的设备。EPC 系统射频标签与射频识读器之间利用无线感应方式进行信息交换,具有以下特点:①非接触识别;②可以识别快速移动物品;③可同时识别多个物品等。

EPC 射频识别系统为数据采集最大限度地降低了人工干预,实现了完全自动化,是物联网形成的重要环节。

(1) EPC 标签。EPC 标签是产品电子代码的信息载体,主要由天线和芯片组成。EPC 标签中存储的唯一信息是 96 位或者 64 位产品电子代码。为了降低成本,EPC 标签通常是被动式射频标签。EPC 标签根据其功能级别的不同目前分为 5 类,目前所开展的 EPC 测试使用的是 Class1/GEN2。

(2) 读写器。读写器是用来识别 EPC 标签的电子装置,与信息系统相连实现数据的交换。读写器使用多种方式与 EPC 标签交换信息,近距离读取被动标签最常用的方法是电感耦合方式。只要靠近，盘绕读写器的天线与盘绕标签的天线之间就形成了一个磁场。标签就利用这个磁场发送电磁波给读写器，返回的电磁波被转换为数据信息，也就是标签中包含的 EPC 代码。

读写器的基本任务就是激活标签，与标签建立通信并且在应用软件和标签之间传送数据。EPC 读写器和网络之间不需要 PC 作为过渡，所有的读写器之间的数据交换直接可以通过一个对等的网络服务器进行。

读写器的软件提供了网络连接能力，包括 Web 设置、动态更新、TCP/IP 读写器界面、内建兼容 SQL 的数据库引擎。

3）信息网络系统

信息网络系统由本地网络和全球互联网组成，是实现信息管理、信息流通的功能模块。EPC 系统的信息网络系统是在全球互联网的基础上，通过 EPC 中间件以及对象名称解析服务和实体标记语言实现全球的"实物互联"。

(1) EPC 中间件。EPC 中间件是具有一系列特定属性的"程序模块"或"服务"，并被用户集成以满足他们的特定需求，EPC 中间件以前被称为 SAVANT。

EPC 中间件是加工和处理来自读写器的所有信息和事件流的软件，是连接读写器和企业应用程序的纽带，主要任务是在将数据送往企业应用程序之前进行标签数据校对、读写器协调、数据传送、数据存储和任务管理。图 3.28 描述了 EPC 中间件与其他应用程序的通信。

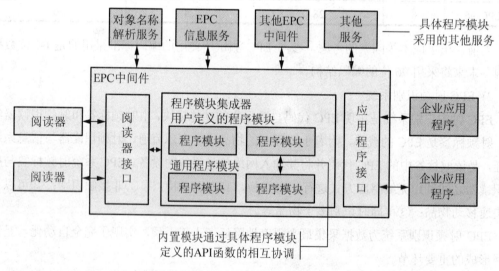

图 3.28 EPC 中间件及其应用程序通信

(2) 对象名称解析服务(Object Name Service，ONS)。对象名称解析服务是一个自动的网络服务系统，类似于域名解析服务(DNS)，对象名称解析服务给 EPC 中间件指明了存储产品相关信息的服务器。

对象名称解析服务是联系 EPC 中间件和 EPC 信息服务的网络枢纽，并且对象名称解析服务设计与架构都以因特网域名解析服务为基础，因此，可以使整个 EPC 网络以因特网为依托,迅速架构并顺利延伸到世界各地。

(3) EPC 信息服务(EPC IS)。EPC IS 提供了一个模块化、可扩展的数据和服务的接口,使得 EPC 的相关数据可以在企业内部或者企业之间共享。它处理与 EPC 相关的各种信息,主要包括以下内容。

① EPC 观测值,包括观测对象、时间、地点和原因,其中原因是 EPC IS 步骤与商业流程步骤之间的一个关联,例如订单号、制造商编号等商业交易信息。

② 包装状态:例如物品是在托盘上的包装箱内。

③ 信息源:例如位于 Z 仓库的 Y 通道的 X 识读器。

2. EPC 系统的工作流程

EPC 系统的工作流程:在由 EPC 标签、读写器、EPC 中间件、Internet、对象名称解析服务器、EPC 信息服务(EPC IS)以及众多数据库组成的实物互联网中,读写器读出的 EPC 只是一个信息参考(指针),由这个信息参考从 Internet 找到 IP 地址并获取该地址中存放的相关物品信息,并采用分布式的 EPC 中间件处理由读写器读取的一连串 EPC 信息。由于在标签上只有一个 EPC 代码,计算机需要知道与该 EPC 匹配的其他信息,这就需要对象名称解析服务来提供一种自动化的网络数据库服务,EPC 中间件将 EPC 代码传给对象名称解析服务,对象名称解析服务指示 EPC 中间件到一个保存着产品文件的服务器(EPC IS)上查找,该文件可由 EPC 中间件复制,因而文件中的产品信息就能传到供应链上,EPC 系统的工作流程如图 3.29 所示。

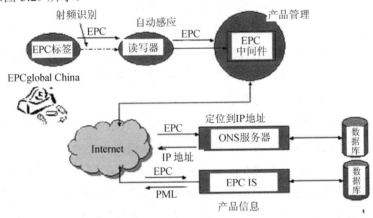

图 3.29 EPC 系统的工作流程

3. EPC 系统的特点

1) 开放的结构体系

EPC 系统采用全球最大的公用的 Internet 网络系统。这就避免了系统的复杂性,同时也大大降低了系统的成本,并且还有利于系统的增值。

2) 独立的平台与高度的互动性

EPC 系统识别的对象是一个十分广泛的实体对象,因此,不可能有哪一种技术适用所有的识别对象。同时，不同地区、不同国家的 EFID 技术标准也不相同。因此开放的结构体系必须具有独立的平台和高度的交互操作性。EPC 系统网络建立在 Internet 网络系统上，并且可以与 Internet 网络所有可能的组成部分协同工作。

3) 灵活的可持续发展体系

EPC 系统是一个灵活的开放的可持续发展的体系，可以在不替换原有体系的情况下就做到系统升级。

EPC 系统是一个全球的大系统，供应链的各个环节、各个节点、各个方面都可受益，但对低价值的识别对象，如食品、消费品等来说，它们对 EPC 系统引起的附加价格十分敏感。EPC 系统正在考虑通过本身技术的改进，进一步降低成本，同时通过系统的整体改进使供应链管理得到更好的效果，提高效益，以便抵消和降低附加价格。

3.3 物流信息采集技术应用

3.3.1 条码技术在物流中的应用

1. 条码技术在仓库管理中的应用

现代仓库作业和库存控制作业呈现多样化、复杂化的特点，人工记忆处理十分困难。如果不能保证正确的进货、验收、质量保证及发货，就会导致浪费时间，产生库存，延迟交货，增加成本，以致失去为客户服务的机会。采用条码技术，并与信息处理技术结合，可确保库存量的准确性，保证必要的库存水平及仓库中物料的移动、与进货协调一致，保证产品的最优流入、保存和流出仓库。条码方案可对仓库中的每一种货物、每一个库位作出书面报告，可定期对库区进行周期性盘存，并在最大限度减少手工录入的基础上，确保将差错率降至零，且高速采集大量数据。

(1) 应用过程：在仓库管理过程中，仓库员用手持式条码终端对货位进行扫描(条码终端内有简单的软件，提供数据采集功能和统计功能)，扫入货位号后，对其上的货物相应的物品号(如零件号)进行扫描，并输入该物品的数量，如此重复上述步骤，直到把仓库中货物全部点清。然后将条码终端中采集到的数据通过通信接口传给计算机。计算机中亦装有可进行数据系统和仓库管理的软件。一台计算机可同时为多台条码终端采集器服务。

(2) 应用优势：利用条码技术将产品生命期中各阶段发生的信息联接在一起，可跟踪产品从生产到销售的全过程，使企业在激烈的市场竞争中处于有利地位。并且条码化可以保证数据的准确性。

日本夏普电子公司多年来采用条码化的仓库管理系统。过去以纸为基础的作业方式，在发货和入库方面，每月约有 200 个错误发生，错误发生后，往往需要几个月来跟踪这些差异，以免扩大其影响。现在每一件货物出入库时，操作员马上把货物上的条码用手持式激光数据采集器识读，通过数据采集器把数据及时地送入计算机进行统计和管理。仓库作业数呈二位数字增加，人员数却没有增加，且库存精度达到百分之百。发货和进货作业的差异率降为零，而且一些劳动量大的工作也压缩了。

仓库管理实现现代化管理手段，条码技术是保证仓库作业优化，充分利用仓库空间，快速便捷为客户提供优质服务，创汇增值的优先手段。

2. 二维条码在车辆管理中的应用

车辆管理涉及车辆的信息、安全、检验、审核等项内容的管理。作为一种交通工具的车辆和掌握此交通工具的驾驶人员，时刻处在时空的动态运动之中，政府有关部门如何按照上例所述的管理内容实现对时刻处在运动状态下的客体(车辆和驾驶人员)进行有效管理是政府车辆管理部门面临的课题。二维条码作为一种简单经济实用的信息载体，建立了一种信息载体与数据库的有机联系，使管理部门能够实时地监查动态客体并把握动态客体运动轨迹，实现管理过程的网络化、自动化。以下将二维条码在车辆管理中的应用做一些分析。

(1) 行车证管理：行车证是公安部门制作的带有法律意义的车辆证明文件，其中的信息是经过车辆管理部门审定，具有法律保证作用的。采用印制有二维条码的行车证，将有关车辆上的基本信息，包括车驾号、发动机号、车型、颜色等车辆的基本信息转化保存在二维条码中，对信息的隐含性起到防伪的作用，信息的数字化便于与管理部门的管理网络实施实时监控。

(2) 车辆的年审文件：车辆的年审文件是政府车辆管理部门实施车辆审验的过程监督文件。事实上目前在车辆的审验过程中已经采用了自动化作业手段。在自动检测的过程中实现通过确认采用二维条码自动记录的方式，保证通过每个检验程序的信息自动化。

(3) 车辆的随车信息：目前车辆的随车信息仅有年检标志。可以在随车的年检标志上将车辆的有关信息包括通过年检时的技术性能参数，年检时间、年检机构、年检审核人员等信息印制在年检标志上，以便随时检验核实。同时，还可以在对车辆上牌登记的同时在车辆的隐蔽处贴上带有二维条码的标记，以便在车辆损坏或被盗、丢失时能够通过对其识读及时发现车辆基本信息。

(4) 车辆违章处罚：在现有交通管理模式中，交警对车辆违章处罚主要还是采取人工方式。在应用二维条码技术之后，交警在执勤时，一旦发现车辆违章(例如闯红灯、酒后驾驶等)，交警可通过二维条码掌上识读设备对违章驾驶员证件上的二维条码进行识读，系统自动将其码中的相关资料传到掌上设备的数据库中，并且交警根据车辆的违章类型，将其违章情况直接记录在掌上识读设备中，并可根据其违章类型开具处罚单据。每天通过掌上识读设备与交警部门的中心数据库的上传下载，可将交警当班所查车辆数及处罚的全部记录上传到中心数据库，同时中心数据库也会将每天最新车辆信息下载到掌上识读设备，实现对车辆违章处罚的有效管理，如图3.30所示。

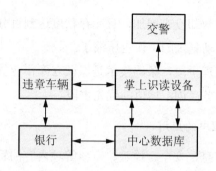

图 3.30　二维条码在车辆管理中的应用

(5) 车辆监控网络：以二维条码为基本信息载体，建立局部的或全国性的车辆监控网络。以上已经举例说明二维条码作为一种基本的信息载体，将随着客体(车辆、驾驶员等)在变化的时空中运动，如何实施对客体运动轨迹的跟踪和有效的监控，必须以车辆的基本信息为主体，采用相应的二维条码识读器与政府车辆管理数据库的连接实现对车辆和驾驶人员的跟踪监控，保证车辆管理有效、实时和自动化，如图 3.31 所示。

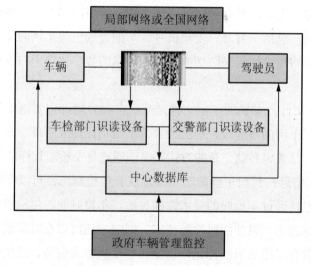

图 3.31　车辆监控网络

3.3.2　RFID 技术在物流中的应用

1. RFID 技术在仓库自动化管理上的应用

RFID 仓储管理系统由 RFID 标签识别采集系统和相关业务软件组成，RFID 识别系统可以根据仓库环境的需要进行实时信息交互，共同完成仓库管理的各个流程。

(1) 入库流程。仓库入口处设有工作站终端，当有货品需要入库时，仓库管理员根据订货清单清点检查每一件货品，检查合格后，从仓库的后台数据库中分配出空的货架号，并将货品信息(包括货品种类、数量、生产批次、货架号和配送单位等)经编码器编码，采用加密算法发送至托盘上的射频标签存储器中。入口处设有固定读写器，叉车经过时阅读器将自动读取托盘信息，货品放置到标签的预置货位架号，信息录入后台数据库，生成入库日志，并打印入库凭证，登记入账。

(2) 日常管理。货品进入仓库起仓库系统便将其纳入日常管理项目中。主要包括货架号调换、物品信息核对、整理。核对工作采用无线手持机或叉车（装有可移动读写器）进行，核对过程中，由读写器进行信息读取，通过无线发送模块将数据发送至仓库管理系统无线接收器，仓库管理系统进行审核核对并反馈至终端管理员，自动记录其种类、数量、型号、货架号等信息及在位情况。仓库管理员接到盘点指令后携带手持机进入库区，广播式遍历全部货位并将所收集到的全部货品信息通过无线网络实时地传给主控机，发送过来的全部货品信息与主控计算机的全部货品信息相对比，将盘点结果告知仓库管理员。在出库货品数达到规定限额时，根据计算机管理中心的指示，装有移动阅读器的叉车自动对货物进行局部重扫描，自动将空缺需要补充的货品放到正确的位置，并将数据传送到计算机管理中心进行货存清单的数据库更新，记录新的货物位置。在整理货物和补充货存时，如果发现货物堆放到了错误位置，读写器将随时向管理中心报警，根据指示，叉车将把这些货物重新堆放到指定的正确位置。

(3) 出库流程。按正常程序进行物资领取凭证审核，经领货人签字后方可出库。出库时，查询货品所在货架号，并发出出库指令。在货品出口处安装阅读器，对货品托盘的标签身份数据进行读取。将读得数据信息与仓库管理系统中的数据库记录和出库指令进行校验，如果出错则报警；否则正常出库。注销出库货品在仓库管理系统数据中的记录，并自动生成日志方便以后跟踪查询。

2. RFID 技术在集装箱运输管理上的应用

RFID 技术可以提高集装箱信息传递的准确性和安全性，加快了集装箱流转速度，具有很高的经济效益。通常在集装箱运输管理中应用在以下几个方面。

(1) 集装箱的自动识别。将记录有集装箱号、箱型、货物种类、数量等数据的标签安装在集装箱上，在经过安装有识别设备的公路、铁路的出入口、码头的检查门时，RFID 标签自动感应后将相应的数据返回阅读器，从而将标签上保存的信息传输到 EDI 系统，实现了集装箱的动态跟踪与管理，提高了集装箱运输的效率和信息的共享。这种系统一般使用被动式 RFID 技术，在集装箱码头应用较多。通过这种系统不仅加快了车辆进港提箱的速度，而且对车辆提箱进行了严密的管理，并减少了人为因素造成的差错。

(2) 电子封条与货运追踪。电子封条通常采取的是物理封条与 RFID 组件的混合形式。大多数电子封条会使用被动式的和主动式 RFID 技术。被动式的电子封条的主要特点是：使用距离短、成本低、一次性。由于被动式封条不能提供持续的电力来检测封条的状态，所以它们也不能检测和记录损害行为发生的时间，而仅仅只能在通过装有阅读装备的供应链节点时提供它们完整与否的信息。而主动式封条在结合 GPS 技术后，能在集装箱状态发生变化时实时将状态变化发生的时间、地点及周围的环境信息传输到货主或管理人员的机器上去。

本章小结

条码是由一组按一定编码规则排列的条、空符号,用以表示一定的字符、数字及符号组成的信息。条码系统是由条码符号设计、制作及扫描阅读组成的自动识别系统。条码是由不同宽度的浅色和深色的部分(通常是条形)组成的图形,这些部分代表数字、字母或标点符号。由条与空代表的信息编码的方法被称作符号法。

按维数分类,条码可分为普通的一维条码、二维条码、多维条码。今天,条码技术广泛运用于物流活动当中,是物流信息采集的重要技术之一。

RFID 技术是 20 世纪 90 年代开始兴起的一种自动识别技术,RFID 是一项利用射频信号通过空间耦合(交变磁场或电磁场)实现无接触信息传递并通过所传递的信息达到识别目的的技术。由于 RFID 技术抗干扰能力强,可抗恶劣环境,因此在较复杂的物流环境中,RFID 技术的表现令人满意。

关键术语

条码　RFID 技术　EPC　ANCC

综合练习

一、填空题

1. 贸易项目的标识均由代码_____表示。

2. _____条码,每一符号字符都是由 4 个条和 4 个空共 17 个模块构成。

3. RFID 技术的基本原理是_____。

4. EPC 系统射频标签与射频识读器之间利用_____方式进行信息交换。

5. 最基本的 RFID 系统由_____、_____、_____组成。

二、名词解释

条码、二维条码、RFID、EPC、EAN

三、简答题

1. 试列举几种常用的一维条码的码制。

2. 简述 RFID 的基本组成部分。

3. 说明 RFID 的基本识读原理。

4. 论述条码技术与 RFID 技术在物流活动中的应用。

案 例 分 析

根据以下案例所提供的资料，试分析：
(1) 海尔配送中心如何利用条码技术提高经营效率？
(2) 海尔是如何进一步改进数据采集技术的？

分析案例

海尔条码应用案例

海尔集团坚持走出国门创名牌，目前已建立起一个具有国际竞争力的全球设计网络、制造网络、营销与服务网络。现有设计中心18个，工业园10个(其中国外2个，分别位于美国和巴基斯坦；国内8个，其中5个在青岛、合肥、大连、武汉各有一个)，海外工厂13个，营销网点58 800个，服务网点11 976个。海尔产品已进入欧洲15家大连锁店的12家、美国10家大连锁店的9家。目前，海尔集团已在美国、欧洲初步实现了设计、制造、营销三位一体的本土化布局。国外最大的工业园在美国南卡州，2000年3月，美国本土生产的海尔冰箱已经进入美国消费者的家庭。2002年，海尔海外的3个工厂全线运营。

1. 数据终端采集系统在海尔配送中心的应用

海尔集团在全国各地建有42个配送中心，这42个配送中心构成了海尔集团服务市场和客户需求的重要物流网络。为确保配送中心实现高效运转，并为管理系统提供及时、准确的物流数据，配送中心的日常作业必须改变传统手工作业的方式，建设一套高效和准确的数据采集系统。经过多方面的对比和考核，海尔集团最终选定北京南开戈德自动识别技术公司作为战略合作伙伴。针对海尔配送中心的业务特点，借鉴国外先进制造企业的应用经验，海尔集团决定在各地的配送中心全面应用便携式数据终端设备，在配送中心的入库、出库、盘点、移库等作业环节，实现了高效、准确、及时的数据采集和管理功能。

美国Symbol公司的SPT 1800系列便携式数据终端作为集成条码扫描和移动计算功能的高科技产品，产品坚固耐用，便于携带，可摆脱线缆的束缚。它在物流作业和数据采集方面具有独特的优势，目前已在海尔各地的配送中心取得了良好的应用效果。

在配送中心的入库作业环节，数据终端从主机系统下载有关的入库数据后，操作人员通过在数据终端上输入相应的入库单据编号，便可获得详细的入库数据，具体包括入库产品条码、单位、数量等。操作人员通过对实际入库产品条码的扫描，并将实收数据与应收数据核对，实现了对入库数据的高效采集和流程控制功能。最后，数据终端上采集的数据被上载到主机系统中，供物流管理系统作进一步的处理和分析。

在配送中心的出库作业环节，数据终端下载主机系统的出库数据之后，操作人员在数据终端上输入相应的出库单据号，便可获得当前批次出库的产品条码和数量。依据数据终端中的出库数据，操作人员可实现对出库产品的扫描、核对和确认，从而实现对出库作业的严密管理。最后，数据终端的实际出库数据被上传到主机系统中。

在仓库盘点作业中，数据终端下载由主机系统生成的盘点数据之后，操作人员便可在数据终端的操作提示下，对库存商品进行逐项扫描、清点和确认，待盘点数据上传到主机系统之后，便可获得库存的盘点差异数据。

在库位移动作业中，待数据终端从主机系统下载移库指令后，操作人员便可在数据终端的操作指示下，将某个库位的商品转移到目的库位，待所有移库操作完成后，再将数据终端上传至主机系统，实现移库作业的确认。

此外，在海尔集团的物流管理系统中，所有的物流资源包括作业人员、物流托盘、物流容器和作业表单等，都通过条码实现了数字化标识，并由数据终端扫描后实现数据采集，从而由物流信息系统实现了作业统计、流程控制、作业调度等功能，并实现了整个物流系统和资源的高效运作和管理。

2. 无线数据终端在海尔生产基地装车中的应用

随着海尔集团对条码识别和数据终端技术应用的深入，无线数据终端开始走进海尔的视野。无线数据终端产品在普通的数据终端产品上增加了无线网络功能，使数据终端在作业过程中可与主机系统进行实时通信、交换数据、获得指令。这使操作人员免去了数据上传和下载的环节，缩短了作业时间，提高了劳动生产率，能够更有效地适应于大业务量的作业环境。经过综合考虑，海尔集团最终与南开戈德公司合作，将无线数据终端应用于海尔生产基地的装车系统。

在海尔集团的各个生产基地，当产品制造完毕后，这些产品将根据业务需要发送给各地配送中心或其他生产基地。根据发送目的地的不同，生产基地装车作业分为发送给各地配送中心的直发货装车作业以及发送给其他生产基地的倒短发货装车作业，同时还包括与此相关的退货和换货作业。生产基地的装车作业具有工作量大、工作效率要求高的特点，某些生产基地在高峰时期每天必须装车的产品数量多达数万件。

为加强在制品装车、退货和换货过程中的作业管理和数据采集，海尔集团最终采用了美国 Symbol 公司的无线数据终端设备，通过在作业现场搭建无线局域网络，实现了数据终端与主机 SAP 系统的实时连接。以具体的装车作业为例，操作人员通过扫描或手工输入装车单据号，通过无线数据终端实时提交到后台主机的 SAP 系统，SAP 系统便实时将装车单据的明细数据发送给无线数据终端，具体包括产品编码、产品描述、送达方、应发数量、单位等。然后，操作人员根据这些详细的装车数据，开始扫描待装车产品的条码，并通过无线网络与 SAP 系统进行实时通信，以对装车产品进行核对。当操作人员将扫描完毕的一批产品装车后，便可通过无线数据终端向后台主机的 SAP 系统进行实时提交，从而使 SAP 系统及时、准确地记录装车产品的实发数量、扫描开始时间和扫描结束时间，并进行进一步的统计和处理。基于无线数据终端的作业管理系统，还便于后台主机系统根据实际作业进度，合理安排工作任务，实现对物流资源的统一调度，实现了物流管理和运作的最优化。

(资料来源：中国物流与采购网(http://www.chinawuliu.com.cn/cflp/newss/content1/200711/766_25636.html.))

第4章 物流信息交换EDI技术

【教学目标】

通过本章的学习，了解 EDI 技术的发展，明确 EDI 技术的基本内容及 EDI 标准，掌握 EDI 在物流中的应用。

【教学要求】

知识要点	能力要求	相关知识
EDI 技术的发展	20 世纪 60 年代末期，美国在航运业首先使用 EDI 1986 年欧洲和北美 20 多个国家代表开发了用于行政管理、商业及运输业的 EDI 国际标准 (EDIFACT) 我国自 1990 年开始，国家计委、科委将 EDI 列入"八五"国家科技攻关项目	EDI 在国外的发展过程 EDI 在国内的发展过程
EDI 技术的内容	EDI 就是模拟传统的商务单据流转过程，对整个贸易过程进行了简化的技术手段 EDI 在企业与企业之间传输商业文件数据 数据标准化、EDI 软件及硬件和通信网络是构成 EDI 系统的三要素	EDI 的概念、特点、组成
EDI 技术的标准	EDI 标准体系是在 EDI 应用领域范围内的、具有内在联系的标准组成的科学有机整体，它由若干个分体系构成，各分体系之间又存在着相互制约、相互作用、相互依赖和相互补充的内在联系	EDI 标准的发展、EDI 标准体系

 导入案例

上海海关通关业务 EDI 应用

作为海关 EDI 通关系统的一部分，1994 年年底在上海海关开始应用至今的海关空运快递 EDI 系统，年均处理 200 万批国际快递物品，并全面实现无纸作业，世界海关组织(WCO)和国际快递协会(IECC)曾联合在上海虹桥国际机场海关开现场会，向全世界推荐该 EDI 系统。

海关 EDI 通关系统荣获国家科技进步三等奖。在技术上，EDI 通关系统采用 EDIFACT 标准，其中对 EDIFACT 的报文类型 CUSEXP 的应用，还成为全球首例，使中国海关在 EDI 方面进入世界先进行列。现在上海海关的 H883/EDI 通关系统已经与 300 多家报关企业的 500 多台计算机实现联网。其 EDI 平台的 AMTrix 系统每天处理约 6 000 份进出口报关单，每天处理的各类报文多达 4.3 万余份。

上海海关的 EDI 通关系统已成为上海口岸通关环节的重要组成部分。如果说海关内部的 EDP 极大地解放了生产力，提高了海关内部的工作效率，那么海关的 EDI 通关系统则更多地为报关等有关企业带来了实惠，真正实现了足不出户完成通关的目标。

(资料来源：李波，王谦.物流信息系统[M]. 北京：清华大学出版社，2010. 229.)

问题：
1. EDI 在对外贸易中有哪些应用？
2. 上海海关通关业务中 EDI 系统起到了哪些作用？

4.1 EDI 技术

4.1.1 EDI 概述

20 世纪中叶，由于电子技术的迅速发展，电子计算机和通信技术日新月异，人类的信息交换手段发生了巨大的变革，各种计算机通信网络遍布世界各地，使人们之间的联系越来越紧密。在商业领域，商业交易日趋活跃，贸易额快速增长。为了有效地改善商业作业方式，人们逐渐发展了一项电子应用技术——EDI 技术。

EDI 技术用于不同企业计算机之间商业信息的传递，包括日常咨询、计划、采购、到货通知、询价、付款、财政报告，还用于安全、行政、贸易伙伴、规格、合同、生产分销等信息交换。由于 EDI 大大减少了纸张票据，因此，人们也形象地称之为"无纸贸易"或"无纸交易"。

1979 年，美国出版了第一本研究 EDI 的著作《*EDI Management、Control、Security and Audit*》。20 世纪 80 年代初期，EDI 在美国进入使用阶段，在工商企业界得到广泛的应用，并在实践中不断地发展和完善。目前正在开发适用于政府、广告、保险、教育、娱乐、司法和银行抵押业务等领域的 EDI 标准。

早期将 EDI 翻译为"无纸贸易"，但现在不能将 EDI 仅仅理解为"无纸贸易"，因为电子数据交换的意义并不限于贸易活动。严格地讲，"无纸贸易"是 EDI 在贸易领域中的实际应用，比 EDI 的概念应该广泛得多。当然，在现实的应用中，贸易领域的应用是发展最快、应用最多的领域，在这一领域的成果、标准、软件也是最多的。EDI 的实质在于"数据不落地"，也就是信息存储及传递的介质从纸张转为电磁设备。允许信息在企业间直接交换，并且由计算机进行相应的自动处理，这个过程无需人为干涉。

30 多年来，EDI 在工商界应用中不断得到发展和完善，在当前电子商务中占据重要地位。随着 EDI 应用于 Internet，EDI 将得到更广泛的应用。

1. EDI 的发展

1) 国外 EDI 的发展过程

20 世纪 60 年代末期，美国在航运业首先使用 EDI。1968 年美国运输业许多公司联合成立了一个美国运输业数据协调委员会(TDCC)，研究开发电子通信标准的可行性。早期 EDI 是点对点，靠计算机与计算机直接通信完成的。

20 世纪 70 年代，随着数字通信网的出现，加快了 EDI 技术的成熟和应用范围的扩大，出现了一些行业性数据传输标准并建立行业性 EDI。例如，银行业发展的电子资金汇兑系统(SWIFT)；美国运输业数据协调委员会发展了一整套有关数据元目录、语法规则和报文格式，这就是 ANSLX.12 的前身；英国简化贸易程序委员会(SIMPRO)出版了第一部用于国际贸易的数据元目录(UN/TDED)和应用语法规则(UN/EDIFACT)，即 EDIFACT 标准体系。20 世纪 70 年代，EDI 应用集中在银行业、运输业和零售业。

20 世纪 80 年代 EDI 应用迅速发展，美国国家标准化委员会(American National Standards Institute，ANSI)与欧洲一些国家联合研究国际标准。1986 年欧洲和北美 20 多个国家代表开发了用于行政管理、商业及运输业的 EDI 国际标准(EDIFACT)。随着增值网的出现和行业性标准逐步发展成通用标准，加快了 EDI 的应用和跨行业 EDI 的发展。

20 世纪 90 年代出现 Internet EDI，使 EDI 从专用网扩大到因特网，降低了成本，满足了中小企业对 EDI 的需求。

20 世纪 90 年代初，全球已有 2.5 万家大型企业采用 EDI，美国 100 家大型企业中有 97 家采用 EDI。20 世纪 90 年代中期，美国有 3 万多家公司采用 EDI，西欧有 4 万家 EDI 企业用户，包括化工、电子、汽车、零售业和银行。

2) 我国 EDI 的发展

我国自 1990 年开始，国家计委、科委将 EDI 列入"八五"国家科技攻关项目。例如，商务部国家外贸许可证 EDI 系统、中国对外贸易运输总公司、中国外运海运/空运管理 EDI 系统、中国化工进出口公司"中化财务、石油、橡胶贸易 EDI 系统"以及山东省抽纱进出口公司"EDI 在出口贸易中的应用"等。1991 年 9 月由国务院电子信息系统推广应用办公室牵头同国家计委、科委、外经贸部、国内贸易部、交通部、邮电部、工业和信息化部、国家技术监督局、商检局、外汇管理局、海关总署、中国银行、人民银行、中国人民保险公司、税务局、贸促会等16个部委、局(行、公司)发起成立"中国促进EDI应用协调小组"。同年10月成立"中国EDIFACT委员会"并参加亚洲EDIFACT理事会，目前已有18个国家部门成员和10个地方委员会。EDI已在国内外贸易、交通、银行等部门广泛应用。

1993年起实施"金关工程"即对外贸易信息系统工程，它是EDI技术在外贸领域应用的试点，其网络和服务中心的建设，已取得重要成果。"九五"期间，海关、交通、商检及商业的EDI应用项目已被列为国家重点项目。

EDI技术至今还在不断发展和完善中，但是EDI的推广应用的确大幅度提高了商贸和相关行业(如报关、商检、税务、运输等)的运作效率。20世纪90年代以来，美、日、西欧、澳大利亚及新加坡等许多国家已陆续宣布，对不采用EDI进行交易的商户，不予或推迟其贸易文件的处理。

2. EDI发展的意义

(1) 降低了纸张的消费。根据联合国组织的一次调查，进行一次进出口贸易，双方约需交换近200份文件和表格，其纸张、行文、打印及差错等可能引起的总开销大约为货物价格的7%。据统计，美国通用汽车公司采用EDI后，每生产一辆汽车可节约成本250美元，按每年生产500万辆计算，可以产生12.5亿美元的经济效益。

(2) 减少了许多重复劳动，提高了工作效率。如果没有EDI系统，即使是高度计算机化的公司，也需要经常将外来的资料重新输入本公司的计算机。调查表明，从一部计算机输出的资料有多达70%的数据需要再输入到其他的计算机，既费时又容易出错。

(3) EDI使贸易双方能够以更迅速有效的方式进行贸易，大大简化了订货和存货的过程，使双方能及时地充分利用各自的人力和物力资源。美国DEC公司应用了EDI后，使存货期由5天缩短为3天，每笔订单费用从125美元下降到32美元。新加坡采用EDI贸易网络之后，贸易的海关手续从原来的3～4天缩短到10～15分钟。

(4) 通过EDI可以改善贸易双方的关系，厂商可以准确地估计日后商品的需求量，货运代理商可以简化大量的出口文书工作，商户可以提高存货的效率，大大提高他们的竞争能力。

3. EDI的概念

由于EDI应用的领域不同，EDI技术的实施所达到的目的也不同，所以EDI的定义也很难统一。在这里列举一些权威人士和权威机构对EDI的定义。

定义一：《美国电子商务辞典》(Haynes.E 1995)将EDI定义为"为了商业用途在计算机之间所进行的标准格式单据的交换。"

定义二：美国国家标准局EDI标准委员会对EDI的解释是"EDI指的是在相互独立的组织机构之间所进行的标准格式、非模糊的具有商业或战略意义的信息的传输。"

定义三：联合国 EDIFACT 培训指南认为"EDI 指的是在最少的人工干预下，在贸易伙伴的计算机应用系统之间的标准格式数据的交换"。

定义四：在国际数据交换协会的 EDI 手册上，对 EDI 的解释是"EDI 是使用认可的标准化和结构化的计算机处理的数据，从一个计算机到另一个计算机之间进行的电子传输。"

定义五：EDI 是融现代计算机技术和远程通信技术为一体的产物，国际标准化组织将 EDI 定义为"将商业或行政事务处理，按照一个公认的标准，形成结构化的事务处理或信息数据结构，从计算机到计算机的数据传输"。

从上述权威机构对 EDI 的解释，可以归纳出对 EDI 的理解有以下 5 点。

(1) EDI 是计算机系统之间所进行的电子信息传输。

(2) EDI 是标准格式和结构化的电子数据的交换。

(3) EDI 是由发送和接收者所达成一致的标准和结构所进行的电子数据交换。

(4) EDI 是由计算机自动读取而无需人工干预的电子数据交换。

(5) EDI 是为了满足商业用途的电子数据交换。

EDI 应用计算机代替人工处理交易信息，大大提高了数据的处理速度和准确性。数字通信网络作为交易信息的传输媒介代替了电话、传真和邮递等传统的传输方式，使信息传输更迅速、更准确。与传统的商业运作方式不同的是，为使商业运作各方的计算机能够处理这些交易信息，各方的信息必须按照事先规定的统一标准进行格式化，才能被各方的计算机识别和处理。因此，从一般技术角度，本文将 EDI 的概念概括为：EDI 是参加商业运作的双方或多方按照协议，对具有一定结构的标准商业信息，通过数据通信网络，参与计算机之间所进行的传输和自动处理。

4. EDI 的特点

由 EDI 的定义不难看出，作为企业自动化管理的工具之一，EDI 通过计算机将商务文件如订单、发票、货运单、报关单等按统一的标准，编制成计算机能够识别和处理的数据格式，在计算机之间进行传输。它具有以下几方面的特点。

(1) EDI 在企业与企业之间传输商业文件数据。

(2) EDI 传输的文件数据都采用共同的标准。

(3) EDI 通过数据通信网络(一般是增值网和专用网)来传输数据。

(4) EDI 数据的传输是从计算机到计算机的自动传输，无需人工介入操作。

尽管电子邮件也可以用来传输数据，但和 EDI 相比，仍有着本质的区别。EDI 的传输内容为格式化的标准文件并有格式校验功能，而电子邮件为非格式化的；另外，EDI 的处理过程为计算机自动处理，无需人工干预，而电子邮件的处理过程需要人工干预。

5. EDI 的运行环境

如果要使用 EDI，一个公司必须要有计算机化的会计记录并愿意与使用 EDI 交易的伙伴建立 EDI 联系。EDI 的运行环境主要应该包括以下 3 个方面。

(1) 需要进行信息交换的某一应用领域。例如国际贸易、国内贸易、医院管理、大型图书馆管理、项目管理等。它限定了有哪些信息需要传递，这些信息都在哪些地点之间进行传递。

(2) 信息交换的流程和规则，即 EDI 的过程。它反映了实际领域的业务过程以及与之相伴的信息流程。

(3) 信息交流的手段。信息交流的手段包括计算机硬件设备、通信设备以及软件，即 EDI 的技术实现。

6. EDI 的类别

(1) 根据 EDI 功能，EDI 可分为以下几类。

① 订货信息系统。这是最基本的，也是最知名的 EDI 系统。它又可称为贸易数据互换系统(Trade Data Interchange，TDI)，它用电子数据文件来传输订单、发货票和各类通知。

② 电子金融汇兑系统。即在银行和其他组织之间实行电子费用汇兑。电子金融汇总系统已使用多年，但它仍在不断地改进中。最大的改进是同订货系统联系起来，形成一个自动化水平更高的系统。

③ 交互式应答系统(Interactive Qurey Response，IQR)。它可应用在旅行社或航空公司作为机票预定系统。这种 EDI 在应用时要询问到达某一目的地的航班，要求显示航班的时间、票价或其他信息，然后根据旅客的要求确定所要的航班，打印机票。

④ 带有图形资料自动传输的 EDI。最常见的是计算机辅助设计(Computer Aided Design，CAD)图形的自动传输。比如，设计公司完成一个厂房的平面布置图，将其平面布置图传输给厂房的主人，请主人提出修改意见。一旦该设计被认可，系统将自动输出订单，发出购买建筑材料的报告。在收到这些建筑材料后，自动开出收据。如美国一个厨房用品制造公司——Kraft Maid 公司，在 PC 上用 CAD 设计厨房的平面布置图，再用 EDI 传输设计图纸、订货、收据等。

(2) 根据 EDI 的不同发展特点和运作层次，将其分为封闭式 EDI、开放式 EDI、交互式 EDI 和以互联网为基础的 EDI。

① 封闭式 EDI。由于不同行业、不同地区实施 EDI 采用了不同的标准和协议，从而导致了大量不同结构 EDI 系统的出现。各个系统之间由于所采纳的标准和传输协议不同，彼此之间相对处于封闭状态，因此，这些系统被称为封闭式 EDI。

② 开放式 EDI。开放式 EDI 被是指"使用公共的、非专用的标准、以跨时域、跨商域、跨现行技术系统和跨数据类型的交互操作性为目的的自治采用方之间的电子数据交换"。开放式 EDI 试图通过建立一个通用基础传输协议和标准系统来解决开发中产生的问题，其方法是构造一个开放式的环境，发展 EDI 多应用领域的互操作性，以及创建应用多种信息技术标准的基础，同时保证 EDI 参与方对实际使用 EDI 的目标和含义有一个共同的理解，以

减少乃至消除对专用协议的需求，使得任何一个参与方不需要事先安排就能与其他参与者进行 EDI 业务。

③ 交互式 EDI。交互式 EDI 是指在两个计算机系统之间连续不断地以询问和应答形式，经过预定义和结构化的自动数据交换达到对不同信息的自动实时反应。一次询问和应答被称为一个对话。目前交互式 EDI 的研究仍处在理论和开发的初级阶段。交互式 EDI 以开放式 EDI 为基础，是 EDI 的发展方向。

④ 以互联网为基础的 EDI。以互联网为基础的 EDI 是指商业机构之间借助于专用增值网络(Value-added Networks，VANs)的服务实现 EDI 传输。以国际互联网为基础的 EDI 就是要建立开放式的信息传输。以互联网为基础的 EDI 具有节省投资和运营成本、使电子商务的参与形式多样化、灵活方便的优点，但同时也存在安全及可靠性等问题。

7. EDI 的组成

数据标准、EDI 软件及硬件和通信网络是构成 EDI 系统的三要素。

1) 数据标准

EDI 标准是由各企业、各地区代表共同讨论、制定的电子数据交换共同标准，可以使各组织之间的不同文件格式，通过共同的标准，获得彼此之间文件交换的目的。有关数据标准将在 4.1.2 节作详细介绍。

2) EDI 软件及硬件

实现 EDI 需要配备相应的 EDI 软件和硬件。EDI 软件将用户数据库系统中的信息，译成 EDI 的标准格式，以供传输交换。虽然 EDI 标准具有足够的灵活性，可以适应不同行业的不同需求，但由于每个公司都有自己所规定的信息格式，因此，当需要发送 EDI 电文时，必须用某些方法从公司的专有数据库中提取信息，并把它翻译成 EDI 的标准格式进行传输，这就需要有 EDI 相关软件的帮助，EDI 软件结构如图 4.1 所示。

(1) 转换软件(Mapper)。转换软件可以帮助用户将原有计算机系统的文件，转换成翻译软件能够理解的平面文件(Flatfile)，或是将从翻译软件接收来的平面文件，转换成原计算机系统中的文件。

(2) 翻译软件(Translator)。将平面文件翻译成 EDI 标准格式，或将接收到的 EDI 标准格式翻译成平面文件。

(3) 通信软件。将 EDI 标准格式的文件外层加上通信信封(Envelope)，再送到 EDI 系统交换中心的邮箱(Mailbox)，或从 EDI 系统交换中心内，将接收到的文件取回。

EDI 所需的硬件设备大致有计算机、调制解调器(Modem)及电话线。目前所使用的计算机，无论是 PC、工作站、小型机、主机等均可利用。由于使用 EDI 进行电子数据交换需通过通信网络，目前采用电话网络进行通信是很普遍的方法,因此 Modem 是必备硬件设备。Modem 的功能与传输速度，应根据实际需求来选择。一般最常用的是电话线路，如果在传输时效及资料传输量上有较高要求，可以考虑租用专线(LeasedLine)。

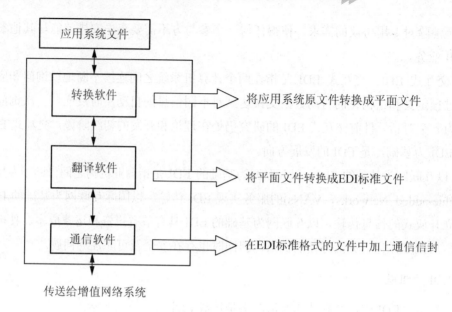

图 4.1　EDI 软件结构

3) 通信网络

通信网络是实现 EDI 的手段。EDI 的通信方式有多种，点对点(PTP)与增值网络是两种主要的通信方式，其中点对点方式只有在贸易伙伴数量较少的情况下使用。但随着贸易伙伴数目的增多，当多家企业直接计算机通信时，会出现由于计算机厂家不同、通信协议相异以及工作时间不易配合等问题，造成相当大的困难。为了克服这些问题。许多应用 EDI 的公司逐渐采用第三方网络与贸易伙伴进行通信，即增值网络方式。它类似于邮局，为发送者与接收者维护邮箱，并提供存储转送、记忆保管、通信协议转换、格式转换、安全管制等功能。因此通过增值网络传送 EDI 文件，可以大幅度降低相互传送资料的复杂度和困难度，大大提高 EDI 的效率，EDI 的通信方式如图 4.2 所示。

(1) 点对点方式。点对点方式，即 EDI 按照约定的格式，通过通信网络进行信息的传递和终端处理，完成相互的业务交往。早期的 EDI 通信一般都采用此方式，但它有许多缺点，如当 EDI 用户的贸易伙伴不再是几个而是几十个甚至几百个时，这种方式很浪费时间，需要许多次重复发送。同时这种通信方式是同步的，不适于跨国界、跨行业之间的应用。

(2) 增值网方式。增值网方式是那些增值数据业务(VADS)公司，利用已有的计算机与通信网络设备，除完成一般的通信任务外，还增加了 EDI 的服务功能。VADS 公司提供给 EDI 用户的服务主要是租用信箱及协议转换，后者对用户是透明的。信箱的引入实现了 EDI 通信的异步性，提高了效率，降低了通信费用。另外，EDI 报文在 VADS 公司自己的系统(即增值网中)中传递也是异步的，即存储转发的。

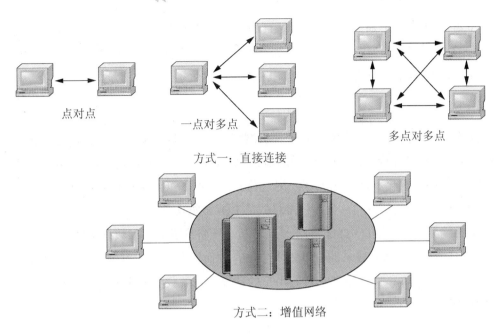

图 4.2　EDI 的通信方式

(3) MHS(Message Handing System，信息处理系统)方式。信息处理系统 MHS 是 ISO 和 ITU－T 联合提出的有关国际电子邮件服务系统的功能模型。它是在建立 OSI 开放系统的网络平台上，适应多样化的信息类型，并通过网络连接，具有快速、准确、安全、可靠等特点。它是以存储转发为基础的、非实时的电子通信系统，非常适合作为 EDI 的传输系统。EDI 与 MHS 互连，可将 EDI 报文直接放入 MHS 的电子信箱中，利用 MHS 的地址功能和文电传输服务功能，实现 EDI 报文的完善传送。

EDI 信息处理系统由信息传送代理(MTA)、EDI 用户代理(EDI-UA)、EDI 信息存储(EDI-MS)和访问单元(AU)组成。MTA 完成建立接续、存储、转发，多个 MTA 组成 MTS 系统。

EDI-MS 存储器位于 EDI-UA 和 MTA 之间，它如同一个资源共享器或邮箱，帮助 EDI-UA 发送、投递、存储和取出 EDI 信息。同时 EDI-MS 把 EDI-UA 接收到的报文变成 EDI 报文数据库，并提供对该数据库的查询、检索等功能。为有利于检索，EDI-MS 将报文的信封、信首、信体映射到 MS 信息实体的不同特征域，并提供自动转发及自动回送等服务。

EDI-UA 是电子单证系统与传输系统之间的接口。它的任务是利用 MTS 的功能来传输电子单证。EDI-UA 将它处理的信息对象分作两种：一种称为 EDI 报文(EDIM)；另一种称为 EDI 回执(EDIN)。前者是传输电子单证的，后一种是接收报告结果的。EDI-UA 和 MTS 共同构成了 EDI 信息系统(EDI-MS)，同时 EDI-MS 和 EDI 用户又一起构成了 EDI 通信环境(EDIME)。

EDI 与 MHS 结合，大大促进了国际 EDI 业务的发展，实现了 EDI 的全球通信，EDI 通信系统还使用了 X.500 系列的目录系统(DS)。

DS 可为全球 EDI 通信网的补充、用户的增长等目录提供增、删、改功能,以获得名址网络服务、通信能力列表、号码查询等一系列属性的综合信息。EDI、MHS 和 DS 的结合,使信息通信有了一个新的飞跃,为 EDI 的发展提供了广阔的前景。

8. EDI 的工作流程

EDI 将所有贸易单证的传送由 EDI 通信网络实现,并且买卖双方单证的处理全部(或大部分)由计算机自动完成。EDI 的工作流程可以划分为三大部分,如图 4.3 所示。

(1) 文件的结构化和标准化处理。用户首先将原始的纸面商业或行政文件,经计算机处理,形成符合 EDI 标准的,具有标准格式的 EDI 数据文件。

(2) 传输和交换。用户用自己的本地计算机系统将形成的标准数据文件,经过 EDI 数据通信和交换网,传送到登录的 EDI 服务中心,继而转发到对方用户的计算机系统。

(3) 文件的接收和自动处理。对方用户的计算机系统收到发来的报文之后,立即按照特定的程序自动处理。

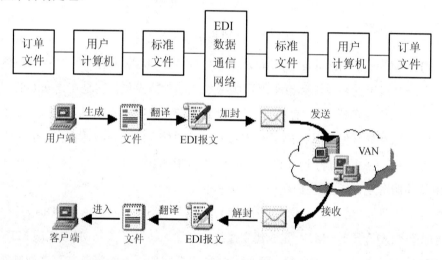

图 4.3　EDI 的工作流程

对于一个生产企业来说,其 EDI 系统的工作过程可以描述为:企业收到一份 EDI 订单,则系统自动处理该订单,检查订单是否符合要求;然后通知企业内部管理系统安排生产;向零配件供应商订购零配件;向交通运输部门预订货运集装箱;向海关、商检等部门报关、报检;通知银行并给订货方开 EDI 发票;向保险公司申请保险单;等等。从而使整个商贸活动在最短时间内准确完成。

4.1.2　EDI 标准

1. EDI 标准的发展历史

1) 专业标准阶段

专业标准起始于美国及欧洲一些国家的大型的、国际化的公司内部,如福特汽车公司、飞利浦公司等，他们为简化自身业务而自行定义了企业标准。由于这些标准只为其内部使用从而带有相当大的局限性。

2) 产业标准阶段(1970—1980年)

此阶段开始于20世纪70年代，美国几家运输行业的公司联合起来，成立了运输业数据协调委员会。该委员会目的是开发一种传输运输业文件的共同语言或标准。1975年公布了它的第一个标准。继美国运输业数据协调委员会之后，其他行业也陆续开发了它们自己行业的EDI标准，如杂货行业的标准(UCS)，仓储行业的标准(WINS)等行业标准。

3) 国家标准阶段(1980—1985年)

当产业标准应用成熟后，企业界发现，维持日常交易运作的对象，并不局限在单一产业的对象，为此，国家标准由此诞生。首先在1979年，美国国家标准化委员会授权ASCX12委员会依据美国运输业数据协调委员会的标准，开始开发、建立跨行业且具一般性EDI国家标准ANSIX12。

与此同时，欧洲方面也由官方机构及贸易组织共同推动制定共同的EDI标准，并获得联合国的授权，由联合国欧洲经济理事会第四工作组(UN/ECE/WP.4)负责发展及制定EDI的标准格式，并在20世纪80年代早期提出TDI(Trade Data Interchange)及GTDI(Guildinesfor TDI)标准，但该标准只定义了商业文件的语法规则，还欠缺报文标准。

4) 国际通用标准阶段(1985至今)

在欧美两大区域的EDI标准制定、试行几年后，1985年两大标准——北美ANSIASCX12与欧洲GTDI开始广泛接触与合作，进行国际EDI通用标准的研究发展。

联合国欧洲经济理事会负责国际贸易程序简化的UN/ECE/WP.4承办了国际性EDI标准制定的任务，并于1986年正式以UN/EDIFACT(United Nations/Electronic Data Interchange For Administration，Commerce and Transport)作为国际性EDI通用的标准。另一方面，ANSI ASC X12于1992年决定在其第四版标准制定后，不再继续发展维护，全力与UN/EDIFACT结合，至此全世界将趋于统一的EDI标准。EDIFACT作为国际标准，已被世界上大多数国家所接受，我国的EDI标准确定也以EDIFACT标准为基础制定。因此，掌握EDI的EDIFACT对实施EDI至关重要，EDI标准的发展简史见表4-1。

表4-1 EDI标准的发展简史

年 份	事 件
1968年	美国运输业数据协调委员会首先在铁路系统使用EDI，并提出用于运输业的报文和通信结构方面的标准
1970年	DTI成了简化国际贸易程序组织(XITPRO)，负责简化进/出口程序并着手起草文件
1978年	美国会计研究基金会(ACRF)和美国运输业数据协调委员会联合成立了一个委员会，负责开发事务处理和信息的数据互换
1980年	美国国家标准化协会成立了X.12鉴定标准委员会(ASCX.12)，下设10个分委员会，负责开发和制定美国EDI通用标准

续表

年　　份	事　　件
1981年	联合国欧洲经济委员会第四工作组推出了贸易数据元目录(TDED)和贸易数据交换指南(GTDI)
1985年	ANSI提出X.12系列标准，推广应用于北美地区
1986年	ANSI与欧洲标准协会、英国EDI标准组织等单位共同协调全球EDI标准
1986年	WP4正式提出《用于行政管理、商业和运输的电子数据互换》文件，即EDIFACT标准
1986年	EXO/TCI54分别通过UN/TDED以及UN/EDIFACT为7372—1986《贸易数据元目录》
1987年	ISO正式通过《用于行政管理、商业和运输的EDI应用语法规则》，即ISO 9735—1987。

2. EDI标准体系

EDI是目前为止最为成熟和使用范围最广泛的电子商务应用系统，其根本特征在于标准的国际化，标准化是实现EDI的关键环节。早期的EDI标准，只是由贸易双方自行约定，随着使用范围的扩大，出现了行业标准和国家标准，最后形成了统一的国际标准。国际标准的出现，大大地促进了EDI的发展。随着EDI各项国际标准的推出，以及开放式EDI概念模型的趋于成熟，EDI的应用领域不仅只限于国际贸易领域，而且在行政管理、医疗、建筑、环境保护等各个领域得到了广泛应用。可见EDI的各项标准是使EDI技术得以广泛应用的重要技术支撑，EDI的标准化工作是在EDI发展进程中不可缺少的一项基础性工作。

EDI标准体系是在EDI应用领域范围内的、具有内在联系的标准组成的科学有机整体，它由若干个分体系构成，各分体系之间又存在着相互制约、相互作用、相互依赖和相互补充的内在联系。我国根据国际标准体系和我国EDI应用的实际以及未来一段时期的发展情况，制定了EDI标准体系，以《EDI系统标准化总体规范》作为总体技术文件。该规范作为我国"八五"重点科技攻关项目，是这一段时间内我国EDI标准化工作的技术指南，处于主导和支配作用。根据该规范，EDI标准体系分基础、单证、报文、代码、通信、安全、管理应用7个部分，大致情况有以下几个方面。

(1) EDI基础标准体系。主要由UN/EDIFACT的基础标准和开放式EDI基础标准两部分组成，是EDI的核心标准体系。其中，EDIFACT有7项基础标准，包括EDIFACT应用级语法规则、语法规则实施指南、报文设计指南和规则、贸易数据元目录、复合数据元目录、段目录、代码表，我国等同采用了这7项标准。开放式EDI基础标准是实现开放式EDI最重要、最基本的条件，包括业务、法律、通信、安全标准及信息技术方面的通用标准等，ISO/IEC JTC1 SC30推出《开放式EDI概念模型》和《开放式EDI参考模型》，规定了用于协调和制定现有的和未来的开放式EDI标准的总体框架，成为未来开放式EDI标准化工作的指南。随之推出的一大批功能服务标准和业务操作标准等将成为指导各个领域EDI应用的国际标准。

(2) EDI单证标准体系。EDI报文标准源于相关业务，而业务的过程则用单证体现。单证标准化的主要目标是统一单证中的数据元和纸面格式，内容相当广泛。其标准体系包括管理、贸易、运输、海关、银行、保险、税务、邮政等方面的单证标准。

(3) EDI 报文标准体系。EDI 报文标准是每一个具体应用数据的结构化体现，所有的数据都以报文的形式传输出去或接收进来。EDI 报文标准主要体现于联合国标准报文(United Nations Standard Message，UNSM)，其在 1987 年正式形成时只有十几个报文，而到 1999 年 2 月止，UN/EDIFACT D.99A 版已包括 247 个报文，其中有 178 个联合国标准报文、50 个草案报文(Message in Development，MiD)及 19 个作废报文，涉及海关、银行、保险、运输、法律、税务、统计、旅游、零售、医疗、制造业等诸多领域。

(4) EDI 代码标准体系。在 EDI 传输的数据中，除了公司名称、地址、人名和一些自由文本内容外，几乎大多数数据都以代码形式发出，为使交换方易于理解收到信息的内容，便以代码形式把传输数据固定下来。代码标准是 EDI 实现过程中不可缺少的一个组成部分。EDI 代码标准体系包括管理、贸易、运输、海关、银行、保险、检验等方面的代码标准。

(5) EDI 通信标准体系。计算机网络通信是 EDI 得以实现的必备条件，EDI 通信标准则是顺利传输以 EDI 方式发送或接收的数据的基本保证。EDI 通信标准体系包括 ITU 的 X.25、X.200/ISO 7498、X.400/ISO 10021、X.500 系列等，其中 X.400/ISO 10021 标准是一套关于电子邮政的国际标准。虽然这套标准，ISO 称为 MOTIS，ITU 称为 MHS，但其技术内容是兼容的，它们和 EDI 有着更为密切的关系。

(6) EDI 安全标准体系。由于经 EDI 传输的数据会涉及商业秘密、金额、订货数量等内容，为防止数据的篡改、遗失，必须通过一系列安全保密的规范给予保证。EDI 安全标准体系包括 EDI 安全规范、电子签名规范、电文认证规范、密钥管理规范、X.435 安全服务、X.509 鉴别框架体系等。为制定 EDIFACT 安全标准，联合国于 1991 年成立了 UN/EDIFACT 安全联合工作组，进行有关标准的制定。

(7) EDI 管理标准体系。EDI 管理标准体系主要涉及 EDI 标准维护的有关评审指南和规则，包括标准技术评审导则、标准报文与目录文件编制规则、目录维护规则、报文维护规则、技术评审单格式、目录及代码编制原则、EDIFACT 标准版本号与发布号编制原则等。

(8) EDI 应用标准体系。EDI 应用标准体系主要指在应用过程中用到的字符集标准及其他相关标准，包括：信息交换用 7 位编码字符集及其扩充方法；信息交换用汉字编码字符集；通用多 8 位编码字符集；信息交换用汉字编码字符集辅 2 集、4 集等。

EDI 标准体系的框架结构并非一成不变，它将随着 EDI 技术的发展和 EDI 国际标准的不断完善而不断地进行更新和充实。

3. UN/EDIFACT 标准

联合国行政、商业与运输电子数据交换组织(United Nations Electronic Data Interchange for Administration Commerce and Transport，UN/EDIFACT)是国际 EDI 的主流标准。当今 EDI 国际标准主要就是指 UN/EDIFACT 标准和 ISO 标准。UN/EDIFACT 标准是由联合国

欧洲经济委员会(UN/ECE)制定并发布的,而 ISO 标准由国际标准化组织制定并发布。UN/EDIFACT 标准中的一部分已经纳入 ISO 标准中,UN/EDIFACT 的很多标准都涉及 ISO 标准的应用。UN/EDIFACT 标准比较偏重当前的应用,而 ISO 的一些标准和研究结果则侧重未来的发展。

早在 20 世纪 60 年代初,UN/ECE/WP.4 在贸发会的领导下,成立了两个专家工作组:GE1 和 GE2,分别负责 UN/EDIFACT 标准开发和处理贸易程序及单证问题。20 世纪 70 年代初期该工作组推荐了供世界范围使用的《联合国贸易单证样式》,并相继产生了一系列标准代码,即国际贸易术语解释通则(INCOTERM,International Commerical)代码等,为数据交换提供了重要的规则,为 EDI 标准的建立奠定了基础。1981 年 UN/ECE/WP.4 将推出的贸易数据交换指南(GTD1)和 ANSI X.12 标准一致起来,对统一制定 EDI 标准进行了协调,制定了联合国贸易数据交换用于行政、商业、运输的标准,并于 1986 年正式命名为 UN/EDIFACT。EDIFACT 由一整套用于 EDI 的国际公认的标准、规则和指南组成,美国也逐步地从 ANSI X.12 标准过渡到使用 EDIFACT。EDIFACT 的产生为电子报文取代传统的纸面单证奠定了基础,从而使得跨行业、跨国界的 EDI 应用成为可能。

1) EDIFACT 标准的构成要素

数据元、段和标准报文是 EDIFACT 标准的三要素。

(1) 数据元。数据元是电子单证最基本的单位,任何电子单证都由贸易数据元组成。数据元是制定 EDIFACT 标准的基础,它决定了标准的适用范围,起到对标准的支持和限定作用。订立 EDIFACT 标准首先就要定义此标准所涉及的贸易数据元,对数据元的名称、使用范围、数据类型和数据段长度作出详细的规定。

(2) 段。每一个段都是由多个数据元组成的,段在电子单证中完成一定的功能,是组成电子单证的单元。段分为数据段和控制段。在 EDIFACT 标准中数据段的定义包括段标识、段名、段功能和组成段的数据项。

(3) 标准报文。标准报文一般包括两部分:报文控制部分和报文内容部分。报文控制部分由控制段构成,至少包括报文头(Message Header)和报文尾(Message Tailer)两个段;报文内容部分由数据段构成。

图 4.4 描述了 3 部分之间的关系。

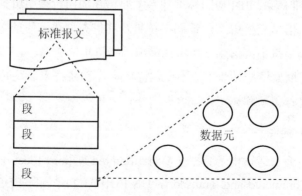

图 4.4 数据元目录、段目录和 EDI 标准报文格式关系

2) UN/EDIFACT 的内容

EDIFACT 标准包括一系列涉及 EDI 的标准、指南和规则，包括以下 8 个方面的内容。

(1) EDIFACT 应用级语法规则(ISO 9735)。应用级语法规则规定了用户数据结构的应用层语法规则与报文的互换结构。

(2) EDIFACT 报文设计指南。报文设计指南是为从事标准报文的设计者提供技术依据。

(3) EDIFACT 应用级语法规则实施指南。这一指南的目的是帮助 EDI 用户使用 EDIFACT 语法规则。

(4) EDIFACT 数据元目录(ISO 7372)。EDIFACT 数据元目录收录了 200 个与设计 EDIFACT 报文相关的数据元，并对每个数据元的名称、定义、数据类型和长度都给予具体的描述。

(5) EDIFACT 代码目录。代码目录给出数据元中的代码型数据元的代码集，收录了 103 个数据元的代码，这些数据元选自 EDIFACT 数据元目录，并通过数据元号与数据元目录联系起来。

(6) EDIFACT 复合数据元目录。所谓复合数据元是由别的数据元组成的，其功能更强，包含的信息量更多。目录收录了在设计 EDIFACT 报文时涉及的 60 多个复合数据元。目录中对每个复合数据元的用途进行描述，罗列了组成复合数据元的数据元，并在数据元后面注明其类型，注有字母"M"的表示该数据元在此复合数据元中是必须具备的，注有字母"C"的表示该数据元在此复合数据元中的出现与否是根据具体条件而定的。复合数据元通过复合数据元号与段目录相联系，组成复合数据元的数据元通过数据元号与数据元目录、代码表相联系。

(7) EDIFACT 段目录。段目录定义了 EDIFACT 报文中用到的段。目录中注明了组成段的简单数据元和复合数据元，并在数据元后面注明此数据元是"必备型"或"条件型"。段目录中除有段名外，每个段前均标有段的标识。段标识一般由 3 个英文字母组成，它们是段的英文首字母缩写。每个段通过段标识与 EDIFACT 标准报文相联系，简单数据元和复合数据元通过数据元号和复合数据元事情与 EDIFACT 数据元目录和复合数据元目录相联系。

(8) EDIFACT 标准报文目录。这是已得到联系和批准的贸易单证标准报文的集合。EDIFACT 标准报文格式分 3 级：0 级、1 级和 2 级。0 级是草案级，1 级是试用推荐草案，2 级是推荐报文标准级。

3) UN/EDIFACT 的应用结构

(1) 语法规则。ISO 9735 规定了 A 级和 B 级字符集，对应于 A 级和 B 级字符集有 A 级和 B 级语法规则，它们除了字符集的使用外，其余各方面均相同。主要是终止符和分隔符的表示有所差别。A 级和 B 级终止符和分隔符的表示见表 4-2。A 级和 B 级字符集分别见表 4-3 和表 4-4，在一般情况下，默认使用 A 级字符集，即采用 A 级语法规则。

表 4-2 A 级、B 级的终止符和分隔符

名称与作用	A 级	B 级
段终止符	'	IS4
段标记与数据元分隔符	+	IS3
成分数据元分隔符	:	IS1

表 4-3 A 级字符集

大写字母	A~Z	右圆括号	)
数字	0~9	斜线号	/
间隔符		等号	=
句号	。	撇号	' 段终止符
逗号	,	加号	+ 段标记和数据元分隔符
连字符/负号	-	冒号	: 成分数据元的分隔符
左圆括号	(	问号	? 释放字符
感叹号	!	星号	*
引号	"	分号	;
百分号	%	大于号	>
和号	&	小于号	<

表 4-4 B 级字符集

大写字母	A~Z	等号	=
小写字母	a~z	问号	? 释放字符
数字	0~9	感叹号	!
间隔符		引号	"
句号	。	百分号	%
逗号	,	和号	&
连字符/负号	-	星号	*
左圆括号	(	分号	;
右圆括号	)	小于号	<
斜线号	/	大于号	>
撇号	'	信息分隔符	IS4 段终止符
加号	+	信息分隔符	IS3 数据元分隔符
冒号	:	信息分隔符	IS1 成分数据元分隔符

(2) 数据元和段的结构。

① 数据元结构。在 EDIFACT 中，数据段、控制段和数据元都是有一定结构的，数据元的结构如图 4.5 所示，数据元分为简单数据元和复合数据元，它不能单独存在于一个报文中，是被用来构造段的材料(元素)，若干数据元按照一定的顺序和结构定义在一起，组成了一个段。数据元之间用数据元分隔符隔开。简单数据元和复合数据元在相关的段定义中被规定为条件型或必备型。复合数据元由成分数据元和成分数据元分隔符组成，成分数据元分隔符是必备型，不论其前后的成分数据元存在与否，成分数据元分隔符都将存在。而成分数据元是一种特殊的简单数据元，一系列成分数据元组合在一起表达一个比较复杂的内容，也就是复合数据元所要表达的意义。在复合数据元中最后一个成分数据元之后不应有成分数据元分隔符，复合数据元有两类：CXXX 是表示用户数据；SXXX 是服务复合数据元，是服务段的组成部分，当然，服务段也可以有普通的数据元。一般情况下，数据元指的就是简单数据元。

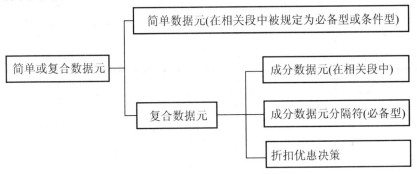

图 4.5　数据元的格式

在 EDIFACT 数据元目录中规定采用 4 位数字作为数据元的标识，为了方便用户使用，将数据元标识空间划分成了 9 个组，在每个组里，前 500 个号划分给经国际协商而定的数据元，随后的 300 个号由各国标准化团体统一制定使用，最后 200 个号由公司使用，这样的规定给使用者提供了相对的灵活性。如果有国际统一的数据元，便采用国际统一的数据元；如果国际统一数据元中没有本国使用的一些数据元，各国可发展自己的数据元子集；国家未定义的数据元，各公司可以自行定义。但是，无论是各国或各公司对数据元的定义，必须按照这种划分规定来进行，在相应的标识空间中编码，以免发生冲突，造成混乱。

在标准中，用具体的图表格式给出了每个数据元的定义。每个数据元的定义分为几部分，对数据元的功能、结构、应用范围等给予了详细描述。在标准中，数据元是按照代码的顺序进行排列的。定义的描述表示为：XXXX 数据元代码；标题(Title)，数据元名称；说明(Desc)，对该数据元的解释和说明；表示(Repr)，数据元值的表示方法，给出了数据输入的可用空间和位置；注释(Note)，适当的附加说明，描述数据元的功能、应用范围等；参考(Refe)，在注释的解释不完全时，用以指示信息出处的参考；同义词，描述该数据元的同义词。

在这些条目中，前 4 项是必须有的，后面 3 项则根据具体情况来决定。图 4.6 给出了一个数据元的例子。

```
8066    Mode of transport
Desc：Method of transport used for the carriage of the goods
Repr    an..17

8067    Mode of transport，coded
Desc：Coded method of transport used for the carriage of the goods
Repr    an..3
Note：Use UN/ECE recommendation No.19
```

图 4.6　数据元示例

表 4-5 的左边给出了数据元表示的定义，右边解释了将值代入数据元应遵从的含义。

表 4-5　数据元值表示

表 示 法	含　义
a	字母字符
n	数字字符
an	定长，数字字母字符
a3	定长，3 个字母字符
n3	定长，3 个数字字符
an3	定长，3 个数字字母字符
a...3	变长，3 个字母字符
n...3	变长，3 个数字字符
an...3	变长，3 个数字字母字符

② 段的结构。EDIFACT 段是由段标记、数据元分隔符、简单或复合数据元序列和段终止符组成的，图 4.7 表示了段的结构。段标记包括段代码、成分数据元分隔符和嵌套、重复指示。实际上段标记可以看作是一个特殊的复合数据元。段代码是一个必备型成分数据元，表示为段的名称缩写，如名字和地址段(Name And Address)的段代码为 NAD；段标记中的成分数据元分隔符是条件型的，这是段标记与其他复合数据元不同的显著特征；嵌套和重复指示是用数字来表示该段重复次数和嵌套层次的，在下面会予以详细说明。在 EDIFACT 中，每个段都定义了一系列相关的简单或复合数据元，这些数据元要么为必备型，要么为条件型。

段	段标记	段代码(必备型成分数据元)
		成分数据元分隔符(条件型)
		嵌套和重复指示(条件型成分数据元)
	数据元分隔符(必备型)	
	简单或符合数据元(根据需要为必备型或条件型)	
	段终止符	

图 4.7　段的结构

(3) 报文的交换结构。EDI 报文的交换用数据元、数据段、功能组和报文来标识。报文由用户数据段和报文头、报文尾组成,其中报文头与报文尾是服务段。数据段等同于贸易单证中的一个栏目,它是由一些预先定义的、功能上相关的数据元组成的,例如发货方、收货方、日期和地址等。数据段由段标识符表示,在报文中的每个数据段有一个确定的位置,即用段序来表示,这是标准预先定义好的。段可以重复和嵌套。功能上相关的报文组成功能组,功能组是由组头和组尾来标识的。数据段内有简单数据元和复合数据元。复合数据元由成分数据元组成。成分数据元是电子单证中最基本的、不可分割的单元。成分数据元之间用语法分隔符隔开。因此,一个 EDIFACT 报文中,服务串通知 UNA 和服务段 UNB~UNZ 按下列顺序出现(如图 4.8 所示)。

服务串通知	UNA	条件
交换头	UNB	必备
功能组头	UNG	条件
报文头	UNH	必备
用户数据段	……	……
报文尾	UNT	必备
功能组尾	UNE	条件
交换尾	UNZ	必备

图 4.8　EDIFACT 报文一次交换的格式

下面对各个主要服务段包含的信息和应用方法进行说明。

① 服务串通知 UNA。定义在该次交换中被选择用作定界符和指示符的字符。在 UNB 段中,服务串通知中的分类优先于定界符的分类。它有一个固定的长度,为 9 个字符,前 3 个为 UNA。

在进行传输时,服务串通知必须在交换头 UNB 之前出现,并且在开始时使用大写字符 UNA,紧接着是由发送器指示选择的 6 个字符,其功能见表 4-6。

表 4-6　UNA 结构

表　　示	状　　态	名　　称	附　　注
an1	M	成分数据元分隔符	
an1	M	数据元分隔符	
an1	M	十进制记数法	逗号或句号
an1	M	释放指示符	
an1	M	保留将来使用	
an1	M	段终止符	

② 交换头——UNB 段。除段代码 UNB 外，必要的服务数据元必须以下列顺序出现：语法标识符与版本号；交换发送者的地址；交换接收者的地址；传输日期和时间；交换控制参照符。

如果规定使用交换协议，下列某些或所有条件型服务数据元可包括在段中，如包括在段中，它们就必须按照下列顺序：接收方的传输参照符；应用参照符；处理优先权代码；确认需求；通信协议标识；试验指示符。

例如，一个使用 A 级语法并且包含所有数据元的 UNB 段的可能取值如下：

UNB+UNOA:1+123:AB:PO168+3572:DN:B1342+960406:1215+A143+B26AZ+DELINS+X+1+CANDE+1′

其中，UNB 是段代码。

UNOA(语法标识符与版本号):1 标识第 1 版本，语法规则为 A 级以及控制机构是 UNO。若使用 B 级语法，则可能表示为 UNOB：1。版本号的作用是为了对标准进行维护，未来对语法的每次修订都会使版本号由 1 开始递增。

123：AB：PO168(交换发送者的地址)以代码形式标识传输的发送方，AB 是限定符，用来标识正使用的代码集，下一个代码(PO168)表示接收方做出应答向反方向发送的地址。

3572：DN：N1342(交换接收者的地址) 以代码形式标识传输的接收方，并加上一个附言代码。DN 为限定符。如果没有使用功能组，便可使用向前发送的附言代码。

960406:1215 960406(传输日期和时间)是日期，意为 1996 年 4 月 6 日，1215 是传输的时间，意为 12 点 15 分，这些是交换进行传输的日期或时间。

A143(交换控制参照符)是由交换的发送方安排的本次传输的唯一交换控制参照符。

B26AZ(接收方的传输参照符或由发送方提供的口令)是接收方的参照符或口令。

DELINS(应用参照符)是一个应用参照符的例子。此域的一个基本用法是在唯一的一次传输中，保持所有段报文具有同样类型，并在此域中带有合适的报文标记符。这一用法允许由接收方从传输前便包含有不同类型报文的邮政服务对特种报文进行检索。如果既使用功能组又使用含有不同报文混合体的交换时，此技术则不能使用，在这种情况下，可能会留下空白。

X(处理优先权代码)是一个优先处理代码,使用一个在交换协议(如不使用即留空白)中已定义的代码。

1(确认需求)表示发送方需要对交换进行确认,还表示接收方已对此次交换成功地接收与识别了报文头与报文尾段。接收方将使用一个"CONTRAL"应答。这种确认并不意味着交换的内容已经正确处理并对接收方来说可以接受。如果不需要确认,此域置为零。

CANDE(通信协议标识)是一个规定在交换协议中的代码例子,标识了通信协议的类型,按此通信协议,交换可得到控制(如不使用便留为空白)。

1′(试验指示符)表示这是一个试验传输,对当前数据的传输,此域设置为零。

③ 交换尾——UNZ 段。一个交换的尾部包括如下信息:交换中的文件数或功能组数;交换控制参照符(与 UNB 中的值相同)。

除段代码 UNZ 外,此服务段包含两个强制型的服务数据元。第一个数据元是交换控制读数,如果使用了功能组,则它既可包含交换中报文的读数,又可包含交换中功能组的读数。第二个数据元是交换控制参照符,它包含对于同一交换在 UNB 交换头段的同一区域进行传送的相同参照符。检查这两个区的相同性可保证一组交换数据被成功地接收。用于指示具有交换控制参照符 A143 的 UNZ 段含有 7 个功能组,将以 UNZ+7+A143′的形式传输。对于还没使用功能组并具有同样参照符的传输以及含有 2 500 条信息的传输,UNZ 段应以 UNZ+2 500+A143′的形式传输。

④ 功能组头——UNG 段。使用功能组的主要好处在于它允许具有多功能处理的大部门或数据处理中心,产生它们自己可标识的应用数据包裹,此包裹能从一个起始部门发送到接收部门的系统。

一个功能组的头部包括如下信息:功能组中报文类型的标识符;发送者的标识符(如组织的名称);接收者的标识符;传输的日期和时间;功能组参照符;对报文结构类型的部门责任;报文类型的版本;口令。

一个功能组(具有段代码(UNG))可用下列形式传输:

UNG+INVOIC+15623+23457+960405:1835+CD1352+UN+89:1+A3P52′

其中,UNG 是段标记代码。

INVOIC(功能组中报文类型的标识符)是功能标识,常用来标识包含在功能组中报文的类型,这里表示的是发票(INVOICE)报文。

15623(发送者的标识符)是发送方的标识,它是一个用来标识某个特殊的单位、部门、地区等项目的代码,来自包含在功能组中的报文,或对包含在功能组中的报文负责。如果需要,数据元可以包含一个限定符的次要分量,用来标识正在使用的代码集。

23457(接收者的标识符)是接收方的标识,它是一个用来标识特殊单位、部门、地区等项目的代码,对此代码,最终要指定功能组中的报文。如有必要,它也可能受到标识正在使用的代码集的次要分量所限止。

960405:1835(传输的日期和时间)是汇编在一起的报文功能组的日期和时间，这里的日期和时间常常先于 UNB 中的日期和时间。

CD1352(功能组参照符)是用于功能组的唯一参照符的号码，由部门分配。

UN(对报文结构类型的部门责任)是控制机构代码，对于包含在组中的报文类型，用它来标识对报文标准负有制定与维护责任的机构。

89:1(报文类型的版本)是组中所有报文的版本号与发布号。该组的报文必须有同样的报文类型，对于指定代码的应用，复合数据应包含一个附加成分数据元。应注意到，如果环境要求在分配代码区的联系中存在一个号码，作为复合需要的相同数据便不会在报文头 UNH 的相同区重复，而该服务段优先于功能组中的每条报文。

A3P52(口令)是一个应用口令，并且是段中唯一的条件型数据元，其余均为强制数据元。如果规定了交换协议(或双方协商)并获得许可进入将要进行处理的该功能组的用户系统时，则使用口令。

⑤ 功能组尾——UNE 段。一个功能组的尾部包括如下信息：功能组中的报文数；功能组参照符(与 UNG 中的值相同)。

除了段代码 UNE 外，此服务段包含两个强制型服务数据元。第一个数据元是报文数目，它包含功能组中报文的总数。第二个数据元是功能组参照符，它包含与 UNG 中值相同的参照符，此参照符作为功能组在相同的 UNG 段中传送，检查这两个数据元是否相同，以保证功能组被成功接收。若一个功能组的参照符为 CD1352，具有 72 条报文的功能组尾，则以下列形式传输：UNE+72+CD1352′。

⑥ 报文头——UNH 段。此段用于数据及服务段，其段代码为 UNH。它包含两个强制型服务数据元：报文参照符；报文标识符。

报文标识符是一个复合数据元，它有 5 个成分数据元。

a. 报文类型(强制型)。

b. 报文版本号(强制型)。

c. 报文释放代码(条件型)。

d. 控制机构(条件型)。

e. 联合分配机构(条件型)。

⑦ 报文尾——UNT 段。报文的尾部包含如下信息：报文内的段数；报文参照符(与 UNH 中的值相同)。

除了段代码 UNT 外，该段包含两上强制型服务数据元。第一个数据元是报文中段的数目，它包含了报文中全部段的总数目，并包括了 UNH 和 UNT 段。第二个数据元是报文参照符，它包含与 VNH 中值同样的参照符，该参照符对同样的报文可在 UNH 报文头段的相同区中传送。

在贸易伙伴的计算机系统之间建立一次联接后，可以进行一次或多次交换。图 4.9 表示了一次交换从交换级到数据元级的层次结构。

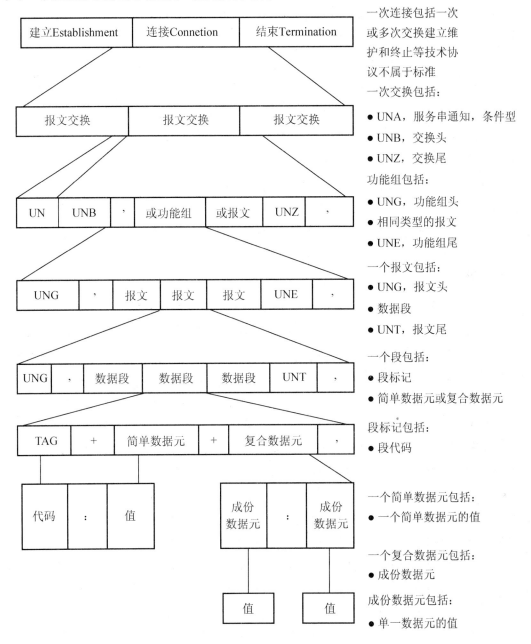

图 4.9 一次交换的层次结构

(4) 段和数据元的压缩、重复与嵌套。在 EDIFACT 应用级语法规则中定义了段和数据元的压缩、段的重复和嵌套。EDI 报文的压缩可采用段和数据元的压缩来实现,可用段删除法、省略法和截断法来删除数据元或成分数据元。对于数据元目录中规定长度可变的和没有其他限制的数据元应压缩无效字符,也就是压缩或删除数据元值的前导零和尾随的空格。

① 段和数据元的压缩。所谓段压缩就是删除不含数据的条件段(包括其段标记)。因为

在组成一个报文的所有段中，有些段是可选的，在一些情况下，选用这些段来描述一些信息，而在另一些情况下，这些段没有被使用，所有的未被选中的可选段都可以删除，以便节约空间，缩短报文长度，这在进行通信传输时非常有利。

数据元是用它在段中的序列位置来标识的，当一个可选型数据元没有被选用时，可以省略该数据元，但必须保留它的数据元分隔符来指示它的位置，以便接收者能够正确理解报文的含义，这就是数据元的省略删除法。如果在某段的尾部有一个或多个可选型数据元被删除，可用段的终止符来截断该段，并且不必保留其后的数据元分隔符，这就是数据元的截断删除法。

同样的，在一个复合数据元内部的成分数据元是由它们给出的顺序位置标识的，省略法删除成分数据元是当需要省略可选型成分数据元时，仅用保留它的成分数据元分隔符来指示它的位置。截断法删除成分数据元是在段的尾部用段终止符或者在复合数据元尾部用数据元分隔符来截断一个或多个未被选用的条件型成分数据元，不必保留尾随的成分数据元分隔符。

段的压缩和数据元的删除都是针对可选型段或数据元的，目的是去掉无意义的内容，使报文变得短小精炼，这是对报文的优化措施，但是要把需要说明的内容表示清楚。

② 段的重复与嵌套。段的重复是指同一个段可以在报文中多次出现，段的重复有显式重复指示和隐式重复指示两种形式。段的显式重复是指在段标记中，第一个成分数据元是段代码，而位于最后的成分数据元的值指出段的重复次数。段的隐式重复是通过段的顺序位置的标识，隐含地指示段的重复，这时报文中的段应严格按照报文类型规定的顺序出现。

一个段中的数据元也可以多次重复，但重复次数不能超过相关段目录中规定的次数。如果少于规定的次数，可以应用相应的方法对其进行省略或截断。

对于许多类型的报文来说，一个实际存在的要求就是需要重复报文中的一些段。例如，一张发票可以包含很多项目，而每个项目可包含产品代码、质量、价格等，也就是说这些项目的内容、结构是相同的，这就是重复段的现实需求。

有时一个段的几次重复可能发生在一个已经重复过的段中，这就是段的嵌套。例如，一个集装箱中可能有几种物品或在一次交付中有几个集装箱，物品项目的数据元便汇集在一个重复的数据段中，而每个集装箱详细情况汇集在另一个高层的重复数据段中，与段的重复相似，段的嵌套也有显式嵌套和隐式嵌套两种指示方式。

段的显式嵌套是在段标记中指出的，段标记的第一个成分数据元是段代码，后随的成分数据元指出段的嵌套层次，两者以成分数据元分隔符隔开。隐式嵌套是通过段在报文中的顺序，按照从上到下，从左到右的规则嵌套，段之间的嵌套关系是隐含的，处理时无须再进一步指示。

4.2 EDI 技术在物流中的应用

EDI 最初由美国企业应用在企业间的订货业务活动中，其后 EDI 的应用范围从订货业务向其他的业务扩展，如 POS 销售信息传送业务、库存管理业务、发货送货信息和支付信息的传送业务等。近年 EDI 在物流中广泛应用，被称为物流 EDI。所谓物流 EDI 是指货主、承运业主以及其他相关的单位之间，通过 EDI 系统进行物流数据交换，并以此为基础实施物流作业活动的方法。物流 EDI 参与单位有货主(如生产厂家、贸易商、批发商、零售商等)、承运业主(如独立的物流承运企业等)、实际运送货物的交通运输企业(如铁路企业、水运企业、航空企业、公路运输企业等)、协助单位(如政府有关部门、金融企业等)和其他的物流相关单位(如仓库业者、专业报送业者等)。

以下是一个由发送货物业主、物流运输业主和接收货物业主组成的物流模型。这个物流模型的动作步骤如下。

(1) 发送货物业主在接到订货后制订货物运送计划，并把运送货物的清单及运送时间安排等信息通过 EDI 发送给物流运输业主和接收货物业主，以便物流运输业主预先制订车辆调配计划和接收货物业主制订货物接收计划。

(2) 发送货物业主依据顾客订货的要求和货物运送计划下达发货指令、分拣配货、打印出物流条码的货物标签(Shipping Carton Marking，SCM)并贴在货物包装箱上，同时把运送货物品种、数量、包装等信息通过 EDI 发送给物流运输业主和接收货物业主依据请示下达车辆调配指令。

(3) 物流运输业主在向发货货物业主取运货物时，利用车载扫描读数仪读取货物标签的物流条形码，并与先前收到的货物运输数据进行核对，确认运送货物。

(4) 物流运输业主在物流中心对货物进行整理、集装、做成送货清单并通过 EDI 向收货业主发送发货信息。在货物运送的同时进行货物跟踪管理，并在货物交纳给收货业主之后，通过 EDI 向发送货物业主发送完成运送业务信息和运费请示信息。

(5) 收货业主在货物到达时，利用扫描读数仪读取货物标签的条码，并与先前收到的货物运输数据进行核对确认，开出收货发票，货物入库。同时通过 EDI 向物流运输业主和发送货物业主发送收货确认信息。

物流 EDI 的优点在于供应链组成各方基于标准化的信息格式和处理方法，通过 EDI 共同分享信息、提高流通效率、降低物流成本。例如，对零售商来说，应用 EDI 系统可以大大降低进货作业的出错率，节省进货商品检验的时间和成本，能迅速核对订货与到货的数据，易于发现差错。

应用传统的 EDI 成本较高，一是因为通过增值网进行通信的成本高，二是制定和满足 EDI 标准较为困难，因此过去仅仅大企业因得益于规模经济能从利用 EDI 中得到利益。近年来，互联网的迅速普及为物流信息活动提供了快速、简便、廉价的通信方式，从这个意义上来说互联网将为企业进行有效的物流活动打下坚实的基础。

本 章 小 结

EDI 就是模拟传统的商务单据流转过程，对整个贸易过程进行了简化的技术手段。

作为企业自动化管理的工具之一，EDI 通过计算机将商务文件如订单、发票、货运单、报关单等按统一的标准，编制成计算机能够识别和处理的数据格式，在计算机之间进行传输。它具有以下几方面的特点。

（1）EDI 在企业与企业之间传输商业文件数据。

（2）EDI 传输的文件数据都采用共同的标准。

（3）EDI 通过数据通信网络一般是增值网和专用网来传输数据。

（4）EDI 数据的传输是从计算机到计算机的自动传输，不需人工介入操作。

近年 EDI 在物流中广泛应用，被称为物流 EDI。所谓物流 EDI 是指货主、承运业主以及其他相关的单位之间，通过 EDI 系统进行物流数据交换，并以此为基础实施物流作业活动的方法。

关键术语

EDI　电子金融汇兑系统　ISO　专用增值网络　UNCITRAL/WG.4

综 合 练 习

一、填空题

1．EDI 标准的发展分为以下几个阶段：专业标准阶段、产业标准阶段、_____、国际标准阶段。

2．_____，EDI 软件及硬件和通信网络是构成 EDI 系统的三要素。

3．EDI 的应用始于 20 世纪 60 年代末，最先在美国的_____使用。

二、名词解释

EDI、平面文件、数据元、EDIFACT

三、简答题

1．简述 EDI 的特点及优点。

2．阐述 EDI 的工作流程。

3．说明 EDI 在物流中的应用。

案例分析

根据以下案例所提供的资料，试分析：

(1) EDI 技术对物流活动有何影响？

(2) 日本化妆品物流交易中是如何应用 EDI 技术来提高其效率的？

 分析案例

日本化妆品物流交易中的 EDI 应用

日本的化妆业界一直给人充满华丽和时尚的印象，但其内在实情却与这个光鲜的外表相距甚远。日本化妆品行业中多数企业长期存在过时的商业习惯和低效率的交易形态。日本化妆品产销商虽然在市场保持增长的环境中获得了良好的发展和理想的利润，但是近年来日本化妆品市场增长放缓，行业竞争也日趋激烈。

为此，日本的化妆品产销商也在不断寻求让企业获得更大发展空间、取得更高利润的方法，其中，EDI 的应用成为各企业重点关注的对象。这些企业希望借助 EDI 尽可能减少企业不必要的开支，实现物流和交易的效率化和资源配置合理化。

日本化妆品产销商认识到物流交易环节对业绩和利润的密切关系，也开始着手对物流环节进行改革。这个活动的中心之一就是 EDI 导入。

实际上，当前的日本化妆品业界很多就是通过 EDI 去实现商务电子化，尤其一些著名的百货店和化妆品生产商，都在积极地引进 EDI，希望借助 EDI 无纸化、电子传输化、信息共享化等优势去提高物流和交易环节的效率，降低物流成本和减少所耗费的资源。外资化妆品 MAXFACTOR 和日本老牌百货店——三越之间的 EDI 的应用模式，成为日本化妆品产销商引入 EDI 的楷模。

从 1999 年 5 月开始，这两个企业就开展了一系列引入 EDI 制度的措施，以求实现四大目标：①灵活运用 EDI 技术；②简化点验货的手续和流程；③废除收发货传票等纸质交易文书；④提高订货处理的效率。从而降低成本、增加利润。

在引入 EDI 后，两家企业把订货、接收订货、销售额管理、交货、点验货信息、赊账等情报通过网络共享。这就节省了大量不必要的手续和工作时间，例如生产商在发货后的点验货工序。生产商会把在发货时点验货的记录通过网络和各流通部门共享，而各个部门原则上则不需要再度进行点验货，而三越百货店则会对该生产商的商品进行定期的抽检。而且电子化的信息共享还在最大程度上减少了纸质交易文书的使用，节省了处理这些文书的时间和劳动力。

在引入了 EDI 后，两家公司也对化妆品的订货手续进行了简化。生产商派驻的导购员无需得到百货店相关负责人的认可，就可直接凭借自己对顾客需求的把握和其他专业的判断去确认订单的内容，并通过网络向公司发订单。百货店每个月会定出下个月订货的限额，只要在这个订货限额范围内，导购员都可以自主地决定订单的内容。这样导购员就无需因为每张订单都向百货店确认而浪费本应用在导购服务上的时间，并保证了使商品获得最佳的销售时机。

物流信息技术概论

　　三越百货店在 1999 年 10 月率先在东京的银座分店引入了 EDI 体系，同年 12 月，在东京的全部三越百货店都引入了 EDI，并且于 2000 年，在所有的三越百货店都实现了物流管理的 EDI 化。

　　引入了 EDI 物流管理系统后，三越百货店的化妆部门取得了良好的收效。根据统计数据显示，化妆品部门的订货业务量减少了 77.4%，与商品相关的工作量减少了 72.9%。并且化妆品的物流流通时间也大为缩减，由原来的 3～4 日缩减到 1～2 日，最大程度确保了商品的及时供应以及把握最佳的销售时机。同时，通过这一系列的改革措施还让化妆品部的导购人员有更多的时间和精力用于导购工作上，增加了导购服务的质量。

　　由于 EDI 在 MAXFCTOR 和三越百货间成功运用并取得了良好的收效，日本全国化妆品生产商和百货店组成的"化妆品流通 BPR 委员会"决定以 MAXFCTOR 和三越共同开发的商业模式和系统作为化妆品生产商和百货店之间在线交易的基准。另一方面，不少日本的化妆品产销商也相应加快了引入 EDI 的步伐，从 2000 年春季开始，资生堂、佳娜宝、花王、高斯这 4 家位于日本化妆品生产业前列的化妆品生产商也相继在不同程度上引入 EDI。目前，在日本引入 EDI 的化妆品产销商也在不断增加。

　　(资料来源：中国物流与采购网(http://www.chinawuliu.com.cn/cflp/newss/content1/200809/ 772_28453.html.))

第 5 章 物流信息地理分析与动态跟踪技术

【教学目标】

通过本章的学习,了解 GIS 与 GPS 的概念,明确 GIS 与 GPS 的技术内容,掌握 GIS 与 GPS 在物流中的应用。

【教学要求】

知识要点	能力要求	相关知识
GIS 技术	GIS 的发展过程 GIS 是一种决策支持系统,它具有信息系统的各种特点 一个完整的 GIS 主要由 4 个部分构成,即计算机硬件系统、计算机软件系统、地理数据(或空间数据)和系统管理操作人员	国内外 GIS 技术的发展 GIS 的定义、特点 GIS 的构成
GPS 技术	GPS 是一个由覆盖全球的 24 颗卫星组成的卫星系统 GPS 定位精度高、观测时间短、测站间无须通视、可提供三维坐标、操作简便、全天候作业、功能多、多用途 GPS 系统由空间部分、地面控制部分、用户设备部分组成	GPS 的概念、特点、组成

车队即时货况管理应用案例

精技电脑(股)公司为台湾地区主要的资讯科技产品通路商之一,企业营运项目主要分为自动辨识事业群与科技产品通路事业群。自动辨识事业群主要是提供工业级 PDA、条码扫描器与 RFID 等系统设计与解决方案服务;科技产品通路事业群主要则代理 HP、IBM、Sun Micro、Apple、ASUS 等产品,2006 年通路集团总营业额达 132 亿元。为了有效进行物流管理并控制成本,精技电脑(股)公司于 2000 年在林口自建物流中心,同时也自行拥有配送物流车队,针对人员、流程、物品与资讯流通做更有效的管理。除了建置 ERP 系统,在物流中心也建置了完善的仓储管理系统,另外在物流配送环节中也导入了卫星车队即时货况追踪的资讯系统,将物流管理向更精致化方向发展。

在导入此套应用系统后,每日由主管派遣调度车辆后,并由系统下载该班次配送订单到手持终端机,司机领取货物并比对订单无误后出车,每台运输车上都配置安装 GPS 卫星定位的车机系统,每间隔时间内传输坐标资讯,后台资讯系统接收到车辆坐标后,对应于电子地图中的相对位置,主管可随时了解在外所有车辆的即时位置,并可远端随时调度与掌握全局,当司机将货物送至客户端时,透过 PDA 扫描记录到点时间,并记录送达状态,当客户想要了解货品是否已经顺利送达客户手上,主管或客服人员可以立即上网查询,第一时间即可给予客户满意的回应,同时也结合客户关系管理(CRM)系统提供顾客个人化服务,更可以节省传统纸笔作业所花费的时间浪费与人力成本,真正实现提升工作效率与客户满意度。

(资料来源:http://adc-utt.unitech.com.tw/solution_detail.asp?id=168)

问题:
1. GPS 技术在物流中的主要作用有哪些?
2. 精技电脑(股)公司所采用车队货况管理系统的基本工作流程是什么?

5.1　GIS 技术

5.1.1　GIS 概述

地理学的发展与人类生产活动中的技术进步有着密切的关系,如果说世界范围的地理大发现和地理制图技术的革新,促进了近代地理学的诞生,那么,现代科学方法——系统论、信息论、控制论的形成与现代高新技术——计算机技术、空间技术和自动化技术的应用,为面临信息时代地理学的发展,展示出更加广阔的前景。

信息时代以信息资源的科学管理和充分利用为特征。它必将要求地理学的高度现代化,既要求为国土整治、流域开发、区域规划等提供宏观的辅助决策信息,又要求为地理学工程提供微观辅助设计的具体数据,因此,对地理信息的采集、管理和分析,提出了更高的要求,可以说地理决策的科学性,取决于对地理信息获取和分析的技术水平。这就是 GIS 必然产生的历史背景。

1. GIS 的发展过程

1) 国外 GIS 的发展

纵观 GIS 发展，可将其发展分为以下几个阶段。

(1) GIS 的开拓期(20 世纪 60 年代)。当 20 世纪 50 年代末和 60 年代初，计算机获得广泛应用以后，很快就被应用于空间数据的存储和处理，使计算机成为地图信息存储和计算处理的装置，将很多地图转换为能被计算机利用的数字形式，出现了 GIS 的早期雏形。1963 年，加拿大测量学家 R.F.Tomlinson 首先提出了 GIS 这一术语，并建立了世界上第一个实用的 GIS——加拿大地理信息系统(CGIS)，用于自然资源的管理和规划。这时 GIS 的特征是和计算机技术的发展水平联系在一起的，表现在计算机存储能力小，磁带存取速度慢。机助制图能力较强，地理学分析功能比较简单，实现了手扶跟踪的数字化方法，可以完成地图数据的拓扑编辑，分幅数据的自动拼接，开创了格网单元的操作方法，发展了许多面向格网的系统。另外还有 GRID、MLMIS 等系统。所有这些处理空间数据的主要技术，奠定了 GIS 发展的基础。这一时期，GIS 发展的另一显著标志是许多有关的组织和机构纷纷建立，例如 1966 年美国成立城市和区域信息系统协会(URISA)，1969 年又建立州信息系统全国协会(NASIS)，国际地理联合会(IGU)于 1968 年设立了地理数据收集和处理委员会(CGDSP)。这些组织和机构的建立，对于传播 GIS 的知识和发展 GIS 的技术，起了重要的指导作用。

(2) GIS 的巩固发展期(20 世纪 70 年代)。在 20 世纪 70 年代，计算机发展到第三代，随着计算机技术的迅速发展，数据处理速度加快，内存容量增大，而且输入/输出设备更加齐全，推出了大容量直接存取设备——磁盘，为地理数据的录入、存储、检索、输出提供了强有力的手段，特别是人机对话和随机操作的应用，可以通过屏幕直接监视数字化的操作，而且制图分析的结果能很快看到，并可以进行实时的编辑。这时，由于计算机技术及其在自然资源和环境环境数据处理中的应用，促使 GIS 迅速发展。例如从 1970—1976 年，美国地质调查所就建成 50 多个信息系统，分别作为处理地理、地质和水资源等领域空间信息的工具。其他如加拿大、联邦德国、瑞典和日本等国也先后发展了自己的 GIS。GIS 的发展，使一些商业公司开始活跃起来，软件在市场上受到欢迎。在此期间，曾先后召开了一系列 GIS 的国际讨论会，IGU 先后于 1979 年和 1972 年两次召开关于 GIS 的学术讨论会；1978 年 FIG 规定第三委员会的主要任务是研究 GIS；同年在联邦德国达姆斯塔特工业大学召开了第一次 GIS 讨论会等。这期间，许多大学(例如美国纽约州立大学布法罗校区等)开始注意培养 GIS 方面的人才，创建了 GIS 实验室。一些商业性的咨询服务公司开始从事 GIS 工作。总之，GIS 在这时受到了政府部门、商业公司和大学的普遍重视。这个时期 GIS 发展的总体特点是：GIS 在继承 20 世纪 60 年代技术基础之上，充分利用了新的计算机技术，但系统的数据分析能力仍然很弱；在 GIS 技术方面未有新的突破；GIS 的应用与开发多限于某个机构；专家个人的影响削弱，而政府影响增强。

(3) GIS 技术大发展时期(20 世纪 80 年代)。由于大规模和超大规模集成电路的问世，推出了第四代计算机，特别是微型计算机和远程通信传输设备的出现为计算机的普及应用创造了条件，加上计算机网络的建立，使地理信息的传输时效得到极大的提高。在系统软件方面，完全面向数据管理的数据库管理系统(DBMS)通过操作系统(OS)管理数据，系统软件工具和应用软件工具得到研制，数据处理开始和数学模型、模拟等决策工具结合。GIS 的应用领域迅速扩大，从资源管理、环境规划到应急反应，从商业服务区域划分到政治选举分区等，涉及了许多的学科与领域，如古人类学、景观生态规划、森林管理、土木工程以及计算机科学等。这时期，许多国家制订了本国的 GIS 发展规划，启动了若干科研项目，建立了一些政府性、学术性机构，如美国于 1987 年成立了国家地理信息与分析中心(NCGIA)，英国于 1987 年成立了地理信息协会。同时，商业性的咨询公司、软件制造商大量涌现，并提供一系列专业化服务。GIS 不仅引起工业化国家的普遍兴趣，例如英国、法国、联邦德国、挪威、瑞典、荷兰、以色列、澳大利亚、苏联等国都在积极解决 GIS 的发展和应用问题，而且不再受国界的限制，GIS 开始用于解决全球性的问题。

(4) GIS 的应用普及时代(20 世纪 90 年代)。由于计算机的软硬件均得到飞速的发展，网络已进入千家万户，GIS 已成为许多机构必备的工作系统，尤其是政府决策部门在一定程度上由于受 GIS 影响而改变了现有机构的运行方式、设置与工作计划等。另外，社会对 GIS 的认识普遍提高，需求大幅度增加，从而导致 GIS 应用的扩大与深化。国家级乃至全球性的 GIS 已成为公众关注的问题，例如 GIS 已列入美国政府制定的"信息高速公路"计划，美国副总统戈尔提出的"数字地球"战略也包括 GIS。毫无疑问，GIS 将发展成为现代社会最基本的服务系统。

2) 国内 GIS 的发展

中国的 GIS 研究与应用始于 20 世纪 70 年代末 80 年代初，以 1980 年中国科学院遥感应用研究所成立全国第一个 GIS 研究室为标志，在几年的起步发展阶段中，我国 GIS 在理论探索、硬件配制、软件研制、规范制定、区域试验研究、局部系统建立、初步应用试验和技术队伍培养等方面都取得了进步，积累了经验，为在全国范围内展开 GIS 的研究和应用奠定了基础。

中国的 GIS 研究与应用大体分 3 个阶段。

第一阶段，从 1978—1980 年为准备阶段，主要是舆论准备，队伍组建，开始 GIS 的启蒙研究。

第二阶段，从 1981—1985 年为起步阶段，主要对 GIS 进行理论探索和区域性实验研究，制定国家 GIS 的规范，并进行信息采集、数据库模型设计。1985 年国家资源与环境信息系统实验室成立。

第三阶段，从 1986 年至今为 GIS 的全面发展阶段，GIS 的研究被列入我国"七五"攻关课题，并且作为一个全国性的研究领域，已逐步和国民经济建设相结合，并取得了重要进展和实际应用效益。在这个阶段,作为一个全国性的研究领域,GIS 已逐步和国民经济建设相结合,取得了重要进展和实际应用效益。

(1) 形成了一个比较系统的研究计划:一方面,以研究资源与环境信息的国家规范和标准、省市县级的规范和区域性的规范为主体,解决信息共享与系统兼容的问题。另一方面,开展全国性的自然资源与环境、国土和水土保持信息系统的建立和应用模式。研究、开展结合水保、洪水预警和救灾对策、防护林生态和城市环境等方面的区域信息研究。第三方面是研制和发展软件系统和专家系统,从技术上支撑上述研究领域的开拓与发展。如北京大学的地理专家系统、华东师大的地理应用程序软件包等。并完成了一批综合性、区域性和专题性的信息系统,如黄土高原水土流失信息系统、黄河下游洪水险情预警信息系统、中国国土基础信息系统等。现已在全国范围内形成了 GIS 的科研队伍,大中小城市的城市信息系统、土地利用信息系统、资源管理信息系统等专题的 GIS 纷纷建立和运转起来。

(2) 建成了一批数据库,如林业部研制的全国森林资源数据库;开发了一系列空间信息处理和制图软件,如南京大学的微机制图系统及地图绘制软件包、中国科学院地理研究所的地理网络法软件系统;建立了一些具有分析和应用深度的地理模型和基础性的专家系统,如北京大学的地理专家系统、中国科学院综考会的资源开发模型工具库系统、原武汉测绘学院的基于 GIS 的专题地图设计专家系统、华东师范大学的地理应用程序软件包等;完成了一批综合性、区域性和专题性的信息系统,如中国科学院的中国国土基础信息系统,黄土高原水土流失信息系统,黄河下游洪水险情预警信息系统,黄河三角洲区域信息系统,洞庭湖堤境区域信息系统,三北、京津唐地区生态信息系统,高校遥感联合中心的三川河流域区域治理与开发信息系统。

(3) GIS 教学科研和国际合作都得到了很大的发展,逐步建立了不同层次、不同规模的研究中心和实验室,如武汉的"测绘遥感信息工程"国家重点实验室的建立等。

自 20 世纪 90 年代起,GIS 步入快速发展阶段。执行 GIS 和遥感联合科技攻关计划,强调 GIS 的实用化、集成化和工程化,力图使 GIS 从初步发展时期的研究实验、局部应用走向实用化和生产化,为国民经济重大问题提供分析和决策依据。努力实现基础环境数据库的建设,推进国产软件系统的实用化、遥感和 GIS 技术一体化。在 GIS 的区域工作重心上,出现了"东移"和"进城"的趋向,促进了 GIS 在经济相对发达、技术力量比较雄厚、用户需求更为急迫的地区和城市首先实用化。这期间开展的主要研究及今后尚需进一步发展的领域有重大自然灾害监测与评估系统的建设和应用;重点产粮区主要农作物估产;城市 GIS 的建设与应用;建立数字化测绘技术体系;国家基础 GIS 建设与应用;专业信息系统与数据库的建设和应用;基础通用软件系统的研制与建立;GIS 规范化与标准化;基于 GIS 的数据产品研制与生产。同时经营 GIS 业务的公司逐渐增多。

总之,中国 GIS 事业经过十几年的发展,取得了重大的进展。GIS 的研究和应用正逐步形成行业,具备了走向产业化的条件。

2. 地理信息系统的基本概念

(1) 地理信息的概念与特征。地理信息是有关地理实体的性质、特征和运动状态的表征和一切有用的知识，它是对表达地理特征与地理现象之间关系的地理数据的解释。而地理数据则是各种地理特征和现象间关系的符号化表示，包括空间位置、属性特征及时域特征3部分。空间位置数据描述地物所在的位置。这种位置既可以根据大地参照系定义，如大地经纬度坐标，也可以定义为地物间的相对位置关系，如空间上的相邻、包含等。属性数据有时又称非空间数据，是属于一定地物、描述其特征的定性或定量指标。时域特征是指地理数据采集或地理现象发生的时刻、时段。时间数据对环境模拟分析非常重要，正受到GIS学界越来越多的重视。空间位置、属性及时间是地理空间分析的三大基本要素。

地理信息除了具有信息的一般特性，还具有以下独特特性。

① 空间分布性。地理信息具有空间定位的特点，先定位后定性，并在区域上表现出分布式特点，其属性表现为多层次，因此地理数据库的分布或更新也应是分布式的。

② 数据量大。地理信息既有空间特征，又有属性特征，另外地理信息还随着时间的变化而变化，具有时间特征，因此其数据量很大。尤其是随着全球对地观测计划不断发展，每天都可以获得上万亿兆的关于地球资源、环境特征的数据。这必然对数据处理与分析带来很大压力。

③ 信息载体的多样性。地理信息的第一载体是地理实体的物质和能量本身，除此之外，还有描述地理实体的文字、数字、地图和影像等符号信息载体以及纸质、磁带、光盘等物理介质载体。对于地图来说，它不仅是信息的载体，也是信息的传播媒介。

(2) GIS的概念与特征。GIS是一种决策支持系统，它具有信息系统的各种特点。有时又称为"地学信息系统"或"资源与环境信息系统"。它是一种特定的十分重要的空间信息系统。是在计算机硬件、软件系统支持下，对整个或部分地球表层(包括大气层)空间中的有关地理分布数据进行采集、储存、管理、运算、分析、显示和描述的技术系统。GIS处理、管理的对象是多种地理空间实体数据及其关系，包括空间定位数据、图形数据、遥感图像数据、属性数据等，用于分析和处理在一定地理区域内分布的各种现象和过程，解决复杂的规划、决策和管理问题。

GIS与其他信息系统的主要区别在于其存储和处理的信息是经过地理编码的，地理位置及与该位置有关的地物属性信息成为信息检索的重要部分。在GIS中，现实世界被表达成一系列的地理要素和地理现象，这些地理特征至少由空间位置参考信息和非位置信息两个组成部分。

GIS的定义是由两个部分组成的。一方面，GIS是一门学科，是描述、存储、分析和输出空间信息的理论和方法的一门新兴的交叉学科；另一方面，GIS是一个技术系统，是以地理空间数据库(Geospatial Database)为基础，采用地理模型分析方法，适时提供多种空间的和动态的地理信息，是为地理研究和地理决策服务的计算机技术系统。

GIS 具有以下 3 个方面的特征。

① 具有采集、管理、分析和输出多种地理信息的能力，具有空间性和动态性。

② 由计算机系统支持进行空间地理数据管理，并由计算机程序模拟常规的或专门的地理分析方法作用于空间数据，产生有用信息，完成人类难以完成的任务。

③ 计算机系统的支持是 GIS 的重要特征，因而使得 GIS 能快速、精确、综合地对复杂的地理系统进行空间定位和动态过程分析。

GIS 的外观表现为计算机软硬件系统，其内涵却是由计算机程序和地理数据组织而成的地理空间信息模型。当具有一定地理学知识的用户使用地理信息系统时，他所面对的数据不再是毫无意义的，而是把客观世界抽象为模型化的空间数据，用户可以按应用的目的观测这个现实世界模型的各个方面的内容，取得自然过程的分析和预测的信息，用于管理和决策，这就是 GIS 的意义。一个逻辑缩小的、高度信息化的地理系统，从视觉、计量和逻辑上对地理系统在功能方面进行模拟，信息的流动以及信息流动的结果完全由计算机程序的运行和数据的变换来仿真。地理学家可以在 GIS 支持下提取地理系统各不同侧面、不同层次的空间和时间特征，也可以快速地模拟自然过程的演变或思维过程的结果，取得地理预测或实验的结果，选择优化方案，用于管理与决策。

3. GIS 的类型

1) 工具型地理信息系统

工具型地理信息系统也称 GIS 开发平台或外壳，它是具有 GIS 基本功能，供其他系统调用或用户进行二次开发的操作平台。目前国内外较知名的工具型 GIS 包括 MAPGIS、ARC/INFO、Titan GIS 等，如图 5.1 所示。

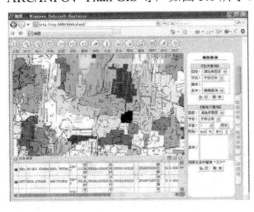

MAPGIS   ARC/INFO

图 5.1 常用工具型 GIS

2) 应用型地理信息系统

应用型地理信息系统是根据用户的需求和应用目的而设计的一种解决一类或多类实际应用问题的 GIS，除了具有 GIS 基本功能外，还具有解决地理空间实体及空间信息的分布规律、分布特性及相互依赖关系的应用模型和方法。应用型地理信息系统按研究对象性质和内容又可分为专题地理信息系统和区域地理信息系统。

(1) 专题地理信息系统(Thematic GIS)是具有有限目标和专业特点的GIS，为特定专门目的服务。如在土地详查、配电网、环境保护等方面的应用，如图5.2所示。

土地详查　　　　　　　配电网　　　　　　　环境保护

图 5.2　专题地理信息系统

(2) 区域地理信息系统(Regional GIS)主要以区域综合研究和全面信息服务为目标。可以有不同的规模，如国家级的、地区或省级的、市级和县级等为各不同级别行政区服务的区域信息系统，也可以按自然分区或流域为单位的区域信息系统。

3) 实用型地理信息系统

实用型地理信息系统在我国最早是由陈俊、宫鹏提出的。他们在《实用地理信息系统》一书中作了详细论述。认为实用型地理信息系统就是从实用的角度来探讨GIS的理论和技术。"实用"——英文为Practice，《韦伯大字典》中解释Practice的意思为：To perform and work repeatedly so as to become proficient，译成中文的意思是"不断地实践来达到娴熟和精湛"。实用的目的是使实践过程优化，使这个实践过程在不断提高中得到完善。因此，可以推断定义，实用地理信息系统应该是在使用GIS的过程中，不断地提高和完善，使得GIS的应用趋向成熟。

4. GIS与相关学科和技术的关系

GIS是现代科学技术发展和社会需求的产物。人口、资源、环境、灾害是影响人类生存与发展的四大基本问题。为了解决这些问题必须要在自然科学、工程技术、社会科学等多学科、多手段联合攻关。于是，许多不同的学科，包括地理学、测量学、地图制图学、摄影测量与遥感(RS)、计算机科学、数学、统计学以及一切与处理和分析空间数据有关的学科，参予寻找一种能采集、存储、检索、变换、处理和显示输出从自然界和人类社会获取的各式各样数据、信息的强有力工具，其归宿就是GIS。因此，GIS明显地具有多学科交叉的特征，它既要吸取诸多相关学科的精华和营养，并逐步形成独立的边缘学科，又将被多个相关学科所运用，并推动它们的发展。GIS的相关学科技术如图5.3所示。

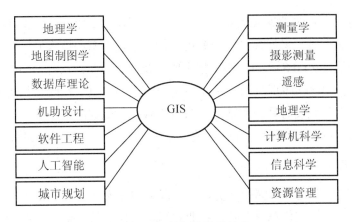

图 5.3　GIS 的相关学科技术

地理学和测绘学是以地域为单元研究人类居住的地球及其部分区域，研究人类环境的结构、功能、演化以及人地关系。空间分析是 GIS 的核心，地理学作为 GIS 的分析理论基础，可为 GIS 提供引导空间分析的方法和观点。测绘学和遥感技术不但为 GIS 提供快速、可靠、多时相和廉价的多种信息源，而且它们中的许多理论和算法可直接用于空间数据的变换、处理。

遥感是一门 20 世纪 60 年代以后发展起来的新兴学科。由于遥感信息所具有的多源性，弥补了常规野外测量获取数据的不足和缺陷，以及在遥感图像处理技术上的巨大成就，使人们能够从宏观到微观的范围内，快速而有效地获取和利用多时相、多波段的地球资源与环境的影像信息，进而为改造自然，造福人类服务。GPS 卫星全球定位系统是新一代卫星导航和定位系统。美国已于 1993 年完成了整个系统的部署，达到全效能服务的阶段。它在测量和勘察领域可以取代常规大地测量来完成各种等级的定位工作，在航空摄影和遥感领域 GPS 遥感对地定位系统很有发展前途，在舰船、飞机、汽车的导航定位，导弹的精确制导方面应用更为广泛，在地球动力学、重力场、磁场等的研究中也能发挥很大作用。

此外，GIS 最初是从机助制图起步的，早期的 GIS 往往受到地图制图中在内容表达、处理和应用方面的习惯影响。但是建立在计算机技术和空间信息技术基础上的 GIS 数据库和空间分析方法，并不受传统地图纸平面的限制。GIS 不应当只是存取和绘制地图的工具，而应当是存取和处理空间实体的有效工具和手段，存取和绘制地图只是其功能的一部分。

再者，GIS 与计算机科技、数学、运筹学、统计学、认知学等学科也密切相关。CAD 是为 GIS 担供了数据输入和图形显示的基础软件；数据库管理系统(DBMS)更是 GIS 的核心；数学的许多分支，尤其是几何学、图论、拓扑学、统计学、决策优化方法等被广泛应用于 GIS 空间数据的分析。

总之，遥感技术可以为资源检测和环境检测提供丰富、实时的宏观信息，并为计算机制图系统和 GIS 的数据更新提供可靠、快速的数据源。但遥感对浩如烟海的社会经济统计数据，人类活动的大量信息却无力获取。计算机制图技术可为地理信息的时空分布和产品输出提供先进的手段，但它本身无区域综合、分析和决策的功能。GPS 技术、数字摄影测量和遥感技术可成为 GIS 数据采集和及时更新的主要技术手段和有力支撑；而 GIS 既能提供信息查询、检索服务，又能提供综合分析评价，它在资源和技术方面的博才取胜与运筹帷幄的优势，是遥感、GPS 和自动制图技术所不及的。因此，只有它们的有机结合，才能使遥感和 GPS 技术所获取的瞬时信息经过积累和延伸，才具有反映自然历史发展过程和人为影响的能力，并达到实时处理的功能，为科学管理、规划决策服务。这样，逐步形成了 GIS 与诸多学科之间互相有联系，也有挑战，彼此推动，共同发展的关系和局面。

5. GIS 的应用

GIS 的博才取胜和运筹帷幄的优势，使它成为国家宏观决策和区域多目标开发的重要技术工具。也成为与空间信息有关各行各业的基本工具，以下简要介绍 GIS 的一些主要应用方面。

(1) 测绘与地图制图。GIS 技术源于机助制图。GIS 技术与遥感、GPS 技术在测绘界的广泛应用，为测绘与地图制图带来了一场革命性的变化。集中体现在：①地图数据获取与成图的技术流程发生根本的改变；②地图的成图周期大大缩短；③地图成图精度大幅度提高；④地图的品种大大丰富。数字地图、网络地图、电子地图等一批崭新的地图形式为广大用户带来了巨大的应用便利。测绘与地图制图进入了一个崭新的时代。

(2) 资源管理。资源管理是 GIS 最基本的职能，这时系统的主要任务是将各种来源的数据汇集在一起，并通过系统的统计和覆盖分析功能，按多种边界和属性条件，提供区域多种条件组合形式的资源统计和进行原始数据的快速再现。以土地利用类型为例，可以输出不同土地利用类型的分布和面积，按不同高程带划分的土地利用类型，不同坡度区内的土地利用现状，以及不同时期的土地利用变化等，为资源的合理利用、开发和科学管理提供依据。再如，美国资源部和威斯康星州合作建立了以治理土壤侵蚀为主要目的的多用途专用的土地 GIS。该系统通过收集耕地面积、湿地分布面积、季节性洪水覆盖面积、土壤类型、专题图件信息、卫星遥感数据等信息，建立了潜在威斯康星地区的土壤侵蚀模型，据此，探讨了土壤恶化的机理，提出了合理的改良土壤方案，达到对土壤资源保护的目的。

(3) 城乡规划。城市与区域规划中要处理许多不同性质和不同特点的问题，它涉及资源、环境、人口、交通、经济、教育、文化和金融等多个地理变量和大量数据。GIS 的数据库管理有利于将这些数据信息归并到统一系统中，最后进行城市与区域多目标的开发和规划，包括城镇总体规划、城市建设用地适宜性评价、环境质量评价、道路交通规划、公共设施配置以及城市环境的动态监测等。这些规划功能的实现，是以 GIS 的空间搜索方法、多种信息的叠加处理和一系列分析软件(回归分析、投入产出计算、模糊加权评价、0-1 规划模型、系统动力学模型等)加以保证的。我国大城市数量居于世界前列，根据加快中心城市的规划建设，加强城市建设决策科学化的要求，利用 GIS 作为城市规划、管理和分析的工具，具有十分重要的意义。例如北京某测绘部门以北京市大比例尺地形图为基础图形数据，在此基础上综合叠加地下及地面的八大类管线(包括上水、污水、电力、通信、燃气、工程管线)以及测量控制网、规划路径等基础测绘信息，形成一个测绘数据的城市地下管线信息系统，从而实现了对地下管线信息的全面现代化管理。为城市规划设计与管理部门、市政工程设计与管理部门、城市交通部门与道路建设部门等提供地下管线及其他测绘部门的查询服务。

(4) 灾害监测。利用 GIS，借助遥感遥测的数据，可以有效地用于森林火灾的预测预报、洪水灾情监测和洪水淹没损失的估算，为救灾抢险和防洪决策提供及时准确的信息。1994 年的美国洛杉矶大地震，就是利用 ARC/INFO 进行灾后应急响应决策支持，成为大都市利用 GIS 技术建立防震减灾系统的成功范例。通过对横滨大地震的震后影响作出评估，建立各类数字地图库，如地质、断层、倒塌建筑等图库。把各类图层进行叠加分析得出对应急有价值的信息，该系统的建成使有关机构可以对像神户一样的大都市在面临大地震时作出快速响应，最大程度地减少伤亡和损失。再如，据我国大兴安岭地区的研究，通过普查分析森林火灾实况，统计分析十几万个气象数据，从中筛选出气温、风速、降水、温度等气象要素，春秋两季植被生长情况和积雪覆盖程度等 14 个因子，用模糊数学方法建立数学模型，建立微机信息系统的多因子的综合指标森林火险预报方法，对预报火险等级的准确率可达 73%以上。

(5) 环境保护。利用 GIS 技术建立城市环境监测、分析及预报信息系统；为实现环境监测与管理的科学自动化提供最基本的条件；在区域环境质量现状评价过程中，利用 GIS 技术的辅助，实现对整个区域的环境质量进行客观地、全面地评价，以反映出区域中受污染的程度以及空间分布状态；在野生动植物保护中的应用，世界野生动物基金会采用 GIS 空间分析功能，帮助世界最大的猫科动物改变它们目前濒于灭种的境地。都取得了很好的应用效果。

(6) 国防。现代战争的一个基本特点就是"3S"技术被广泛地运用到从战略构思到战术安排的各个环节，它往往在一定程度上决定了战争的成败。如海湾战争期间，美国国防制图局为战争的需要在工作站上建立了 GIS 与遥感的集成系统，它能用自动影像匹配和自动目标识别技术，处理卫星和高空侦察机实时获得的战场数字影像，及时地将反映战场现状的正射影像叠加到数字地图上，数据又直接传送到海湾前线指挥部和五角大楼，为军事决策提供 24 小时的实时服务。

(7) 宏观决策支持。GIS 利用拥有的数据库，通过一系列决策模型的构建和比较分析，为国家宏观决策提供依据。例如系统支持下的土地承载力的研究，可以解决土地资源与人口容量的规划。我国在三峡地区研究中，通过利用 GIS 和机助制图的方法，建立环境监测系统，为三峡宏观决策提供了建库前后环境变化的数量、速度和演变趋势等可靠的数据。

总之，GIS 正越来越成为国民经济各相关领域必不可少的应用工具，相信它的不断成熟与完善将为社会的进步与发展作出更大的贡献。

5.1.2 GIS 组成与功能

1. GIS 的组成

与普通的信息系统类似，一个完整的 GIS 主要由 4 个部分构成，即计算机硬件系统、计算机软件系统、地理数据(或空间数据)和系统管理操作人员。其核心部分是计算机系统(软件和硬件),空间数据反映 GIS 的地理内容,而管理人员和用户则决定系统的工作方式和信息表示方式。GIS 的构成如图 5.4 所示。

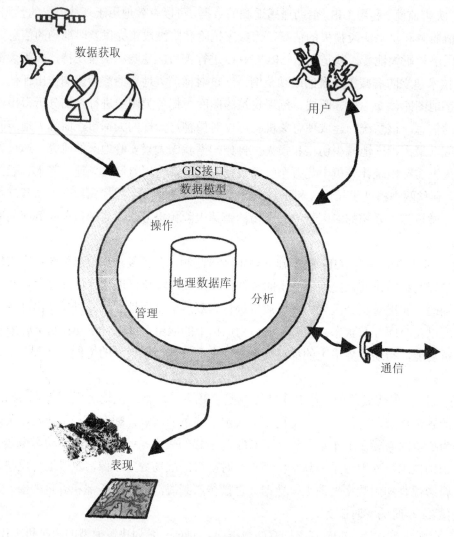

图 5.4　GIS 的构成

1) 计算机硬件系统

计算机硬件系统是计算机系统中实际物理装置的总称,可以是电子的、电的、磁的、机械的、光的元件或装置,是 GIS 的物理外壳。系统的规模、精度、速度、功能、形式、使用方法甚至软件都与硬件有极大的关系,受硬件指标的支持和制约。GIS 由于其任务的复杂性和特殊性,必须由计算机设备支持。构成计算机硬件系统的基本组件包括输入/输出设备、中央处理单元、存储器(包括主存储器、辅助存储器)等,这些硬件组件协同工作,向计算机系统提供必要的信息,使其完成任务,并保存数据以备现在或将来使用,以及将处理得到的结果或信息提供给用户。图 5.5 表示了常见的实现输入/输出功能的计算机外部设备。GIS 的组成如图 5.6 所示。

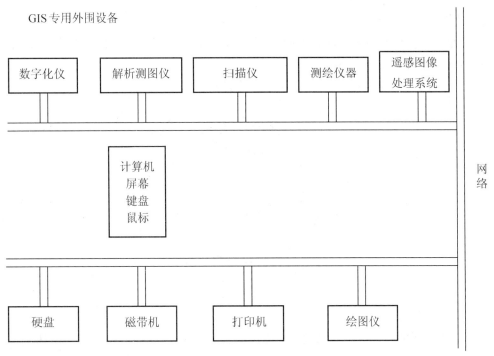

图 5.5 计算机标准外围设备和 GIS 使用的外围设备

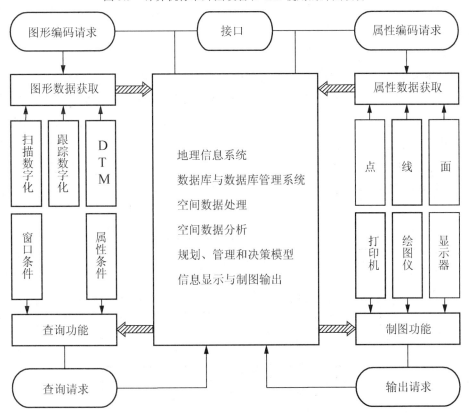

图 5.6 GIS 的组成

2) 计算机软件系统

计算机软件系统是指必需的各种程序,计算机软件系统的层次如图 5.7 所示。对于 GIS 应用而言,通常包括以下几个方面。

图 5.7 计算机软件系统的层次

(1) 计算机系统软件:由计算机厂家提供的、为用户使用计算机提供方便的程序系统,通常包括操作系统、汇编程序、编译程序、诊断程序、库程序以及各种维护使用手册、程序说明等,是 GIS 日常工作所必需的。

(2) GIS 软件和其他支持软件:包括通用的 GIS 软件包,也可以包括数据库管理系统、计算机图形软件包、计算机图像处理系统、CAD 等,用于支持对空间数据输入、存储、转换、输出和与用户接口。GIS 软件包功能结构如图 5.8 所示。

(3) 应用分析程序:是系统开发人员或用户根据地理专题或区域分析模型编制的用于某种特定应用任务的程序,是系统功能的扩充与延伸。在 GIS 工具支持下,应用程序的开发应是透明的和动态的,与系统的物理存储结构无关,而随着系统应用水平的提高不断优化和扩充。应用程序作用于地理专题或区域数据,构成 GIS 的具体内容,这是用户最为关心的真正用于地理分析的部分,也是从空间数据中提取地理信息的关键。用户进行系统开发的大部分工作是开发应用程序,而应用程序的水平在很大程度上决定了系统的应用性优劣和成败。

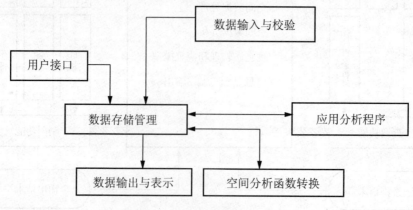

图 5.8 GIS 软件的功能框架

3) GIS 开发、管理和人员使用

人是 GIS 中的重要构成因素，GIS 不同于一幅地图，而是一个动态的地理模型。仅有系统软硬件和数据还不能构成完整的 GIS，需要人进行系统组织、管理、维护和数据更新、系统扩充完善、应用程序开发，并灵活采用地理分析模型提取多种信息，为研究和决策服务。对于合格的系统设计、运行和使用来说，GIS 专业人员是 GIS 应用的关键，而强有力的组织是系统运行的保障。一个周密规划的 GIS 项目应包括负责系统设计和执行的项目经理、信息管理的技术人员、系统用户化的应用工程师以及最终运行系统的用户。

4) 空间数据

地理空间数据是指以地球表面空间位置为参照的自然、社会和人文景观数据，可以是图形、图像、文字、表格和数字等，由系统的建立者通过数字化仪、扫描仪、键盘、磁带机或其他通信系统输入 GIS，是系统程序作用的对象和 GIS 所表达的现实世界经过模型抽象的实质性内容。不同用途的 GIS 其地理空间数据的种类、精度都是不同的，但基本上都包括 3 种互相联系的数据类型。

(1) 某个已知坐标系中的位置即几何坐标，标识地理景观在自然界或包含某个区域的地图中的空间位置，如经纬度、平面直角坐标、极坐标等，采用数字化仪输入时通常采用数字化仪直角坐标或屏幕直角坐标。

(2) 实体间的空间关系即拓扑关系，表示点、线、面实体之间的空间联系。实体间的空间关系通常包括：度量关系，如两个地物之间的距离远近；延伸关系(或方位关系)，定义了两个地物之间的方位；拓扑关系，定义了地物之间连通、邻接等关系，是 GIS 分析中最基本的关系，其中包括了网络结点与网络线之间的枢纽关系(图 5.9(a))，边界线与面实体间的构成关系(图 5.9(b))，面实体与岛或内部点的包含关系(图 5.9(c))等。

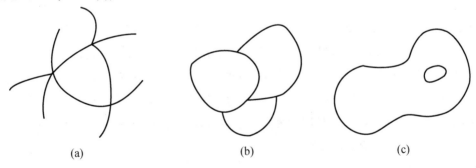

图 5.9　几种典型的拓扑关系

(3) 与几何位置无关的属性即常说的非几何属性或简称属性(Attribute)，是与地理实体相联系的地理变量或地理意义。属性分为定性和定量两种，前者包括名称、类型、特性等，后者包括数量和等级，定性描述的属性如岩石类型、土壤种类、土地利用类型、行政区划等，定量的属性如面积、长度、土地等级、人口数量、降雨量、河流长度、水土流失量等。非几何属性一般是经过抽象的概念，通过分类、命名、量算、统计得到。任何地理实体至少有一个属性,而 GIS 的分析、检索和表示主要是通过属性的操作运算实现的。因此,属性的分类 GIS、量算指标对系统的功能有较大的影响。

GIS 特殊的空间数据模型决定了 GIS 特殊的空间数据结构和特殊的数据编码,也决定了 GIS 具有特色的空间数据管理方法和空间数据分析功能,成为地理学研究和资源管理的重要工具。

2. GIS 的功能

1) 数据采集、监测与编辑

主要用于获取数据,保证 GIS 数据库中的数据在内容与空间上的完整性、数值逻辑一致性与正确性等。一般而言,GIS 数据库的建设占整个系统建设投资的 70%或更多,并且这种比例在近期内不会有明显的改变。因此,信息共享与自动化数据输入成为 GIS 研究的重要内容。目前可用于 GIS 数据采集的方法与技术很多,有些仅用于 GIS,如手扶跟踪数字化仪。目前,自动化扫描输入与遥感数据集成最为人们所关注。扫描技术的应用与改进,实现扫描数据的自动化编辑与处理仍是 GIS 数据获取研究的主要技术关键。

2) 数据处理

初步的数据处理主要包括数据格式化、转换、概括。数据的格式化是指不同数据结构的数据间变换,是一种耗时、易错、需要大量计算的工作,应尽可能避免。数据转换包括数据格式转化、数据比例尺的变换等。在数据格式的转换方式上,矢量到栅格的转换要比其逆运算快速、简单。数据比例尺的变换涉及数据比例尺缩放、平移、旋转等方面,其中最为重要的是投影变换。制图综合(Generalization)包括数据平滑、特征集结等。目前 GIS 所提供的数据概括功能较弱,与地图综合的要求还有很大差距,需要进一步发展。

3) 数据存储与组织

这是建立 GIS 数据库的关键步骤,涉及空间数据和属性数据的组织。栅格模型、矢量模型或栅格/矢量混合模型是常用的空间数据组织方法。空间数据结构的选择在一定程度上决定了系统所能执行的数据与分析的功能。在地理数据组织与管理中,最为关键的是如何将空间数据与属性数据融为一体。目前大多数系统都是将二者分开存储,通过公共项(一般定义为地物标识码)来连接。这种组织方式的缺点是数据的定义与数据操作相分离,无法有效记录地物在时间域上的变化属性。

4) 空间查询与分析

空间查询是 GIS 以及许多其他自动化地理数据处理系统应具备的最基本的分析功能,而空间分析是 GIS 的核心功能,也是 GIS 与其他计算机系统的根本区别。模型分析是在 GIS 的支持下,分析和解决现实世界中与空间相关的问题,它是 GIS 应用深化的重要标志。GIS 的空间分析可分为 3 个不同的层次。

(1) 空间检索:包括从空间位置检索空间物体及其属性和从属性条件集检索空间物体。空间索引是空间检索的关键技术,如何有效地从大型的 GIS 数据库中检索出所需信息,将影响 GIS 的分析能力。另外，空间物体的图形表达也是空间检索的重要部分。

(2) 空间拓扑叠加分析：空间拓扑叠加实现了输入要素属性的合并(Union)以及要素属性在空间上的连接(Join)。空间拓扑叠加本质是空间意义上的布尔运算。

(3) 空间模型分析：在空间模型分析方面，目前多数研究工作着重于如何将 GIS 与空间模型分析相结合。其研究可分三类。

第一类是 GIS 外部的空间模型分析，将 GIS 当作一个通用的空间数据库，而空间模型分析功能则借助于其他软件。

第二类是 GIS 内部的空间模型分析，试图利用 GIS 软件来提供空间分析模块以及发展适用于问题解决模型的宏语言，这种方法一般基于空间分析的复杂性与多样性，易于理解和应用，但由于 GIS 软件所能提供空间分析功能极为有限，这种紧密结合的空间模型分析方法在实际 GIS 的设计中较少使用。

第三类是混合型的空间模型分析，其宗旨在于尽可能地利用 GIS 所提供的功能，同时也充分发挥 GIS 使用者的能动性。

5) 图形与交互显示

GIS 为用户提供了许多用于地理数据表现的工具，其形式既可以是计算机屏幕显示，也可以是诸如报告、表格、地图等硬件拷贝图件，尤其要强调的是 GIS 的地图输出功能。一个好的 GIS 应能提供一种良好的、交互式的制图环境，以供 GIS 的使用者能够设计和制作出高质量的地图。

5.2 GPS 技术

卫星导航定位系统是一种以卫星为基础的无线电导航系统。该系统可发送高精度、全天时、全天候的导航、定位和授时信息，是一种可供海陆空领域的军民用户共享的信息资源。卫星导航定位是指利用卫星导航定位系统提供位置、速度及时间等信息来完成对各种目标的定位、导航、监测和管理。

世界上最早的卫星导航系统是美国的子午仪导航系统(1964 年开始运行)。该系统的空间段由 5~6 颗卫星组成，采用多普勒定位原理，主要服务对象是北极星核潜艇，并逐步应用于各种海面舰船。系统可在全球范围内提供全天候断续的二维定位。系统建成后曾得到广泛应用，但该系统存在着定位实时性差、不能确定高程等缺陷，无法满足高精度、高动态用户的要求。

为满足日益增长的军事需要，20 世纪 60 年代末 70 年代初，美国和前苏联分别开始研制全天候、全天时、连续实时提供精确定位服务的新一代全球卫星导航系统，至 20 世纪 90 年代中期全球卫星导航系统 GPS 和 GLONASS 均已建成并投入运行。我国也建设了自主知识产权的北斗一号系统，并于 2003 年年底正式开通运行。欧盟筹建的 GALILEO 全球卫星导航系统正在计划实施之中。

卫星导航系统的出现，解决了大范围、全球性以及高精度快速定位的问题，最早应用于军用定位和导航，为车、船、飞机等机动工具提供导航定位信息及精确制导；为野战或机动作战部队提供定位服务；为救援人员指引方向。随着技术的发展与完善，其应用范围逐步从军用扩展到民用，渗透至国民经济各部门。其中包括海上和沙漠中的石油开发、交通管理、个人移动电话定位、商业物流管理、渔业、土建工程、考古等，卫星导航系统已成为数字地球、数字城市的空间信息基础设施。

5.2.1 GPS 概述

简单地说，GPS 是一个由覆盖全球的 24 颗卫星组成的卫星系统。这个系统可以保证在任意时刻，地球上任意一点都可以同时观测到 4 颗卫星，以保证卫星可以采集到该观测点的经纬度和高度，以便实现导航、定位、授时等功能。这项技术可以用来引导飞机、船舶、车辆以及个人安全、准确地沿着选定的路线，准时到达目的地。

GPS 是 20 世纪 70 年代由美国陆海空三军联合研制的新一代空间卫星导航定位系统。其主要目的是为陆、海、空三大领域提供实时、全天候和全球性的导航服务，并用于情报收集、核爆监测和应急通信等一些军事目的，是美国独霸全球战略的重要组成。经过 20 余年的研究实验，耗资 300 亿美元，到 1994 年 3 月，全球覆盖率高达 98%的 24 颗 GPS 卫星星座已布设完成。

1. 卫星导航技术的发展

1) GPS 的发展

美国国防部于 1973 年批准建立新一代卫星导航系统——导航卫星定时测距全球定位系统(Navigation Timing and Ranging Global Positioning System，简称全球系统)，它是一种可以定时和测距的空间交汇定点的导航系统。可向全球用户提供连续、实时、高精度的三维位置、三维速度和时间信息，为陆、海、空三军提供精密导航，还可用于情报收集、核爆监测、应急通信和卫星定位等一些军事目的。GPS 实施计划共分以下 3 个阶段。

第一阶段：方案论证和初步设计阶段。从 1973—1979 年，共发射了 4 颗试验卫星。研制了地面接收机及建立地面跟踪网。

第二阶段：全面研制和试验阶段。从 1979—1984 年，又陆续发射了 7 颗试验卫星，研制了各种用途接收机。实验表明，GPS 定位精度远远超过设计标准。

第三阶段：实用组网阶段。1989 年 2 月 4 日第一颗 GPS 工作卫星发射成功，表明 GPS 系统进入工程建设阶段。1993 年底实用的 GPS 网即(21+3)GPS 星座已经建成，今后将根据计划更换失效的卫星。

2) 俄罗斯全球导航卫星系统(GLONASS)

20 世纪 70 年代初，前苏联国防部也提出了全球导航卫星系统的方案设想，1978 年开始系统设计，1995 年系统组网成功并投入运营，建设耗资 40 多亿美元。系统星座由分布在 3 个轨道面上的 24 颗卫星组成，俄军方控制。GLONASS 在系统组成、定位测速原理等方面类似于 GPS，但在一些具体技术体制上也与 GPS 存在一定的差别。GLONASS 可提供军民两种导航定位服务，民用精度 50 米左右，军用精度与 GPS 相当。GLONASS 的民用应用程度远不及 GPS，但其军用系统已在武器装备中普遍使用。

由于俄罗斯近年来经济不景气，系统补网不及时，随着星座中卫星寿命到期失效，到 2002 年 8 月只有 5 颗卫星在轨工作。其中 3 颗(1 组)为 2000 年 10 月发射，两颗为 2001 年 12 月发射。目前，从高技术战争需要出发，俄罗斯已下决心恢复和进一步发展该系统。俄罗斯政府于 2001 年 8 月 20 日通过了第 587 号"全球导航系统"联邦专项规划，明确了在 2005 年前恢复系统正常工作，并制订了 2010 年前 GLONASS 发展的详细计划。2010 年 3 月 2 日，俄罗斯发射的 3 颗"格洛纳斯-M"全球定位系统卫星已经顺利进入预订轨道。目前轨道上共有 27 颗格洛纳斯卫星，其中 22 颗按照专门用途运作。

3) 欧洲 GALILEO 计划

欧洲 GALILEO 计划在 1992 年 2 月提出，于 2008 年建成，计划投资约 28 亿美元，系统星座由分布在 3 个轨道面上的 30 颗卫星组成，是欧盟 15 个国家参与建设的民用商业系统。GALILEO 系统提供 3 种类型服务，即面向市场的免费服务，定位精度 12～15 米；商业服务，定位精度 5～10 米；公众服务，定位精度 4～6 米。其中后两种服务是受控和收费服务。

GALILEO 系统空间段由 30 颗(其中 3 颗为在轨备份)均匀分布在高度 23 616 千米、倾角 56°的 3 个圆轨道面上的中圆轨道(MEO)卫星组成，卫星上装有导航和搜救载荷。地面段与 GPS 和 GLONASS 相比，增加了对系统差分、增强与完好性监测，使得 GALILEO 具有比上述两个系统更高的定位精度、可用性和更好的连续性。因此，GALILEO 可以满足航空、道路交通管理等与人身安全紧密相关的应用要求。

4) 我国卫星导航系统的发展

我国的卫星导航系统称为"北斗卫星导航系统"，是继美国 GPS、俄罗斯格洛纳斯、欧洲伽利略之后的全球第四大卫星导航系统。中国卫星导航系统的发展分为以下 3 个阶段。

第一阶段：1994 年，中国正式开始北斗卫星导航试验系统(北斗一号)的研制，并在 2000 年发射了两颗静止轨道卫星，区域性的导航功能得以实现。2003 年又发射了一颗备份卫星，完成了北斗卫星导航试验系统的组建。

第二阶段：2004 年，中国启动了具有全球导航能力的北斗卫星导航系统的建设(北斗二号)，并在 2007 年发射一颗中地球轨道卫星，进行了大量试验。2009 年起，后续卫星持续发射，并在 2011 年开始对中国和周边地区提供测试服务，2012 年完成了对亚太大部分地区的覆盖并正式提供卫星导航服务。

第三阶段：2020 年将完成北斗卫星导航系统的建设，实现全球的卫星导航功能。

到 2012 年年底北斗亚太区域导航正式开通时，我国已为北斗卫星导航系统发射了 16 颗卫星，其中 14 颗组网并提供服务，分别为 5 颗静止轨道卫星、5 颗倾斜地球同步轨道卫星，4 颗中地球轨道卫星。

2. GPS 的特点及用途

1) 全球定位系统的主要特点

(1) 定位精度高。应用实践已经证明，GPS 相对定位精度在 50km 以内可达 10^{-6}m，100～500km 可达 10^{-7}m，1 000km 可达 10^{-9}m。在 300～1500m 工程精密定位中，1 小时以上观测的解算，其平面位置误差小于 1mm，与 ME-5000 电磁波测距仪测定的边长比较，其边长较差最大为 0.5mm，校差中误差为 0.3mm。

(2) 观测时间短。随着 GPS 系统的不断完善，软件的不断更新，目前 20km 以内相对静态定位仅需 15～20 分钟。快速静态相对定位测量时，当每个流动站与基准站相距在 15km 以内，流动站观测时间只需 1～2 分钟，然后可随时定位，每站观测只需几秒钟。

(3) 测站间无需通视。GPS 测量不要求测站之间互相通视，只需测站上空开阔即可，因此可节省大量的造标费用。由于无需点间通视，点位位置根据需要可稀可密，选点工作甚为灵活，省去经典大地网中的传算点、过渡点的测量工作。

(4) 可提供三维坐标。经典大地测量将平面与高程采用不同方法分别施测。GPS 可同时精确测定测站点的三维坐标。目前 GPS 水准可满足 4 等水准测量的精度。

(5) 操作简便。随着 GPS 接收机不断改进，自动化程度越来越高，有的已达"傻瓜化"的程度。接收机的体积越来越小，重量越来越轻，极大地减轻测量工作者的工作紧张程度和劳动强度，使野外工作变得轻松愉快。

(6) 全天候作业。由于 GPS 卫星数目较多且分布合理，所以在地球上任何地点均可连续同时观测到至少 4 颗卫星，从而保障了全球、全天候连续实时导航与定位的需要。目前 GPS 观测可在一天 24 小时内的任何时间进行，不受阴天黑夜、起雾刮风、下雨下雪等气候的影响。

(7) 功能多、多用途。GPS 系统不仅可用于测量、导航，还可用于测速、测时。测速的精度可达 0.1m/s，测时的精度可达几十毫微秒。其应用领域正不断扩大。

2) 全球定位系统的主要用途

(1) 陆地应用，主要包括车辆导航、应急反应、大气物理观测、地球物理资源勘探、工程测量、变形监测、地壳运动监测、市政规划控制等。

(2) 海洋应用，包括远洋船最佳航程航线测定、船只实时调度与导航、海洋救援、海洋探宝、水文地质测量以及海洋平台定位、海平面升降监测等。

(3) 航空航天应用，包括飞机导航、航空遥感姿态控制、低轨卫星定轨、导弹制导、航空救援和载人航天器防护探测等。

5.2.2 GPS 系统组成及原理

1. GPS 系统组成

1) 空间部分

GPS 的空间部分是由 24 颗工作卫星组成的,它位于距地表 20 200km 的上空,均匀分布在 6 个轨道面上(每个轨道面 4 颗),轨道倾角为 55°。此外,还有 4 颗有源备份卫星在轨运行。卫星的分布使得在全球任何地方、任何时间都可观测到 4 颗以上的卫星,并能保持良好定位解算精度的几何图像。这就提供了在时间上连续的全球导航能力。GPS 卫星产生两组电码,一组称为 C/A 码(Coarse/Acquisition Code 11 023MHz);一组称为 P 码(Procise Code 10 123MHz),P 码因频率较高,不易受干扰,定位精度高,因此受美国军方管制,并设有密码,一般民间无法解读,主要为美国军方服务。C/A 码因人为采取措施而刻意降低精度后,主要开放给民间使用。

2) 地面控制部分

地面控制部分由一个主控站,5 个全球监测站和 3 个地面控制站组成。监测站均配装有精密的铯钟和能够连续测量到所有可见卫星的接收机。监测站将取得的卫星观测数据,包括电离层和气象数据,经过初步处理后,传送到主控站。主控站从各监测站收集跟踪数据,计算出卫星的轨道和时钟参数,然后将结果送到 3 个地面控制站。地面控制站在每颗卫星运行至上空时,把这些导航数据及主控站指令注入卫星。这种注入对每颗 GPS 卫星来说每天一次,并在卫星离开注入站作用范围之前进行最后的注入。如果某地面站发生故障,那么在卫星中预存的导航信息还可用一段时间,但导航精度会逐渐降低。

3) 用户设备部分

用户设备部分即 GPS 信号接收机。其主要功能是能够捕获到按一定卫星截止角所选择的待测卫星,并跟踪这些卫星的运行。当接收机捕获到跟踪的卫星信号后,即可测量出接收天线至卫星的伪距离和距离的变化率,解调出卫星轨道参数等数据。根据这些数据,接收机中的微处理计算机就可按定位解算方法进行定位计算,计算出用户所在地理位置的经纬度、高度、速度、时间等信息。接收机硬件和机内软件以及 GPS 数据的后处理软件包构成完整的 GPS 用户设备。GPS 接收机的结构分为天线单元和接收单元两部分。接收机一般采用机内和机外两种直流电源。设置机内电源的目的在于更换外电源时不中断连续观测。在用机外电源时机内电池自动充电。关机后,机内电池为 RAM 存储器供电,以防止数据丢失。目前各种类型的接收机体积越来越小,重量越来越轻,便于野外观测使用。

2. GPS 原理

1) 定位原理

24 颗 GPS 卫星在离地面 1.2 万千米的高空上,以 12 小时为周期环绕地球运行,使得在任意时刻,地面上的任意一点都可以同时观测到 4 颗以上的卫星。

由于卫星的位置精确可知,在 GPS 观测中,我们可得到卫星到接收机的距离,利用三维坐标中的距离公式和 3 颗卫星,就可以组成 3 个方程式,解出观测点的位置(X,Y,Z)。考虑到卫星的时钟与接收机时钟之间的误差,实际上有 4 个未知数,X、Y、Z 和钟差,因而需要引入第 4 颗卫星,形成 4 个方程式进行求解,从而得到观测点的经纬度和高程。

事实上,接收机往往可以锁住 4 颗以上的卫星,这时,接收机可按卫星的星座分布分成若干组,每组 4 颗,然后通过算法挑选出误差最小的一组用作定位,从而提高精度。

2) 定位方法

GPS 定位的方法是多种多样的,用户可以根据不同的用途采用不同的定位方法。GPS 定位方法可依据不同的分类标准,作以下划分。

(1) 根据模式的定位。

① 绝对定位。绝对定位又称为单点定位,这是一种采用一台接收机进行定位的模式。它所确定的是接收机天线的绝对坐标。这种定位模式的特点是作业方式简单,可以单机作业。绝对定位一般用于导航和精度要求不高的应用场合中。

② 相对定位。相对定位又称为差分定位,这种定位模式采用两台以上的接收机同时对一组相同的卫星进行观测,以确定接收机天线间的相互位置关系。

(2) 根据定位时接收机的运动状态定位。

① 动态定位。所谓动态定位,就是在进行 GPS 定位时,认为接收机的天线在整个观测进程中的位置是变化的。也就是说,在数据处理时,将接收机天线的位置作为一个随时间的改变而改变的量。

② 静态定位。所谓静态定位,就是在进行 GPS 定位时,认为接收机的天线在整个观测进程中的位置是保持不变的。也就是说,在数据处理时,将接收机天线的位置作为一个不随时间的改变而改变的量。在测量中,静态定位一般用于高精度的测量定位,其具体观测模式是多台接收机在不同的观测站上进行静止同步观测,观察时间从几分钟、几小时到数十小时不等。

5.3　GIS 与 GPS 技术在物流中的应用

5.3.1　GIS 在物流中的应用

以美国 Galiper 公司开发的 TransCAD[①]软件为例,说明 GIS 系统如何为物流分析提供专门的分析工具。

完整的 GIS 物流分析软件包中除包括为交通运输分析所提供的扩展数据结构、分析建模工具和二次开发工具外,还集成了若干物流分析模型,包括车辆路线模型、最优路径模

---

① TransCAD 是第一个供交通专业人员使用而设计的 GIS,用来储存、显示、管理和分析交通数据。

型、网络物流模型、分配集合模型、设施定位模型等,这些模型既可以单独使用解决某些实际问题,也可以作为基础进一步开发适合不同需要的应用程序,这些模型也较有代表性地说明了 GIS 在物流分析中的应用水平。下面就这些模型分别加以介绍。

1. 车辆路线模型

车辆路线模型用于解决在一个起点、多个终点的货物运输问题中,如何降低操作费用并保证服务质量,包括决定使用多少车辆,每个车辆经过什么路线的问题。物流分析中,在一对多收发货点之间存在着多种可供选择的运输路线的情况下,应该以物资运输的安全性、及时性和低费用为目标,综合考虑,权衡利弊,选择合理的运输方式并确定费用最低的运输路线。例如一个公司只有一个仓库,而零售店却有 30 个,并分布在各个不同的位置上,每天用卡车把货物从仓库运到零售商店,每辆卡车的载重量或者货物尺寸是固定的,同时每个商店所需的货物重量或体积也是固定的,因此,需要多少车辆以及所有车辆所经过的路线就是一个最简单的车辆路线模型。

实际问题中,车辆路线问题还应考虑很多影响因素,问题也变得十分复杂。例如仓库的数量不止一个,而仓库和商店之间不是一一对应的;部分或所有商店对货物送达时间有一定的限制,如某商店上午 8 点开始营业,因此要求货物在上午 5~7 点运到;仓库的发货时间有一定的限制,如当地交通规则要求卡车上午 7 点之前不能上路,而要求司机每天下午 6 点之前完成一天的工作;在每个车站,需要一定的服务时间,最常见的情况是不管卡车所运货物多少,在车站上都需要固定的时间让卡车进站接受检查,当然也有检查时间随着所运货物多少而变化的情况等。TransCAD 中的车辆路线模型可以综合考虑这些因素使问题加以解决。

2. 设施定位模型

设施定位模型用来确定仓库、医院、零售商店、加工中心等设施的最佳位置,其目的同样是为了提高服务质量、降低操作费用,以及使利润最大化等。

设施定位模型可以用于确定一个或多个设施的位置。在物流系统中,仓库和运输线共同组成了物流网络,仓库处在网络的"节点"上,运输线就是连接各个"节点"的"线路",从这个意义上看,"节点"决定"线路"。具体地说,在一个具有若干资源点及若干需求点的经济区域内,物资资源要通过某一个仓库的汇集中转和分发才能供应各个需求点。因此,根据供求的实际需要并结合经济效益等原则,在既定区域内设立多少仓库;每个仓库的地理位置在什么地方;每个仓库应有多大规模(包括吞吐能力和存储能力);这些仓库间的物流关系如何;等等问题,就显得十分重要,而这些问题运用设施定位模型均能很容易地得到解决。

设施定位模型也可以加入经济或者其他限定条件,运用模型的目的也可以是使各服务设施之间的距离最大或使其服务的人数总和最大;同时也可以是在考虑其他已经存在设施的影响情况下，确定设施的最佳位置，等等。对于这些形式不一的问题，TransCAD 都可能通过运用现有的模型，或者修改一定的参数加以解决。

3. 网络物流模型

TransCAD 包括许多解决网络物流问题的程序，这些程序可以用于解决诸如寻求最有效的分配货物路径或提供服务路径问题，即物流分析中的具有战略意义的网点布局问题。同时 TransCAD 也提供了为解决网络物流问题整理数据的相关程序。下面举例说明网络物流问题的一般应用形式。

(1) 需要把货物从 15 个仓库运到 100 个零售商店，每个商店有固定的需求量，因此需要确定哪个仓库供应哪个零售商店，从而使运输代价最小。

(2) 在考虑线路上车流密度的前提下，怎样把空的货车从所在位置调到货物所在位置。

(3) 在处理网络物流模型时 TransCAD 将用到扩展数据结构，这种数据结构是 TransCAD 自身特有的，是专门为处理交通问题设计的，包括矩阵、网络等。

TransCAD 的网络物流模型可以分为 3 种类型：① 用来处理"一对一"的起点终点问题；② 用来处理"一对一"或者"多对一"的起点终点问题，同时产生一个矩阵，计算出从各个起点到终点的物流；③ 也是用来处理"一对多"或"多对一"的起点终点问题，但是可以考虑网络各段路径的限制运量，其结果也是产生一个表示物流量大小的矩阵。

4. 分配集合模型

分配集合模型可以根据各个要素的相似点把同一层上的所有或部分要素分成几组，可以用于解决确定服务范围、销售市场范围等问题。

在很多物流问题中都涉及分配集合模型，例如：① 某公司要设立 12 个分销点，要求这些分销点覆盖整个地区，且每个分销点的顾客数目大致相等；② 某既定经济区域(可大至一个国家，小至某一地区、城市)内，考虑各个仓储网点的规模及地理位置等因素，合理划分配送中心的服务范围，确定其供应半径，实现宏观供需平衡。

TransCAD 提供两个程序解决这些问题：区域分散模型和集中模型。在想把某一区域做地理分区时应使用区域分散模型，而想把某一层上的许多小的要素依据它们彼此之间的距离或旅行时间进行组合时则应使用集中模型。

5.3.2 GPS 在物流中的应用

1. GPS 在道路工程中的应用

GPS 在道路工程中的应用，目前主要用于建立各种道路工程控制网及测定航测外控点等。随着高等级公路的迅速发展，对勘测技术提出了更高的要求，由于线路长，已知点少，因此用常规测量手段不仅布网困难，而且难以满足高精度的要求。目前国内已逐步采用 GPS 技术建立线路首级高精度控制网，然后用常规方法布设导线加密。实践证明，在几十千米范围内的点位误差只有 2cm 左右，达到了常规方法难以实现的精度，同时也大大提前了工期。GPS 技术也同样应用于特大桥梁的控制测量中。由于无须通视，可构成较强的网形，提高点位精度，同时对检测常规测量的支点也非常有效。GPS 技术在隧道测量中也具有广泛的应用前景，GPS 测量无须通视，减少了常规方法的中间环节，因此速度快、精度高，具有明显的经济和社会效益。

2. GPS 在汽车导航和交通管理中的应用

三维导航是 GPS 的首要功能，飞机、轮船、地面车辆以及步行者都可以利用 GPS 导航器进行导航。汽车导航系统是在全球定位系统 GPS 基础上发展起来的一门新型技术。汽车导航系统由 GPS 导航、自律导航、微处理机、车速传感器、陀螺传感器、CD-ROM 驱动器、LCD 显示器组成。GPS 导航系统与电子地图、无线电通信网络、计算机车辆管理信息系统相结合，可以实现车辆跟踪和交通管理等许多功能。

(1) 车辆跟踪：① 利用 GPS 和电子地图可以实时显示出车辆的实际位置，并可任意放大、缩小、还原、换图；② 可以随目标移动，使目标始终保持在屏幕上；③ 还可实现多窗口、多车辆、多屏幕同时跟踪，利用该功能可对重要车辆和货物进行跟踪运输。

(2) 提供出行路线规划和导航：提供出行路线规划是汽车导航系统的一项重要的辅助功能，它包括自动线路规划和人工线路设计。自动线路规划是由驾驶者确定起点和目的地，由计算机软件按要求自动设计最佳行驶路线，包括最快的路线、最简单的路线、通过高速公路路段次数最少的路线的计算。人工线路设计是由驾驶员根据自己的目的地设计起点、终点和途经点等，自动建立路线库。线路规划完毕后，显示器能够在电子地图上显示设计路线，并同时显示汽车运行路径和运行方法。

(3) 信息查询：为用户提供主要物标如旅游景点、宾馆、医院等数据库，用户能够在电子地图上显示其位置。同时，监测中心可以利用监测控制台对区域内的任意目标所在位置进行查询，车辆信息将以数字形式在控制中心的电子地图上显示出来。

(4) 话务指挥：指挥中心可以监测区域内车辆运行状况，对被监控车辆进行合理调度。指挥中心也可随时与被跟踪目标通话，实行管理。

(5) 紧急援助：通过 GPS 定位和监控管理系统可以对遇有险情或发生事故的车辆进行紧急援助。监控台的电子地图显示求助信息和报警目标，规划最优援助方案，并以报警声光提醒值班人员进行应急处理。

本 章 小 结

GIS 是一种决策支持系统，它具有信息系统的各种特点。有时又称为"地学信息系统"或"资源与环境信息系统"。它是一种特定的十分重要的空间信息系统。它是在计算机硬件、软件系统支持下，对整个或部分地球表层(包括大气层)空间中的有关地理分布数据进行采集、储存、管理、运算、分析、显示和描述的技术系统。

一个完整的 GIS 主要由 4 个部分构成，即计算机硬件系统、计算机软件系统、地理数据(或空间数据)和系统管理操作人员。其核心部分是计算机系统(软件和硬件)，空间数据反映 GIS 的地理内容，而管理人员和用户则决定系统的工作方式和信息表示方式。

GIS 可以进行物流分析，建立物流分析模型，包括车辆路线模型、最短路径模型、网络物流模型、分配集合模型、设施定位模型等。

卫星导航定位是指利用卫星导航定位系统提供位置、速度及时间等信息来完成对各种目标的定位、导航、监测和管理。在物流活动中 GPS 技术可以用于动态跟踪物流对象，实现物流实时监控、即时信息反馈与即时决策功能。

关键术语

GIS　GPS　地理空间数据库

综 合 练 习

一、填空题

1．地理信息除了具有信息的一般特性外，还包括_____、_____、_____等独特特性。

2．GIS 的类型主要有_____、_____、_____ 3 种。

3．一个完整的 GIS 主要由 4 个部分构成，即计算机硬件系统、计算机软件系统、_____和系统管理操作人员。

4．世界上最早的卫星导航系统是_____。

二、名词解释

地理信息、GIS、GPS、空间数据

三、简答题

1．简述 GIS 系统的构成及功能。

2．说明 GPS 的定位原理。

3．论述 GIS 技术与 GPS 技术在物流活动中的应用。

案 例 分 析

根据以下案例所提供的资料,试分析:
(1) 海尔集团的顾客服务实行网上派工制存在什么问题?
(2) 海尔集团如何利用 GIS 技术控制服务成本?

 分析案例

海尔集团利用 GIS 大力降低服务成本

海尔的服务质量有目共睹,但是这并不意味着他们为高质量要付出很高的成本。那么,他们怎么有效控制成本呢?

1. 服务成本在哪里

海尔集团的顾客服务实行网上派工制,电话中心收到客户信息后,利用全国联网的派工系统在 5 分钟之内将信息同步派送到离用户距离最近的专业维修服务网点。

在海尔的服务管理中,用户报修的流程是这样的:首先用户打电话报修,之后登记用户信息,关键是用户所处的位置,然后工作人员手工选择离该用户最近的维修网点,手工网上分派任务,之后维修工程师上门服务。

乍一看,流程非常完美。但仔细看却有不少漏洞。在登记用户信息时,接线员可能对该地址一点都不熟悉,怎样才能快速、准确地定位用户的位置?而在手工选择离该用户最近维修网点的环节,该接线员又怎样知道哪个网点离报修地点最近?海尔为上门维修的服务商按照距离配发津贴,而怎么确定距离?凭服务商报,是不是会有很大的漏洞?

2. 手工堵漏洞效果不好

这些漏洞用常规手段解决很困难。刚开始,海尔使用的是人海+人脑的战术。先记住各个城市网点的分布情况,然后根据用户提供的信息,将维修任务派送到业务员认为最近的网点。之后,业务员使用纸质地图量出用户点至维修网点的大概距离进行费用结算。纸质地图本身就存在较大的测量误差,同时,当手工量出 15km 时,会有服务商说量的路是直的,而实际路是弯的,要求多加 5km。维修费就这样溜出去了。

很显然,这种通过手工方法得到的信息,在准确性、正确性和详细程度上都有很大问题。同时,人海战术直接带来的是成本的上升。

3. 纳入 GIS 的全自动堵漏

2006 年,海尔引入了由中科院旗下的超图公司的 SuperMap GIS 地理信息系统的空间分析功能,在售后服务系统中增加了地理信息处理能力。GIS 系统包含了全国所有的县级道路网和 200 个城市的详细道路信息,还记录了全国 100 多万条地址信息。在如此海量的地理信息基础上,售后服务系统可以在很短时间内计算出距离用户最近的网点,以及网点到用户家的详细路径描述和距离,并及时将这些信息派送到最合理的服务网点。

应用 GIS 之后,海尔的售后服务流程变为这样:用户打电话报修,之后接线员登记用户信息,关键是位置信息,接线员记录后,系统自动匹配用户地址,计算出距离用户最近的网点,之后自动将维修信息派送到网点，网点维修工程师再上门服务。整个地址匹配和服务商挑选工作由系统自动完成，无需手工操作，堵住了服务漏洞。而同时，系统的快速也远不是手工能比的，以前要花几十秒甚至几分钟翻信息，现在系统自己匹配，每次处理的时间缩短到 0.1s 以内，大大提高了客服部门的效率。在 GIS 系统的支持下，海尔客服部门现在每天可以处理 10 万次左右的服务请求，得以满足全国用户的需求。

(资料来源：2007 年中国地理信息系统(GIS)研究咨询报告(2007 年第二版).)

第 6 章　物流管理信息系统

【教学目标】

通过本章的学习，了解物流管理信息系统的概念，明确物流管理信息系统的应用，掌握物流管理信息系统的基本开发方法。

【教学要求】

知识要点	能力要求	相关知识
物流管理信息系统概述	信息系统是具有数据采集、管理、分析和表达数据能力的系统 物流信息系统是包括物流过程各个领域的信息系统	信息系统的概念、物流信息系统的内涵、类型、特征、作用
物流管理信息系统的应用	可用于作业信息处理 可用于控制信息处理 可用于物流决策支持	作业信息处理系统 控制信息处理系统 物流决策支持系统
物流管理信息系统的基本开发	开发方法及基本流程	开发方法、开发原则、基本流程

物流信息技术概论

 导入案例

近铁运通 KWE 全国物流信息系统

KWE 是全球 20 强物流企业,在全球 50 个国家共 120 个城市设有 176 家办事机构。1996 年进入中国,在全国设有 40 多个分公司,主要为 Epson、Toshiba、Canon、SHARP、ISUZU 等日系客户和 Intel、HP 等高科技企业提供全国范围的仓储和运输配送服务。为了加速国内物流的发展,为客户提供更好的服务,KWE 从 2004 年初启动了全国各物流中心的 WMS/TMS 系统推广计划,并在企业总部建立了集成的物流管理平台、信息门户和 EDI 中心,FLUX 作为供应商全面负责了整套物流信息系统的建设,总部管理平台、信息门户和 EDI 中心已经建设完成,WMS/TMS 已经在全国 17 个物流中心进行实施和推广。

通过成功实施完整的物流信息系统为 KWE 创造了可观的价值。
(1) 由于错发订单而导致的客户投诉率低于 0.1%。
(2) 通过作业路径、作业方法的指导和优化,物流作业成本可降低 40%。
(3) 信息系统的有力支持降低对作业人员的经验要求,劳动力成本可节约 20%。
(4) 库存准确率高达 99.5%以上。
(5) 充分利用仓库内的有效空间,空间利用率提高了 20%(对立体货架仓)。
(6) 库存动态和订单交付情况可在线查询,改善了企业形象和客户满意度,提高了对客户的忠诚度。
(资料来源:中国物流与采购网(http://www.chinawuliu.com.cn/oth/content/201002/201031610.html)。)

问题:
1. 说明物流信息系统的作用。
2. 该案例给我们什么启示?

6.1 物流管理信息系统概述

现代物流运作的核心是信息技术,通过信息技术将原来割裂的供应链中的各个物流环节整合在一起,以突出地表现现代物流的整合化特征。现代物流为满足人们对物资流通过程的及时性要求,借助于信息网络技术,最大限度地将原来在实现物资空间转移中所进行的运输、仓储、包装、装卸、加工以及配送等多个环节整合在一起,以一个整体面对社会的物流需求。因此,物流企业管理信息化是行业发展必然趋势。

6.1.1 信息系统概述

1. 信息系统基本概念

信息系统是具有数据采集、管理、分析和表达数据能力的系统,它能够为单一的或有组织的决策过程提供有用的信息。在计算机时代,信息系统的部分或全部由计算机系统支持,人们常常使用计算机收集数据并将数据处理成信息,计算机的使用导致了一场信息革命,目前计算机已经渗透到各个领域。一个基于计算机的信息系统包括计算机硬件、软件、数据和用户四大要素。

(1) 计算机硬件包括各类计算机处理及终端设备,它帮助人们在非常短的时间内处理大量数据、存储信息和快速获得帮助。

(2) 计算机软件是支持数据信息的采集、存储加工、再显和回答用户问题的计算机程序系统,它接受有效数据,并正确地处理数据。在一定的时间内提供适用的、正确的信息,并存储信息为将来所用。

(3) 数据是系统分析与处理的对象,构成系统的应用基础。

(4) 用户是信息系统所服务的对象。由于信息系统并不是全自动化的,在系统中总是包含一些人的复杂因素,人的作用是输入数据、使用信息和操作信息系统,建立信息系统也需要人的参与。

在基于计算机的信息系统中,处理过程的作用是告诉人们各部分之间的相互关系,信息系统的组成如图 6.1 所示。

图 6.1　信息系统的组成

2. 信息系统的发展

从第一台电子计算机于 1946 年问世的 50 多年来,信息系统经历了由单机到网络,由低级到高级,由电子数据处理系统(Electronic Data Processing System,EDPS)到管理信息系统(Management Information System,MIS)、再到决策支持系统(Decision Support System,DSS),由数据处理到智能处理的过程。这个发展过程大致经历了以下几个阶段。

1) EDPS

EDPS 的特点是数据处理的计算机化,目的是提高数据处理的效率。从发展阶段来看,它可分为单项数据处理和综合数据处理两个阶段。

(1) 单项数据处理阶段(20 世纪 50 年代中期到 60 年代中期)。这一阶段是电子数据处理的初级阶段。主要是用计算机部分地代替手工劳动,进行一些简单的单项数据处理工作,如工资计算、统计产量等。例如炼油厂通过敏感元件对生产数据进行监测,并予以实时调整。

(2) 综合数据处理阶段(20 世纪 60 年代中期到 70 年代初期)。这一时期的计算机技术有了很大发展，出现了大容量直接存取的外存储器。此外一台计算机就能够带动若干终端，可以对多个过程的有关业务数据进行综合处理，同时各类信息报告系统应运而生。

信息报告系统是 MIS 的雏形，其特点是按事先规定的要求提供各类状态报告。

① 生产状态报告：如 IBM 公司生产计算机时，由状态报告系统监视每一个元件生产的进度，进而大大加快了计划调度的速度，减少了库存。

② 服务状态报告：如实反映库存数量的库存状态报告。

③ 研究状态报告：如美国的国家技术信息服务系统(NTIS)能提供技术问题简介、有关研究人员和著作出版等情况。

2) MIS

20 世纪 70 年代初随着数据库技术、网络技术和科学管理方法的发展，计算机在管理上的应用日益广泛，MIS 逐渐成熟起来。MIS 最大的特点是高度集中，能将组织中的数据和信息集中起来进行快速处理和统一使用。有一个中心数据库和计算机网络系统是 MIS 的重要标志。MIS 的处理方式是在数据库和网络基础上的分布式处理。随着计算机网络和通信技术的发展，不仅能把组织内部的各级管理联结起来，而且还能够克服地理界限，把分散在不同地区的计算机网互联，形成跨地区的各种业务信息系统和 MIS。MIS 的另一特点是利用量化的科学管理方法，通过预测、计划优化、管理、调节和控制等手段来支持决策。

3) DSS

DSS，即决策支持系统，其概念是在 20 世纪 70 年代提出的，并在 80 年代获得发展。由于传统的 MIS 没有给企业带来巨大的效益，为了发挥人在管理中的积极作用，随着人们对信息处理规律认识提高，面对不断变化的环境，迫切要求更高层次的系统来直接支持决策，而计算机应用技术的发展则为 DSS 的发展提供了物质基础。DSS 是辅助决策者通过数据、模型和知识，以人机交互方式进行半结构化或非结构化决策的计算机应用系统。它是管理信息系统(MIS)向更高一级发展而产生的先进信息管理系统。它为决策者提供分析问题、建立模型、模拟决策过程和方案的环境，调用各种信息资源和分析工具，帮助决策者提高决策水平和质量。

各类信息系统之间的关系如图 6.2 所示。

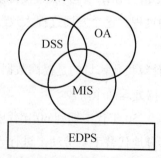

图 6.2　信息系统各分支之间的关系

DSS 在组织中可能是一个独立的系统,也可能作为 MIS 的一个高层子系统而存在。

MIS 是一个不断发展的概念。20 世纪 90 年代以来,DSS 与人工智能、计算机网络技术等结合形成了智能决策支持系统 (Intelligent Decision Support Systems,IDSS)和群体决策支持系统(Group Decision Support System,GDSS)。又如,EDPS、MIS 和办公自动化(Office Automation, OA)技术在商贸中的应用已发展成为电子商贸系统(Electronic Business Processing System,EBPS)。这种系统以通信网络上的 EDI 标准为基础,实现了集订货、发货、运输、报关、保险、商检和银行结算为一体的商贸业务,大大方便了商贸业务和进出口贸易。随着 Internet 的发展,电子商务应运而生。此外还出现了不少新的概念,如总裁信息系统、战略信息系统、计算机集成制造系统和其他基于知识的信息系统等。

6.1.2 物流管理信息系统基础

1. 物流管理信息系统概念

物流管理信息系统也称物流信息系统(Logistics Information System,LIS)。由工作人员、计算机硬件、软件、网络通信设备及其他办公设备组成的人机交互式系统,其主要功能是进行物流信息的收集、存储、传输、加工整理、维护和输出,为物流管理者及其他组织管理人员提供战略、战术及运作决策的支持,以达到组织的战略竞优,提高物流运作的效率与效益。

从广义上来说,物流管理信息系统是包括物流过程各个领域的信息系统,包括在运输、仓储、海关、码头、堆场等方面,是一个由计算机、应用软件及其他高科技的设备通过全球通信网络连接起来的纵横交错的立体的动态互动的系统。

从狭义上来说,物流管理信息系统只是 MIS 在某一涉及物流的企业中的应用,即某一企业(物流企业或非物流企业)运用管理物流的系统。

2. 物流管理信息系统的类型

按系统的结构,物流管理信息系统可被分为单功能系统和多功能系统。

按照系统功能的性质,物流管理信息系统可被分为操作型系统和决策型系统。

按照系统配置,物流管理信息系统可被分为单机系统和网络系统。

按照系统作用的对象,物流管理信息系统可被分为面向制造企业的物流管理信息系统;面向零售商、中间商、供应商的物流管理信息系统;面向第三方物流企业的物流管理信息系统以及其他物流管理信息系统。

3. 物流管理信息系统的特征

除了具有一般信息系统的特征之外,如整体性、层次性、目的性、环境适应性,还有一些自身的特征。如主要为物流服务;适应性和易用性强;信息与管理之间存在着互相依存的关系;是一个面向管理的人机系统;具有数据库系统的特征;具有分布式数据处理特征;等等。

4. 物流管理信息系统的作用

物流管理信息系统是以计算机和网络通信设施为基础、以系统思想为主导建立起来的为了进行计划、操作和控制而为物流经理提供相关信息及为业务人员提供操作便利的人员、设备和过程的结构体，是一个以采集、处理和提供物流信息服务为目标，存储、管理、控制物流信息，辅助使用者决策，达到预定目标的系统。信息管理在现代物流管理中具有特别重要的作用，它贯穿于整个物流过程，将传统意义上的多式联运逐步发展为综合物流，即逐步从点到点的服务，发展到流程到流程的服务，既提升了企业综合竞争力，又提高了企业的服务水平。

物流管理信息系统也是把各种物流活动与某个一体化过程连接在一起的通道，以实现业务处理、管理控制、决策分析，以及制订战略计划这 4 个功能层次。物流信息管理的作用具体表现在以下几个方面。

(1) 使物流各环节的工作更加协调。现代物流运作的核心是信息技术，通过信息技术将原来割裂的供应链中的各个物流环节整合在一起，以突出地表现现代物流的整合化特征。现代物流为满足人们对物资流通过程的及时性要求，借助于信息网络技术，最大限度地将原来在实现物资空间转移中所进行的运输、仓储、包装、装卸、加工以及配送等多个环节整合在一起，以一个整体面对社会的物流需求。其中物流信息系统提供整合手段，协调物流各环节活动。

(2) 信息共享，提高效率。

(3) 信息统一管理，减少冗余，避免信息的不一致。

(4) 提供决策支持。

物流管理信息系统对物流信息进行收集、整理、存储、传播和利用，也就是将物流信息从分散到集中，从无序到有序，从产生、传播到利用。同时对涉及物流信息活动的各种要素，包括人员、技术、工具等进行管理，实现资源的合理配置。在这个意义上，物流管理信息系统将硬件和软件结合在一起，对物流活动进行管理、控制和衡量。物流管理信息系统结构如图 6.3 所示。

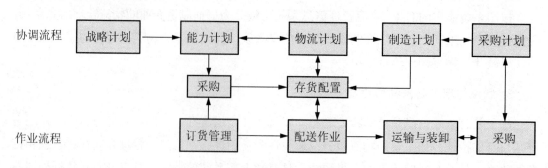

图 6.3　物流管理信息系统结构

从物流管理信息系统结构图中可以看到，现代物流是一系列繁杂而精密的活动，要计划、组织、控制和协调这一活动，离不开物流管理信息系统的支持。物流管理信息系统的支持与决策作用主要表现在几个方面：①为物流战略规划提供决策依据；②为建立以顾客为中心的服务战略提供实施依据，确立正确的顾客服务水平和物流保障系统；③为客户的订单处理提供准确可靠的作业指令，订单处理过程是作业指令的发出和进行具体的生产、运输、仓储、配送等方面的执行命令过程，有了及时准确的作业命令，才会有准确率高的物流作业活动；④为物流基础设施投资提供可行性建议；⑤为物流绩效评价提供基础数据和指标体系。

(5) 与客户进行信息共享和互动。

(6) 提高服务质量，改善客户关系。

5. 物流管理信息系统发展展望

开发先进的物流管理信息系统是提高信息管理的效率和质量，从而提高整个物流系统的工作效率和服务水平，降低物流成本，增强竞争力的必要途径。信息技术的高速发展，对物流系统产生了深刻的影响。EDI、电子商务技术、GIS、GPS 等技术在物流中的应用，从根本上改变了传统物流的操作处理方式，有效提高了物流设备的利用程度，消除了物流能力的不平衡，极大地提高了物流系统的效率。未来的物流管理信息系统在综合最新的信息技术的基础上，将向提升客户服务水平和拓展决策支持两个方面发展。现代化的物流管理信息系统的重要性远远超过对某一物流设施的投资和改造。因此，企业管理人员应该站在企业发展的战略高度来认识这个问题，加快物流企业物流管理信息系统的建设。

6.2 物流管理信息系统应用

物流管理信息系统根据不同企业的需要可以有不同层次、不同程度的应用和不同子系统的划分。例如有的企业由于规模小、业务少，可能使用的仅仅是单机系统或单功能系统，而另一些企业就可能使用功能强大的多功能系统。一般来说，一个完整、典型的物流管理信息系统可由作业信息处理系统、控制信息处理系统、物流决策支持系统(Logistics Decision Support System，LDSS)这 3 个子系统组成。

6.2.1 作业信息处理系统

作业信息处理系统一般有电子自动订货系统(Electronic Ordering System，EOS)、POS、智能运输系统(Intelligent Transportation System，ITS)等类型。

1. EOS

EOS 是指企业利用通信网络(VAN 或互联网)和终端设备以在线连接方式进行订货作业和订单信息交换的系统。EOS 按应用范围可分为企业内的 EOS(如连锁经营企业各连锁分店与总部之间建立的 EOS)，零售商与批发商之间建立的 EOS 以及零售商、批发商与生产商之间建立的 EOS，等等。

及时准确地处理订单是 EOS 的重要职能。订单处理子系统为企业与客户之间接受、传递、处理订单服务，它是面向整个订货周期的系统，即企业从发出订单到收到货物的整个期间。在这一期间内，要相继完成 4 项重要活动：订单传递、订单处理、订货准备、订货运输。其中实物流动由前向后，信息流动由后向前。订货周期中的任何一个环节如果缩短了时间，都可以为其他环节争取时间或者缩短订货周期，从而保证了客户服务水平的提高。因为从客户的角度来看，评价企业对客户需求的反应灵敏度，是通过分析企业的订货周期的长短和稳定性来实现的。

EOS 能处理从新商品资料的说明到会计结算等所有商品交易过程中的作业，可以说 EOS 涵盖了整个物流。在寸土寸金的情况下，零售业已没有许多空间用于存放货物，在要求供货商及时补足售出商品的数量且不能有缺货的前提下，更必须采用 EOS 系统。EOS 因内含了许多先进的管理手段，因此在国际上使用非常广泛，并且越来越受到商业界的青睐。

EOS 有以下几个特点。

(1) 商业和企业内部计算机网络应用功能完善，能及时产生订货信息。

(2) POS 与 EOS 高度结合，产生高质量的信息。

(3) 满足零售商和供应商之间的信息传递。

(4) 通过网络传输信息订货，信息传递及时、准确。

(5) EOS 是许多零售商和供应商之间的整体运作系统，而不是单个零售店和单个供应商之间的系统。EOS 在零售商和供应商之间建立起了一条高速通道，使双方的信息得到及时沟通，使订货过程的周期大大缩短，既保障了商品的及时供应，又加速了资金的周转，实现了零库存战略。

EOS 系统的操作流程如下。

(1) 在零售店的终端利用条码阅读器获取准备采购的商品条码，并在终端机上输入订货资料，利用电话线通过 Modem 传到批发商的计算机中。

(2) 批发商开出提货传票，并根据传票开出拣货单，实施拣货，然后根据送货传票进行商品发货。

(3) 送货传票上的资料便成为零售商店的应付账款资料及批发商的应收账款资料，并接收到应收账款的系统中去。

(4) 零售商对送到的货物进行检验后，就可以陈列出售了。

使用 EOS 时要注意订货业务作业的标准化，这是有效利用 EOS 系统的前提条件；商品代码的设计一般采用国家统一规定的标准，这是应用 EOS 系统的基础条件；订货商品目录账册的设计、做成、运用和更新是 EOS 系统成功的重要保证；计算机以及订货信息输入和输出终端设备的添置是应用 EOS 系统的基础条件；在应用过程中需要制定 EOS 系统应用手册并协调部门间、企业间的经营活动。

2. POS

POS 是指通过自动读取设备(如收银机)在销售商品时直接读取商品销售信息(如商品名、单价、销售数量、销售时间、销售店铺、购买顾客等),并通过通信网络和计算机系统传送至有关部门进行分析加工以提高经营效率的系统。POS 最早应用于零售业,后来逐渐扩展至其他如金融、旅馆等服务行业,利用 POS 的范围也从企业内部扩展到了整个供应链。

POS 是一种多功能终端,把它安装在信用卡的特约商户和受理网点中与计算机联成网络,就能实现电子资金自动转账,它具有支持消费、预授权、余额查询和转账等功能,使用起来安全、快捷、可靠。

POS 主要有以下两种类型。

(1) 消费 POS,具有消费、预授权、查询止付名单等功能,主要用于特约商户受理银行卡消费。

(2) 转账 POS,具有财务转账和卡卡转账等功能,主要用于单位财务部门。

POS 系统实现后的价值表现在以下几个方面。

(1) 节约了原来用于手写、保管各种单据的人工成本和时间成本。

(2) 简化了操作流程,提高了基层员工的工作效率和积极性。

(3) 提高工作人员的正确性,省略了手工核对的工作量。

(4) 各级主管从繁重的传统式经营管理中解脱出来,并且有更多的时间从事管理工作,工作重心逐渐转到管理上来,进一步提高了工作效率。

(5) 采购人员利用查询和报表,更直接、有效地获得商品情况,了解商品是否畅销和滞销。

(6) 销售人员根据商品的销售情况进行分析,以进行下一次的销售计划。

(7) 财务人员能更加清楚地了解库存情况、账款余额、毛利贡献等财务数据,通过更好地控制成本和费用,提高资金周转率。

(8) 管理者把握住商品的进销存动态,对企业各种资源的流转进行更好的控制和发展。

3. ITS

ITS 是典型的发货和配送系统,它将信息技术贯穿于发货和配送的全过程,能够快捷准确地将货物运达目的地。

ITS 的服务领域为先进的交通管理系统、出行信息服务系统、商用车辆运营系统、电子收费系统、公共交通运营系统、应急管理系统、先进的车辆控制系统。ITS 实质上就是利用高新技术对传统的运输系统进行改造而形成的一种信息化、智能化、社会化的新型运输系统。它使交通基础设施能发挥最大的效能,从而获得巨大的社会经济效益,主要表现在提高交通的安全水平、提高道路网的通行能力和提高汽车运输生产率和经济效益。

6.2.2 控制信息处理系统

控制信息处理系统主要包括库存管理系统(Warehouse Management System，WMS)和配送管理系统。

1. 库存管理系统

随着企业规模的不断扩大，产品数量的急剧增加，产品的种类也会不断地更新与发展，有关产品的各种信息量也会成倍增长。面对庞大的产品信息量，如何有效地管理库存产品，对企业来说是非常重要的，库存管理的重点是销售信息能否及时反馈，从而确保企业的运行效益。而库存管理又涉及入库、出库的产品、经办人员及客户等方面的因素，如何管理这些信息数据，是一项复杂的系统的工程。

库存管理系统是通过入库业务、出库业务、仓库调拨、库存调拨和虚仓管理等功能，与批次管理、物料对应、库存盘点、质检管理、虚仓管理和即时库存管理等功能综合，运用管理系统，有效控制并跟踪仓库业务的物流和成本管理全过程，实现完善的企业仓储信息管理。该系统可以独立执行库存操作，与其他系统的单据和凭证等结合使用，提供更为完整全面的企业业务流程和财务管理信息。

库存管理系统一般包括以下模块，这些模块决定了库存管理系统的功能。

(1) 功能设定模块。自定义整个系统的管理规则，包括定义管理员及其操作口令的功能。

(2) 基本资料维护模块。对每批产品生成唯一的基本条码序列号标签，用户可以根据自己的需要定义序列号，每种型号的产品都有固定的编码规则，在数据库中可以对产品进行添加、删除和编辑等操作。

(3) 采购管理模块。包括采购订单、采购收货等，当采购订单被批准，完成采购后到货时，首先给货物贴上条码序列号标签，然后在采购收货单上扫描此条码，保存之后，库存自动增加。

(4) 仓库管理模块。包括产品入库、产品出库、库存管理、调拨管理、盘点管理、库存上限报警等。

(5) 销售管理模块。如销售订单，当销售出库之前，首先填写销售订单，此时不影响库存；销售出库单，当销售出库之后，将销售出库产品序列号扫描至该出库单上，保存之后，库存报表自动减少该类产品。

(6) 报表生成模块。如在月末、季度末以及年末销售报表、采购报表以及盘点报表的自动生成功能，用户自定义需要统计的报表。

(7) 查询功能模块。采购单查询、销售单查询、单个产品查询、库存查询等。

2. 配送管理系统

配送管理系统是通过广泛的信息支持，实现以信息为基轴的物流系统化的管理信息系统。其主要机能可划分为作业子系统和信息子系统。前者包括输送、装卸、保管、流通、加工、包装等机能,以力求省力和高效率。后者包括订货、发货、出库管理等机能,力求完成商品流动全过程的信息活动。在目的上表现为实现物流的效率化和效果化,以较低的成本和优良的顾客服务完成商品实体从供应地到消费地的活动;在运作上表现为通过作业子系统和信息子系统的有机联系和相互作用,来实现物流系统优化的目的。

6.2.3 物流决策支持系统

此前企业物流决策一般靠人工收集相关数据,决策资料完整性、可靠性与准确性差,不能及时反映变化了的市场环境,决策技术水平与手段落后。物流决策支持系统(Logistics Decision Support System,LDSS)是指在物流信息系统中建立数据仓库以记录物流活动过程中,通过应用数据挖掘技术提取物流活动中的关联信息,表示为知识,支持多式联运物流决策。决策者通过 Internet 查询有关内容即可得到智力支持。

物流决策支持系统是公用物流信息平台的重要组成部分,是公用物流信息平台功能的完善与提高。在公用物流信息平台实现基本功能的前提下,通过挖掘历史数据库,提炼物流决策相关知识和信息,设计各种模型和算法,支持各单位的决策需求。

物流决策支持系统的本质仍然是 DSS。DSS 的功能主要由它的结构决定,关于 DSS 的结构有各种各样的描述,如两库结构和三库结构等。尽管 DSS 在形态上各式各样,但它们在结构上主要是由人机接口、数据库、模型库、知识库、方法库 5 大部件组成的,每个部件又有各自的管理系统,如图 6.4 所示。

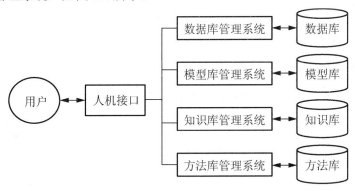

图 6.4 DSS 的结构模型

具体到物流决策支持系统,物流决策问题具有多元多层的目标体系、复杂而灵活的约束条件,事先无法确定的周围环境等。这些决定了物流决策支持系统应具有一定的知识处理或完成一定思维活动的能力,以便处理复杂的决策问题。物流决策支持系统能启发、引导用户根据问题特点构造解决问题的思路、运用专家的推理知识加以解决,最终达到辅助决策者做出高质量的决策的目的。这种带有智能性的物流决策支持系统从逻辑上看一般应由四库六子系统组成,"四库"在这里指的是数据库、知识库、方法库和模型库,"六子系统"则为以各库为基础的相应的子系统,即数据子系统、知识子系统、方法子系统、模型子系统,外加用户接口和调度子系统。

调度子系统是物流系统的指挥中心,具有问题识别、问题分析、物流系统控制与协调等功能,该子系统依靠专家知识分析用户提出的问题,对复杂问题或非结构化问题,交由知识子系统处理,对一般的结构化问题则负责形成面向此问题的模块序列,组织相应的模型求解。在处理问题的过程中,调度子系统将控制和协调其他各子系统的运行。调度子系统允许用户和各子系统的单独联系,以增强物流系统的灵活性。

模型子系统是用于支持多种决策活动所要求的主要工具,这些决策活动发生在方案设计和选择阶段,一般包括设计、演绎、分析、比较、优化与模拟等。模型子系统为达到支持这些活动的目的,存储、维护和管理着相应决策活动所要求的模型。这些决策模型通常有两类:一类为预制定量且规范的模型,如运筹学、统计分析等模型;另一类则主要是由用户创建的一些描述性模型,如模拟模型、启发式模型、经验模型、进程模型等。模型子系统除了管理模型外,作为物流决策支持系统的一个组成部分,与物流系统内其他子系统建立了联系,使用户可以控制模型的操作、处理和使用它与数据子系统、方法子系统的连接,可在模型运行时提取合适的数据、方法。

方法子系统负责维护、管理和存储着各种决策处理求解方法、算法、方程、解法及使用它们的智能信息,该子系统与会话子系统连接,以实现在处理决策问题时对各种决策方法的灵活调用。

知识子系统是物流决策支持系统智能化的主要标志。它负责收集、存储和处理在决策过程中所需的知识,这些知识包括特定的领域知识以及专家的决策知识和经验知识,在解决决策问题时,知识子系统通过知识推理分析,进行问题识别、分析,必要时还可经由与其他子系统的接口驱动相应求解模块,达到解决问题的目的。

数据子系统是物流决策支持系统的基础部件,它负责执行所有有关数据的任务,即维护、检索、管理和存储决策支持系统所涉及的全部数据和事实。此外还负责从外部数据库中获取原始数据以满足物流系统的需要。

上述的 6 个部件是物流决策支持系统的基本组成要素,对于不同的物流方式、不同的管理层次、不同的应用范围的专用物流决策支持系统而言,这 6 个部件是可以有所变更的,这就要求在实际运用中根据决策的性质和要求,在物流决策支持系统基本组成的基础上给予合理的增/减,以增强物流系统的实用性。

6.3 物流管理信息系统开发

6.3.1 物流管理信息系统开发概述

1. 物流管理信息系统开发原则

1) 完整性

完整性即物流管理信息系统的整体原则要体现完整性。物流企业管理可以理解为一个合理的"闭环"系统，目标系统应当是这个"闭环"系统的完善。企业完整的实现计算机管理不一定必须在企业的各个方面同时实现，但必须完整地设计系统的各个方面。在物流管理信息系统中必须包括物流活动的各环节，应该是功能完整性、信息完整性、数据完整性的综合。

2) 可靠性

物流管理信息系统的稳定可靠运行是物流活动有序高效运作的基础。可靠性是指系统抵御外界干扰的能力及受外界干扰时的恢复能力。一个成功的管理信息系统必须具有较高的可靠性，如安全保密性、检错及纠错能力、抗病毒能力等。而信息系统的可靠性依赖于主机、操作系统、网络数据库、应用软件支撑框架、应用软件等全方位的可靠性保障，任何一处的故障都将会导致整个系统的稳定可靠性下降。在系统设计中，从电源、主机、硬盘，到网络等所有的关键硬件资源都应尽可能做到冗余备份，达到单点故障不影响整个系统正常运行的目的。选用高性能系统管理软件完成主机网络数据库和应用进程的实时监控，对可能发生和已经发生的故障能够做到预警、检测、接管并恢复，保证系统安全可靠。

3) 经济性

经济性指在满足系统需求的前提下，尽可能减小系统的开销。一方面，在硬件投资上不能盲目追求技术上的先进，而应以满足应用需要为前提；另一方面，系统设计中应尽量避免不必要的复杂化，各模块应尽量简捷，以便缩短处理流程、减少处理费用。

大而全和高精尖并不是成功物流管理信息系统的衡量标准。事实上许多失败的物流管理信息系统正是由于盲目追求高新技术而忽视了其实用性，盲目追求完善的物流管理信息系统而忽视了本单位的技术水平、管理水平和人员素质。

4) 可扩充性

物流管理信息系统网络覆盖面广，随着物流事业的发展，项目区域不断扩大，网络的规模将随之增长。因此，网络的设计应留有发展余地。系统的建设应不仅能满足近期需要，而且能满足中期和长期数据及业务增长的需要，具有高度的可扩充性。

5) 开放性

信息系统的体系结构是否开放，直接关系到系统的灵活性和系统对新技术的适应性。

开放的系统能够包容多种计算机，支持多种网络协议，后台可以使用不同厂商的数据库软件，并能够适应今后技术发展。所以，物流管理信息系统开发过程中需要考虑系统运行平台的开放性，保证系统可以在所有的计算机硬件平台上都能运行。系统应该遵循互联网标准协议，保证系统具备高度的开放性和兼容性，能很好地与其他系统互联以及适应将来的发展。

6) 操作简便性

物流管理信息系统设计要求做到应用系统人机界面直观明了，易于操作、维护和管理。

2. 物流管理信息系统的开发过程

物流管理信息系统的开发可分为系统规划、系统分析、系统设计、系统实施、系统维护和评价 5 个阶段，MIS 开发各个阶段的任务、成果及审核安排如图 6.5 所示。

1) 系统规划阶段

系统规划阶段的任务是在对原系统进行初步调查的基础上提出开发新系统的要求，根据需要和可能，给出新系统的总体方案，并对这些方案进行可行性分析，产生系统开发计划和可行性研究报告两份文档。

2) 系统分析阶段

系统分析阶段的任务是根据系统开发计划所确定的范围，对现行系统进行详细调查，描述现行系统的业务流程，指出现行系统的局限性和不足之处，确定新系统的基本目标和逻辑模型，这个阶段又称为逻辑设计阶段。

系统分析阶段的工作成果体现在"系统分析说明书"中，这是系统建设的必备文件。它是提交给用户的文档，也是下一阶段的工作依据，因此，"系统分析说明书"要通俗易懂，用户通过它可以了解新系统的功能，判断是否为所需的系统。系统分析说明书一旦评审通过，就是系统设计的依据，也是系统最终验收的依据。

3) 系统设计阶段

系统分析阶段回答了新系统"做什么"的问题，而系统设计阶段的任务就是回答"怎么做"的问题，即根据系统分析说明书中规定的功能要求，考虑实际条件，具体设计实现逻辑模型的技术方案，也即设计新系统的物理模型。所以这个阶段又称为物理设计阶段。它又分为总体设计和详细设计两个阶段，产生的技术文档是"系统设计说明书"。

4) 系统实施阶段

系统实施阶段的任务包括计算机等硬件设备的购置、安装和调试，应用程序的编制和调试，人员培训，数据文件转换，系统调试与转换等。系统实施是按实施计划分阶段完成的，每个阶段应写出"实施进度报告"。系统测试之后写出"系统测试报告"。

5) 统维护和评价阶段

系统投入运行后，需要经常进行维护，记录系统运行情况，根据一定的程序对系统进行必要的修改，评价系统的工作质量和经济效益。

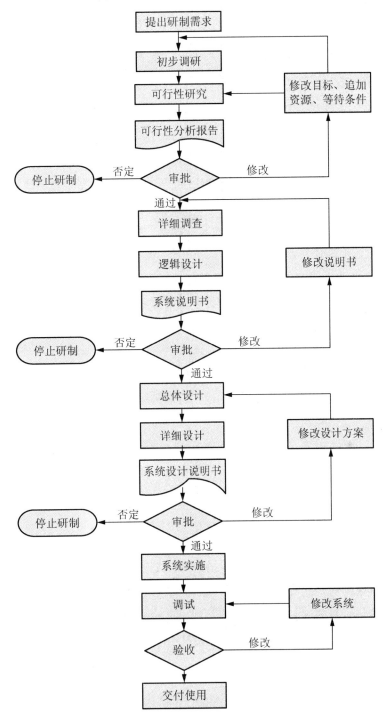

图 6.5　MIS 开发各个阶段的任务、成果及审核安排

6.3.2　物流管理信息系统开发方法

开发 MIS 时，首先要选择适宜的开发方式、合理的结构模式，充分满足开发 MIS 的基本条件，分析开发过程可能要遇到的各种问题。其次要重视建立开发机构，开发人员分工

明确，责任到人。开发 MIS 的具体方法很多。通常不严格地将它们分为结构化系统开发方法、原型法、面向对象开发方法和 CASE(计算机辅助软件工程)开发方法等几大类。

1. 开发策略

开发 MIS 有以下 3 种策略。

1)"自下而上"的开发策略

"自下而上"的开发策略是从现行系统的业务状况出发，先实现一个具体的功能，逐步地由低级到高级建立 MIS。因为任何一个 MIS 的基本功能是数据处理，所以"自下而上"方法首先从研制各项数据处理应用开始，然后根据需要逐步增加有关管理控制方面的功能。一些组织在初装和蔓延阶段(诺兰模型中的第一和第二阶段)，各种条件(设备、资金、人力)尚不完备，常常采用这种开发策略。

"自下而上"的开发策略的优点是可以避免大规模系统可能出现运行不协调的危险，但缺点是不能像想象那样完全周密，由于缺乏从整个系统出发考虑问题，随着系统的进展，往往要做许多重大修改，甚至重新规划、设计。

2)"自上而下"的开发策略

"自上而下"的开发策略强调从整体上协调和规划，由全面到局部，由长远到近期，从探索合理的信息流出发来设计信息系统。由于这种开发策略要求很强的逻辑性，因而难度较大。

"自上而下"的开发策略是一种更重要的策略，是信息系统的发展走向集成和成熟的要求。整体性是系统的基本特性，虽然一个系统由许多子系统构成，但它们又是一个不可分割的整体。通常，"自下而上"的策略用于小型系统的设计，适用于对开发工作缺乏经验的情况。

3) 综合性开发策略

由于"自上而下"的方法适宜于系统的总体规划，"自下而上"的方法适宜于系统分析、系统设计阶段。所以实际使用时，将两种方法综合起来，发挥各自的优点，采用"自上而下"的方法进行总体规划，将企业的管理目标转化为对信息系统的近期和长远目标，新系统的设计和实现则采用"自下而上"的方法。

2. 开发方法

1) 结构化系统开发方法(Structured System Analysis And Design，SSA&D)

结构化系统开发方法是自顶向下结构化、工程化的系统开发方法和生命周期(Life Cycle)方法的结合，它是迄今为止开发方法中应用最普遍、最成熟的一种。

(1) 基本思想。用系统的思想和系统工程的方法，按照用户至上的原则，结构化、模块化、自顶向下对系统进行分析与设计。

先将整个信息系统开发过程划分为若干个相对独立的阶段(系统规划、系统分析、系统设计、系统实施等)。在前 3 个阶段坚持自顶向下地对系统进行结构化划分。在系统调查和理顺管理业务时,应从最顶层的管理业务入手,逐步深入至最基层;在系统分析,提出目标系统方案和系统设计时,应从宏观整体考虑入手,先考虑系统整体的优化,然后再考虑局部的优化问题;在系统实施阶段,则坚持自底向上地逐步实施,即组织人员从最基层的模块做起(编程),然后按照系统设计的结构,将模块一个个拼接到一起进行调试,自底向上、逐步地构成整个系统。

(2) 开发过程。用结构化系统开发方法开发一个系统,将整个开发过程划分为首尾相连的 6 个阶段,即一个生命周期。生命周期法采用结构化的思想、系统工程的观点和工程化的方法进行 MIS 的开发。生命周期开发方法首先将整个系统的开发过程分为项目定义、系统研究、设计阶段、编程阶段、安装阶段与运行维护阶段 6 个相对独立的开发阶段。其次,在系统规划、系统分析、系统设计各阶段,按照自顶向下的原则,从最顶层的管理业务开始,直到最底层业务,以模块化的方法进行结构分解。生命周期开发阶段如图 6.6 所示。

① 项目定义阶段:决定组织是否存在问题,以及问题是否可以利用建设新系统或改造原有系统的方法加以解决,主要回答以下问题。

a. 为什么需要一个新系统项目?

b. 需要怎样去实现?

② 系统研究阶段:分析现有系统存在的问题,定义解决方案所达到的目标,评价各种可能的选择方案,主要回答以下问题。

a. 原有系统如何运行?

b. 原有系统的优势、劣势、困难及问题?

c. 新系统或修改过的系统怎样解决这些问题?

d. 解决方案需要哪些用户需求信息支持?

e. 有哪些可行的替代方案?

f. 它们的费用和收益如何?

③ 设计阶段:通过逻辑设计和物理设计详细描述系统的解决方案。

④ 编程阶段:

a. 将设计结果转换成为软件程序语句。

b. 进行系统调试。

⑤ 安装阶段:包括系统初始化、系统培训、系统转换。

⑥ 运行维护阶段:进行系统的日常运行管理、评价、监理审计,修改、维护、局部调整,在出现不可调和的大问题时,进一步提出开发新系统的请求,老系统生命周期结束,新系统诞生从而构成系统的一个生命周期。GIM 生命周期如图 6.7 所示。

a. 不断维护系统保证正常运行。

b. 不断修改满足新的需要。

c. 评价系统运行效果。

在每一阶段中，又包含若干步骤，步骤在该阶段可以不分先后，但仍有因果关系，总体上不能打乱。

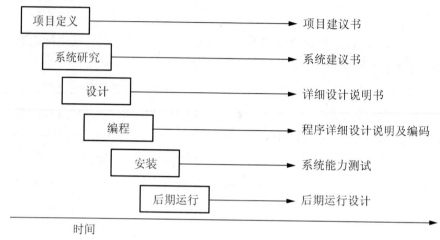

图 6.6　生命周期开发阶段

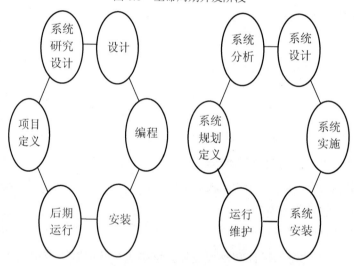

图 6.7　管理信息系统生命周期

(3) 主要原则：① 用户参与原则；② 工作阶段严格区分原则；③ 自顶而下的原则；④ 系统开发过程工程化，工作成果文档化、标准化原则。

(4) 特点。自顶向下整体地进行分析与设计和自底向上逐步实施的系统开发过程：在系统规划、分析与设计时，从整体全局考虑，自顶向下地工作；在系统实施阶段则根据设计的要求，先编制一个个具体的功能模块，然后自底向下逐步实现整个系统。

用户至上是影响成败的关键因素，整个开发过程中，要面向用户，充分了解用户的需求与愿望。

符合实际、客观性和科学化，即强调在设计系统之前，深入实际，详细地调查研究，努力弄清实际业务处理过程的每一个细节,然后分析研究,制订出科学合理的目标系统设计方案。

严格区分工作阶段,把整个开发过程划分为若干工作阶段,每一个阶段有明确的任务和目标,预期达到的工作成效,以便计划和控制进度,协调各方面的工作。前一阶段的工作成果是后一阶段的工作依据。

充分预料可能发生的变化:环境变化、内部处理模式变化、用户需求变化。

开发过程工程化,要求开发过程的每一步都要按工程标准规范化,工作文体或文档资料标准化。

(5) 优缺点。结构化系统开发方法是在对传统的自发的系统开发方法批判的基础上,通过很多学者的不断探索和努力而建立起来的一种系统化方法。这种方法的突出优点就是它强调系统开发过程的整体性和全局性,强调在整体优化的前提下来考虑具体的分析设计问题,即自顶向下的观点。它强调的另一个观点是严格区分开发阶段,强调一步一步严格进行系统分析和设计,每一步工作都及时地总结,发现问题及时地反馈和纠正,从而避免了开发过程的混乱状态,是一种目前广泛被采用的系统开发方法。

但是,随着时间的推移这种开发方法也逐渐地暴露出了很多缺点和不足。最突出的表现是它的起点太低,所使用的工具(主要是手工绘制各种各样的分析设计图表)落后,致使系统开发周期过长,从而带来了一系列的问题(如在这段漫长的开发周期中,原来所了解的情况可能发生较多的变化等)。另外,这种方法要求系统开发者在调查中就充分地掌握用户需求、管理状况以及预见可能发生的变化,这不大符合人们循序渐进地认识事物的规律性。因此在实际工作中实施有一定的困难。

(6) 适用范围。结构化系统开发方法适用于大型系统和复杂系统。由于相当耗费资源,不灵活、限制变化,开发周期长,不适用于面向决策的应用和小型系统的开发。

2) 原型法(Prototyping)

20 世纪 80 年代初人们提出了一种新的软件设计方法,即原型法。原型法的基本思想是:当人们要解决不太了解的问题时,可以先为该问题建立一个实验模型,并根据模型的运行情况来研究有关特性以及存在的问题。原型是一个可以实际运行、反复修改、不断完善的系统。原型法将仿真的手段引入系统分析的初始阶段,首先根据系统分析人员对用户要求的理解,利用先进的开发工具,模拟出一个系统原型,然后就这个模型展开讨论,征求用户意见,与用户进行沟通,在使用中不断修改完善原型,逐步求精,直到用户满意为止。

(1) 基本思想。在 MIS 开发的开始阶段,凭借系统开发人员对用户需求的初步理解,迅速构建出一个满足用户需求的初始系统原型,然后与用户反复协商修改,最终形成 MIS 系统。在这个根据用户需求迅速构造的一个低成本的用于演示及评价的试验系统(原型)基础上,由用户对原型进行评价,在用户评价的基础上对原型进行修改或重构直至用户满意。

(2) 开发过程:① 确定系统的基本要求和功能;② 构造初始原型;③ 运行、评价、修改原型;④ 确定原型后进行处理。

(3) 开发方法。

方法一:直接开发可用系统,利用开发可用的原型逐步向实际应用系统靠拢,直到用户满意为止。

原型法开发工作流程如图 6.8 所示,原型法开发步骤(方法一)如图 6.9 所示。

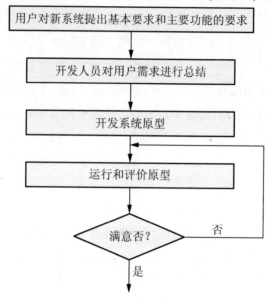

图 6.8 原型法开发工作流程

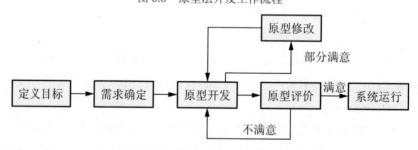

图 6.9 原型法开发步骤(方法一)

方法一特点:原型将构成未来可运行的系统;开发周期相对较短;用户需求(系统定义)不规范;原型中存在一定的隐患;无法划分系统的开发与维护阶段。

方法二:利用原型确定系统的定义,利用开发的原型不断补充和确认用户需求,然后从可用的原型出发重新建立实际的系统。

原型法开发步骤(方法二)如图 6.10 所示。

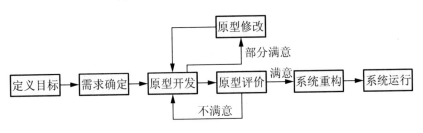

图 6.10　原型法开发步骤(方法二)

方法二特点：在原型基础上重构可运行的系统；原型系统部分可重用；开发周期比前一种方法长，可以用来明确和规范用户需求；系统中将不存在因为多次修改而产生的隐患；用户需求可能变化。

(4) 特点。原型法的特点主要有以下几方面。

① 原型法体现了从特殊到一般的认识规律，更容易被人们普遍掌握和接受。

② 原型法便于开发人员与用户之间相互交流，用户能较好地参与系统的开发。

③ 原型法充分利用最新的软件开发工具，提高了开发效率，缩短了开发周期，减少了开发费用。

④ 采用原型法开发系统灵活，便于修改与扩充。

将模拟的手段引入系统分析的初始阶段，沟通了人们(用户和开发人员)的思想，缩短了用户和系统分析人员之间的距离，解决了结构化方法中最难于解决的一环问题。强调用户参与、描述、运行、沟通。所有问题的讨论都是围绕某一个确定的原型进行的，彼此之间不存在误解和答非所问的可能性，为准确认识问题创造了条件。通过原型，能够启发人们对原来想不起来或不易准确描述的问题有一个比较确切的描述。能够及早地暴露出系统实现后存在的问题，促使人们在系统实现之前就将问题加以解决。充分利用最新的软件工具，摆脱了传统的方法，使系统开发的时间、费用、大大地减少，效率、技术等方面都大大地提高。

(5) 优缺点。从原理到流程十分简单，最终总可以获得一个满意的 MIS——无高深理论和技术(方法本身)。

① 用户与开发者思想易于沟通。

② 使用软件工具效率高，摆脱了传统方法。

③ 要求管理基础工作完整、准确，一般只适用于小型系统。

(6) 应用范围。适用于解决有不确定因素的问题；适用于对用户界面要求高的系统；适用于决策支持方面的应用。不适用于拥有大量计算或控制功能的系统；不适用于大型或复杂的系统，容易掩盖需求、分析、设计等方面的问题；不适用于结果不确定的系统——随原型构造评价过程而定，整体考虑较少。

3) 面向对象的开发方法(Object-Oriented Programming，OOP)

结构化系统开发方法难以控制、处理和适应变化的矛盾，因此产生了原型化方法来进行弥补，原型化方法又需要有快速原型生成工具来支持。这两种方法都是从一般系统工程的角度采用计算机语言来描述、处理自然世界，这样必然造成系统分析、设计与事务管理间的差距，使 MIS 在应用上产生了许多困难和矛盾。在 20 世纪 80 年代初期产生了面向对象的设计方法，面向对象的设计方法既吸取了以前开发方法的优点，同时又正视和顺应了现实世界由物质和意识两部分组成，是近 20 年来发展起来的基于问题对象的一种自底向上的系统开发方法。

面向对象的思想首先出现在程序设计的语言中，产生了面向对象的程序设计方法，并进而产生面向对象的技术和方法。一般认为，面向对象的概念起源于 20 世纪 70 年代挪威的 K.Nyguarded 等人开发的模拟离散事件的程序设计语言 Simula 67，但真正的面向对象的设计还是来源于 Alan Keyz 主持设计的 Smalltalk 语言。由 Xerox Learning Research Group 所研制的 Smalltalk-80 系统，则是较全面地体现了面向对象程序设计语言的特征，标志面向对象程序设计方法得到了比较完善的实现，从而兴起了面向对象研究的高潮。

虽然面向对象方法起源于 OOPL，20 世纪 80 年代大批 OOPL 的出现和效率的不断提高，标志着面向对象方法开始走向实用。但是，正如 Marciniak 在《软件工程百科全书》中所言："编程并不是软件开发的主要根源。需求分析与设计问题更为普遍并且更值得解决。"

20 世纪 80 年代中期，面向对象分析(Object-Oriented Analysis，OOA)的研究开始发展，进而延伸到面向对象设计(Object-Oriented Design，OOD)。1988 年 Shlaer 和 Mellor 出版第一本 OOA 著作；1990 年 Coad 和 Yourdon 发展出更简单的合作行为思想；Booch 进行综合性工作，Rumbaugh 提出了 OMT(Object Modeling Technology，对象建模技术)，Jacobson 提出了 OOSE(Object-Oriented Software Engineering，面向对象的软件工程)，Wirfs-Brock 提出了 RDD 和 CRC 等。这些系统间存在互不相容(不仅仅在内部)问题，为了尽快发布标准，建立了对象管理组织(OMG)大型合作组织。著名的成果有 CORBA 和其相应的 UML 等。

(1) 面向对象的基本思想有以下几方面。

① 客观事物由对象(Object)组成。

② 对象由属性(Attribute)和方法(Method)组成。

③ 对象之间的联系通过传递消息(Message)机制来实现。

④ 对象具有继承性。

⑤ 对象具有封装(Encapusulation)性。

客观世界是由各种各样的对象组成的，每种对象都有各自的内部状态和运动规律，不同对象之间的相互作用和联系就构成了各种不同的系统。

在设计和实现一个客观系统时，在满足需求的条件下，把系统设计成一些不可变的(相对固定)部分组成的最小集合(最好的设计)。这些不可变部分就是所谓的对象。

对象是客观世界中任何事物在计算机程序中的抽象表示，是面向对象程序设计的基本元素，是事物状态和行为的数据抽象。属性反映了对象的信息特征，如特点、值、状态等。而方法则是用来定义改变属性状态的各种操作。

对象之间的联系主要是通过传递消息来实现的，而传递的方式是通过消息模式(Message Pattern)和方法所定义的操作过程来完成的。消息是对象间通信的手段，一个对象向其他对象发出的带有参数的信息，使接收信息的对象执行相应的操作，从而改变该对象的状态。方法是封装在对象内部的操作程序，一个对象发出消息，接收消息的对象激活相应的方法，便启动了该对象的某个操作程序，这就是对象的操作。

对象可按其属性进行归类(Class)。类(Class)是指将具有相同或相似结构、操作和约束规则的对象组成的集合。类由类说明和类实现两部分组成。类有一定的结构，类上可以有超类(Superclass)，类下可以有子类(Subclass)。对象或类之间的层次结构是靠继承关系(Inheritance)维系的。

继承指父类可以派生出子类，子类自动继承父类的属性和方法。

对象是一个被严格模块化了的实体，称之为封装。这种封装了的对象满足软件工程的一切要求，而且可以直接被面向对象的程序设计语言所接受。封装又称为信息隐蔽。面向对象开发方法中，对象是数据和操作的封装体。

多态指相同的操作作用于多种不同类型的对象并获得不同的结果。

(2) 开发过程包括以下几方面。

① 系统调查和需求分析：对系统将要面临的具体管理问题以及用户对系统开发的需求进行调查研究，即先弄清要干什么的问题。

② 分析问题的性质和求解问题：在繁杂的问题域中抽象地识别出对象以及其行为、结构、属性、方法等。一般称之为面向对象的分析，即 OOA。

③ 整理问题：对分析的结果作进一步的抽象、归类、整理，并最终以范式的形式将它们确定下来。一般称之为面向对象的设计，即 OOD。

④ 程序实现：用面向对象的程序设计语言将上一步整理的范式直接映射(即直接用程序设计语言来取代)为应用软件。一般称之为面向对象的程序，即 OOP。

识别客观世界中的对象以及行为，分别独立设计出各个对象的实体；分析对象之间的联系和相互所传递的信息，由此构成信息系统的模型；由信息系统模型转换成软件系统的模型，对各个对象进行归并和整理，并确定它们之间的联系；由软件系统模型转换成目标系统。

应用面向对象开发方法设计 MIS 的基本思路：获取用户需求；用统一的建模工具构造对象模型；识别与问题有关的类及类之间的联系，识别与 MIS 解决方案有关的类；对设计类及其联系进行调整，使之如实地表达事物之间实际存在的各种关系。

面向对象开发方法的内容与思路如下。

面向对象开发一般经历 3 个阶段：面向对象分析，面向对象设计和面向对象系统实现(编程)。这与传统的生命周期法相似，但各阶段所解决的问题和采用的描述方法却有极大区别。

图 6.11 表示的是面向对象系统的开发模型,它表达了面向对象开发的内容和过程。

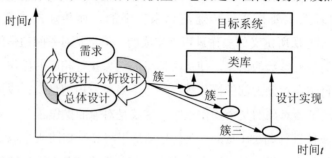

图 6.11　面向对象系统的开发模型

(3) 特点:①分析与设计是反复的,充分体现了原型开发的思想;②分析与设计的不断反复结果是对客观世界对象的模型化,建立针对簇的规格说明;③运用库中已有对象,反复测试实现簇,并将新簇纳入库中,这一过程体现了继承和重用;④强调分析阶段和设计阶段的合并。

(4) 面向对象开发方法各阶段的思路。

① 分析阶段。这一阶段主要采用面向对象技术进行需求分析,面向对象分析运用以下主要原则。

a. 构造和分解相结合的原则。构造是指由基本对象组装成复杂活动对象的过程;分解是对大粒度实体对象进行细化,从而完成系统模型细化的过程。

b. 抽象和具体结合的原则。抽象是指强调事物本质属性而忽略非本质细节;具体则是对必要的细节加以刻画的过程。面向对象方法中,抽象包括数据抽象和过程抽象:数据抽象是把一组数据及有关的操作封装起来;过程抽象则定义了对象间的相互作用。

c. 封装的原则。封装是指对象的各种独立外部特性与内部实现相分离,从而减少了程序间的相互依赖,有助于提高程序的可重用性。

d. 继承的原则。继承是指直接获取父类已有的性质和特征而不必再重复定义。这样,在系统开发中只需一次性说明各对象的共有属性和服务,对子类的对象只需定义其特有的属性和方法。继承的目的也是为了提高程序的可重用性。

② 设计阶段。这一阶段主要利用面向对象技术进行概念设计。值得注意的是,面向对象的设计与面向对象的分析使用了相同的方法,这就使得从分析到设计的转变非常自然,甚至难以区分。可以说,从面向对象分析到面向对象设计是一个积累型的扩充模型的过程。这种扩充使得设计变得很简单,它是从增加属性、服务开始的一种增量递进式的扩充。这一过程与结构化开发方法那种从数据流程图到结构图所发生的剧变截然不同。

一般而言,在设计阶段就是将分析阶段的各层模型化的"问题空间"逐层扩展,得到下个模型化的特定的"实现空间"。有时还要在设计阶段考虑到硬件体系结构和软件体系结构,并采用各种手段(如规范化)控制因扩充而引起的数据冗余。

③ 实现(编码)阶段。这一阶段主要是将面向对象设计中得到的模型利用程序设计实现。具体操作包括选择程序设计语言编程、调试、试运行等。前面两阶段得到的对象及其关系最终都必须由程序语言、数据库等技术实现,但由于在设计阶段对此有侧重考虑,故系统实现不会受具体语言的制约,因而本阶段占整个开发周期的比重较小。面向对象系统分析过程如图 6.12 所示。

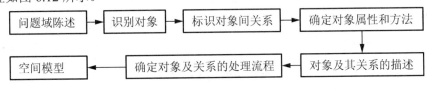

图 6.12 面向对象系统分析过程

(5) 优缺点主要有以下几个方面。

① 采用全新的面向对象思想,使得系统的描述及信息模型的表示与客观实体相对应,更符合人们认识事物的思维习惯。

② 系统开发的基础统一于对象之上,各个阶段工作过渡平滑。

③ 面向对象开发方法采用了继承、封装、多态和消息传递机制,使软件的一致性、模块的独立性以及程序的共享性和可重用性大大提高。

(6) 应用范围。在大型 MIS 开发中,若不经自顶向下的整体划分,而是一开始就自底向上地采用面向对象方法开发系统,会造成系统结构不合理、各部分关系失调等问题。面向对象方法和结构化系统开发方法在系统开发中相互依存、不可替代。

4) 计算机辅助设计的开发方法

CASE 是一种自动化或半自动化的方法,能够全面支持除系统调查外的每一个开发步骤。严格地讲,CASE 只是一种开发环境而不是一种开发方法。它是 20 世纪 80 年代末从计算机辅助编程工具、第四代语言(4GL)及绘图工具发展而来的。目前,CASE 仍是一个发展中的概念,各种 CASE 软件也较多,没有统一的模式和标准。采用 CASE 工具进行系统开发,必须结合一种具体的开发方法,如结构化系统开发方法、面向对象方法或原型化开发方法等,CASE 方法只是为具体的开发方法提供了支持每一过程的专门工具。因而,CASE 工具实际上把原先由手工完成的开发过程转变为以自动化工具和支撑环境支持的自动化开发过程。

(1) 基本思想。CASE 方法解决系统开发问题的基本思想是结合系统开发的各种具体方法,在完成对目标系统的规划和详细调查后,如果系统开发过程中的每一步都相对独立且一定程度上彼此形成对应关系,则整个系统开发就可以应用专门的软件开发工具和集成开发环境来实现。

(2) 特点。

① CASE 加速了开发过程,简化了软件开发的管理和维护,解决了从客观对象到软件系统的映射问题,支持系统开发的全过程。

② 作为一种辅助性的开发方法，其主要体现在帮助开发者方便、快捷地产生出系统开发过程中各类图表、程序和说明性文档，使开发人员从繁杂的分析设计图表和程序编写工作中解放出来。

③ CASE 环境的使用，改变了系统开发中的思维方式、工作流程和实现途径。

④ CASE 方法产生出统一的、标准化的文档资料，使软件的各部分能重复使用。

⑤ 现在，CASE 中集成了多种工具，这些工具既可以单独使用，也可以组合使用。

本 章 小 结

从广义上来说，物流管理信息系统是包括物流过程各个领域的信息系统，包括在运输、仓储、海关、码头、堆场等方面，是一个由计算机、应用软件及其他高科技的设备通过全球通信网络连接起来的纵横交错的立体的动态互动的系统。

从狭义上来说，物流管理信息系统只是 MIS 在某一涉及物流的企业中的应用，即某一企业(物流企业或非物流企业)运用管理物流的系统。

物流管理信息系统是以计算机和网络通信设施为基础、以系统思想为主导建立起来的为了进行计划、操作和控制而为物流经理提供相关信息及为业务人员提供操作便利的人员、设备和过程相互作用的结构体，是一个以采集、处理和提供物流信息服务为目标的系统，存储、管理、控制物流信息，辅助使用者决策，达到预定目标。

物流管理信息系统开发原则包括完整性、可靠性、经济性、可扩充性、开放性、操作简便性等。

物流管理信息系统开发过程包括系统规划、系统分析、系统设计、系统实施、系统维护和评价 5 个阶段。

关键术语

MIS　物流管理信息系统　电子数据处理系统　物流决策支持系统

综 合 练 习

一、填空题

1. 一个基于计算机的信息系统包括_____、_____、_____和用户四大要素。

2. 在组织中将信息系统分成 3 个管理层次：操作层(底层)、战术层(中间层)和_____(顶层)。

3．通过入库业务、出库业务、仓库调拨、库存调拨和虚仓管理等功能，综合批次管理、物料对应、库存盘点、质检管理、虚仓管理和即时库存管理等功能综合运用的管理系统是_____。

二、名词解释

信息系统、物流管理信息系统、专家系统、EOS、POS、ITS、库存管理系统、配送管理系统

三、简答题

1．说明信息系统的发展历程。
2．什么是物流管理信息系统，与其他信息系统相比它的特点是什么？
3．简述物流管理信息系统开发原则。
4．说明物流管理信息系统开发方法。

案 例 分 析

根据以下案例所提供的资料，试分析：
(1) 双汇集团如何构建连锁配送管理系统？
(2) 双汇集团引入连锁配送管理系统取得什么业绩，有何启示？

分析案例

近铁运通(KWE)物流信息系统应用

KWE是全球20强物流企业，在全球50个国家共120个城市设有176家办事机构。1996年进入中国，在全国设有40多个分公司，主要为Epson、Toshiba、Canon、SHARP、ISUZU等日系客户和Intel、HP等高科技企业提供全国范围的仓储和运输配送服务。为了加速国内物流的发展，为客户提供更好的服务，KWE从2004年年初启动了其全国各物流中心的WMS/TMS系统推广计划，并在企业总部建立了集成的物流管理平台、信息门户和EDI中心，FLUX作为供应商全面负责整套物流信息系统的建设，总部管理平台、信息门户和EDI中心已经建设完成，WMS/TMS已经在全国17个物流中心进行实施和推广。

1．KWE在实施FLUX系统前的业务运作状况
(1) 需要建立统一、规范的业务操作流程，作业单据不统一。
(2) 客户花费大量的时间进行业务数据在Excel中的处理，操作效率低下，数据准确性难以保证。
(3) 库存准确率难以保证，由于SKU数量超过了1万种，每次库存盘点都有较大偏差。
(4) 上架作业和拣货作业依靠现场管理人员的经验，作业效率难以得到提升。
(5) 仓库和总部管理人员无法实时地了解库存动态和运输动态。
(6) 提供给客户的报表各式各样，由各客户担当手工编制。
(7) 与客户在费用和核算上完全依靠手工编制的报表，给总部客服人员造成较大压力。

(8) 每次与客户进行 EDI 接口都需要 IT 部门大量的开发工作。

2. FLUX 在实施过程中解决的关键问题

(1) 流程重组：系统的成功实施有赖于建立一套标准规范的作业流程。在实施过程中，实施团队通过对仓库各类产品作业特点的认真分析，结合系统制定统一的操作流程，并通过管理人员强有力的推进使流程得以贯彻实施。

(2) 队伍建设：系统不但要成功上线，更重要的是要保证长久稳定的运行，为此需要一个拥有专业技能的实施和支持团队。实施过程中分别针对系统管理员、QA、系统操作员和现场操作人员进行了严格和持续的培训。

(3) 人员效率：实施系统的一个重要价值在于对于人员效率的提升。通过流程优化、数据自动处理、单据合理化设计，系统人性化设计等措施使管理人员从简单重复的劳动中解放出来，可以将更多精力放在加强管理和提升服务上。

3. FLUX 系统实施价值

通过成功实施 FLUX 系统为 KWE 创造了可观的价值。

(1) 由于错发订单而导致的客户投诉率低于 0.1%。

(2) 通过作业路径、作业方法的指导和优化，降低物流作业成本 40%。

(3) 信息系统的有力支持降低对作业人员的经验要求，劳动力成本可节约至 20%。

(4) 库存准确率高达 99.5%以上。

(5) 充分利用仓库内的有效空间，空间利用率提高 20%。（对立体货架仓）

(6) 库存动态和订单交付情况在线查询，改善企业形象和客户满意度，提高客户的忠诚度。

(资料来源：中国物流与采购网 (http://www.chinawuliu.com.cn/cflp/newss/content1/201102/766_34629.html))．

第7章 电子商务物流

【教学目标】

通过本章的学习,了解电子商务的基本概念,明确电子商务的物流方案和模式选择,掌握物联网的应用。

【教学要求】

知识要点	能力要求	相关知识
电子商务的内容	电子商务是在利用现代电子工具的基础上进行企业经营管理和市场贸易等现代商务活动 电子商务的核心是商务,但电子商务的前提是电子 电子商务具有不同的层次	电子商务的概念、内涵、应用层次、电子商务的模式
电子商务的物流方案和模式选择	国外电子商务下的物流解决方案 电子商务物流模式选择	电子商务物流方案和模式
物联网的应用	通过 RFID 装置、红外感应器、GPS、激光扫描器等信息传感设备,按约定的协议,把任何物品与互联网相连接,进行信息交换和通信,以实现智能化识别、定位、跟踪、监控和管理 物联网用途广泛,遍及智能交通、环境保护、政府工作等多个领域	物联网的概念、特点、物联网的应用

 导入案例

B2C 电子商务物流两大模式

2009 年 4 月初,国内最大的 B2C 电子商务公司之一的京东网上商城对外宣布,投资达 2 000 万元的"上海圆迈快递公司"在上海正式成立。不久,阿里巴巴相关负责人表示,阿里巴巴"绝不可能进军速递物流业",只会采取跟快递物流企业合作的方式为客户服务。自建物流系统与寻找第三方合作的两大模式的分化已越来越明显。

阵营一:自营物流

"上海圆迈快递公司"的诞生在业内看来并不意外,因为京东商城成立物流公司早在计划当中。建立自己的物流渠道和设施,依靠自己的能力搞配送,这其实是京东一直青睐的策略。目前,北京城内的货品基本是京东自己的配送队伍送货,一般当日或次日送到。根据战略规划,京东网上商城将陆续在天津、南京、苏州、杭州、深圳、沈阳、宁波等 14 座城市建立自有配送站,配送站网络将逐步覆盖至全国 200 座城市。按照京东的测算,如果一个城市日均订单量超过 500 单,自建物流就是经济划算的,只是达到日均 500 单之前,需要一段时间的"提前量",有一支成熟队伍首先在当地运营。

一般情况下,自营物流是为了保证配送的及时性和可靠性,从而保证配送质量,更好地为客户服务。同时,也希望借此能控制相关的费用,比如如果委托第三方物流收款,回款时间相当慢,甚至可能达到 1 个月,一旦销售大到一定量级,占有的资金规模就非常可观。

阵营二:与快递合作

在京东商城自建物流公司之后,也传出了"阿里巴巴将在华东建立电子商务配送网络"的消息。不过随后不久,阿里巴巴相关负责人就出面澄清,阿里巴巴"绝不可能进军速递物流业",只会采取跟快递物流企业合作的方式为客户服务。据其介绍,阿里巴巴作为一个"成交平台",为买家提供商品订购之外,也提供了"订购物流服务"。对于物流业,阿里巴巴只提供平台,而不会直接提供物流服务。

(资料来源:中国物流与采购网(http://www.chinawuliu.com.cn/oth/content/201002/201031635.html).)

问题:

1. 比较分析两种物流模式的优缺点。
2. 根据案例分析电子商务选择物流模式应该考虑哪些因素。

7.1 电子商务概述

电子商务是在 Internet 技术的蓬勃发展的背景下产生的。从技术的角度来看,人们利用电子通信的方式进行贸易活动已有几十年的历史了。早在 20 世纪 70 年代末就出现了作为企业间电子商务应用系统雏形的 EDI 和电子资金传送,到了 20 世纪 90 年代,EDI 电子商务技术已经十分成熟,有助于实现最优化管理,使得操作更有效率,并提高了对客户服务的质量。由于电子商务技术大大提高了工作的效率,降低了交易的成本,减少了由于失误带来的损失,加强了贸易伙伴之间的合作关系,因此在国际贸易、海关业务和金融领域得到了大量的应用。但早期的解决方式都是建立在大量功能单一的专用软硬件设施的基础上,因此使用价格极为昂贵,仅大型企业才会利用。此外,早期网络技术的局限也限制了应用范围的扩大和水平的提高。

20 世纪 90 年代初期，计算机网络技术得到了突破性的发展，随着 Internet 和计算机网络技术的蓬勃发展，网络化和全球化已成为不可抗拒的世界潮流，价格低廉并且联通全世界的电子信息通道已经形成，应用 Internet 开展电子商务业务也开始具备了实用的条件，电子商务获得快速发展的时机已经成熟。除了 Internet 的发展外，信息技术也得到了全面发展，例如网络安全和管理技术得到了保证，系统和应用软件技术趋于完善等，这一切都为 Internet 电子商务的发展和应用奠定了基础。

7.1.1 电子商务概念

1. 电子商务的概念

电子商务这一概念自产生起，就没有一个统一的定义，不同研究者和组织从各自的角度提出了对电子商务的认识，因此可以看到关于电子商务的各种阐述。

1) 权威学者对电子商务的定义

美国学者瑞维·卡拉科塔和安德鲁·B·惠斯顿在他们的专著《电子商务的前沿》中指出"广义地讲，电子商务是一种现代商业方法。这种方法通过改善产品和服务质量，提高服务传递速度，满足政府、组织、厂商和消费者降低成本的需求。这一概念也用于通过计算机网络寻找信息以支持决策。一般地讲，今天的电子商务是通过计算机网络将买方和卖方的信息、产品和服务联系起来，而未来的电子商务则是通过构成信息高速公路的无数计算机网络中的一个网络将买方和卖方联系起来的通路"。

美国 NIIT 负责人 John Longenecker 从营销角度将电子商务定义为"电子化的购销市场，使用电子工具完成商品购买和服务"。

中国电子商务研究专家王可则从过程角度定义电子商务为"在计算机与通信网络基础上，利用电子工具实现商业交换和行政作业的全过程"。

电子商务研究专家李琪教授在其专著《中国电子商务》一书中指出客观上存在着两类或三类依据内在要素不同而对电子商务的定义。第一，广义的电子商务定义是指电子工具在商务活动中的应用。电子工具包括从初级的电报、电话到 NII(National Information Infrastructure，国家信息基础建设)、GII(Global Information Infrastructure，全球信息基础建设)和 Internet 等工具。现代商务活动是从商品(包括实物与非实物、商品与商品化的生产要素等)的需求活动到商品的合理、合法的消费除去典型的生产过程后的所有活动。第二，狭义的电子商务定义，是指在技术、经济高度发达的现代社会里，掌握信息技术和商务规则的人，系统化运用电子工具，高效率、低成本地从事以商品交换为中心的各种活动的全过程。

2) 世界电子商务会议对电子商务的定义

欧洲议会在"欧洲电子商务发展倡议"中给出的定义是"电子商务是通过电子方式进行的商务活动。它通过电子方式处理和传递数据，包括文本、声音和图像。它涉及许多方面的活动，包括货物电子贸易和服务、在线数据传递、电子资金划拨、电子证券交易、电子货运单证、商业拍卖、合作设计和工程、在线资料、公共产品获得等。它还包括了产品(如消费品、专门设备)和服务(如信息服务、金融和法律服务)、传统活动(如健身、教育)和新型活动(如虚拟购物、虚拟训练)等"。

1997年在法国首都巴黎,国际商会举行了世界电子商务会议。全世界商业、信息技术、法律等领域的专家和政府部门的代表,共同讨论了电子商务的概念问题,这是目前电子商务概念较为权威的阐述。与会代表认为电子商务是指对整个贸易活动实现电子化。从涵盖范围方面可以定义为交易各方以电子交易方式而不是通过当面交换或直接面谈方式进行的任何形式的商业交易;从技术方面可以定义为电子商务是一种多技术的集合体,包括交换数据(如EDI、电子邮件)、获得数据(共享数据库、电子公告牌)以及自动捕获数据(条码)等;从涵盖的业务来看,电子商务业务包括信息交换、售前售后服务(提供产品和服务的细节、产品使用技术指南、回答顾客意见)、销售、电子支付(使用电子资金转账、信用卡、电子支票、电子现金)、组建虚拟企业(组建一个物理上不存在的企业,集中一批独立的中小型公司的权限,提供比任何一个单独公司更多的产品和服务)。

3) 政府部门对电子商务的定义

美国政府在其《全球电子商务纲要》中比较笼统地指出"电子商务是指通过Internet进行的各项商务活动,包括广告、交易、支付、服务等活动,全球电子商务将会涉及全球各国"。

世界贸易组织电子商务专题报告中定义的电子商务就是通过电信网络进行的生产、营销、销售和流通活动,它不仅指基于Internet上的交易,而且指所有利用电子信息技术来解决问题、降低成本、增加价值和创造商机的商务活动,包括通过网络实现从原材料查询、采购、产品展示、订购到出品、储运以及电子支付等一系列的贸易活动。

4) IT行业对电子商务的定义

IBM提出的电子商务的定义:电子商务=Web+IT。它所强调的是在网络计算环境下的商业化应用,是把买方、卖方、厂商及其合作伙伴在Internet、企业内部网(Intranet)和企业外部网(Extranet)结合起来的应用。

HP公司认为,电子商务简单地说,是指从售前服务到售后支持的各个环节实现电子化、自动化,它能够使我们以电子交易手段完成物品和服务等价值交换。

SUN公司认为,电子商务就是利用Internet进行的商务交易,在技术上可以给出如下定义:在现有的Web信息发布的基础上加上Java网上应用软件以完成网上公开交易;在现有的Intranet的基础上,开发Java网上企业应用软件,达到企业应用Internet化,进而扩展到外部网,使外部客户可以使用该企业的应用软件进行交易;电子商务客户将通过包扩PC、STB(Set Top Box,网络电视机顶盒)、电话、手机、PDA(个人数字助理)和Java设备进行交易。

从上述不同定义可以看出,电子商务不但是一种新型的市场商务运作模式,同时还将影响到企业内部组织结构和管理模式。综上所述,电子商务是在利用现代电子工具(包括现代通信工具和计算机网络)的基础上进行企业经营管理和市场贸易等现代商务活动。这一定义,将电子商务的内涵由原来限于市场商贸方面的商务活动拓展到包括企业内部的经营管理活动。

2. 电子商务的内涵

从电子商务的定义中，可以归纳出电子商务的内涵，即信息技术特别是 Internet 技术的产生和发展是电子商务开展的前提条件，掌握现代信息技术和商务理论与实务的人是电子商务活动的核心，系列化、系统化的电子工具是电子商务活动的基础，以商品贸易为中心的各种经济事务活动是电子商务的对象。

1) 电子商务的前提

电子商务的前提是信息技术的应用。

2) 电子商务的核心

使用电子商务的核心是人。第一，电子商务是一个社会系统，既然是社会系统，它的中心必然是人；第二，商务系统实际上是由围绕商品贸易活动代表着各方面利益的人所组成的关系网；第三，在电子商务活动中，虽然充分强调工具的作用，但归根结底起关键作用的仍是人。

3) 电子商务的基础

电子商务活动的基础是电子工具的使用。

4) 电子商务的对象

电子商务的对象是各种商务活动。

从社会再生产发展的环节看，在生产、流通、分配、交换、消费这个链条中，发展变化最快、最活跃的就是位于中间环节的流通、分配和交换。通过电子商务，可以大幅度地减少不必要的商品流动、物资流动、人员流动和货币流动，减少商品经济的盲目性，减少有限的物质资源和能源资源的消耗和浪费。

3. 电子商务的应用

1) 电子商务应用层次和类型

电子商务是从企业全局角度出发，根据市场需求来对企业业务进行系统规范的重新设计和构造，以适应网络知识经济时代的数字化管理和数字化经营需要。图 7.1 表示了电子商务覆盖的主要 Internet 商业应用类型。

图 7.1 电子商务应用类型

不同公司和组织对电子商务有不同的定义，但其基本内涵是一致的。国际数据公司 IDC(http://www.idc.com)的系统研究分析指出，电子商务的应用可以分为这样几个层次和类型。

第一个层次是面向市场的以市场交易为中心的活动，它包括促成交易实现的各种商务活动，如网上展示、网上公关、网上洽谈等活动，其中网络营销是最重要的网上商务活动，还包括实现交易的电子贸易活动,它主要是利用 EDI、Internet 实现交易前的信息沟通、交易中的网上支付和交易后的售后服务等。有时将网上商务活动和电子贸易活动统称为电子商贸活动。

第二个层次是如何利用 Internet 来重组企业内部经营管理活动,使这项活动与企业开展的电子商贸活动保持协调一致。最典型的是供应链管理,它从市场需求出发利用网络将企业的销、产、供、研等活动串在一起,实现企业网络化数字化管理,以求最大限度地适应网络时代市场需求的变化,也就是企业内部的电子商务实现。

第三个层次是指以 Internet 为基础的社会经济活动,如电子政务是指政府活动的电子化,它包括政府通过 Internet 处理政府事务、利用 Internet 进行招商投标、实现政府采购、收缴税费等。

第三个层次的电子商务是第一个层次和第二个层次电子商务的支撑环境。只有 3 个层次电子商务共同协调发展,才可能推动电子商务朝着良性循环方向发展。

2) 电子商务的应用领域

电子商务应用的行业和部门包括国际旅游和各国旅行服务行业;传统的出版社和电子书刊、音像出版部门;计算机、网络、数据通信软件和硬件生产商;各种传统商品生产企业;批发、零售商店;无收入的慈善机构;商业银行、证券公司、投资公司、保险公司等金融机构;政府机关部门;信息公司、咨询服务公司、顾问公司;教育部门和医疗卫生行业;等等。

(1) 电子商店:利用电子技术从事商品零售业的企业,我们称为电子商店(也称网上商店)。电子商店是建立在网络世界中的虚拟商店,在 Internet 网上就是一个站点,它可以只是一间小机房、一套电脑、一套联网设备和相应的一套软件,就可以达到现实中一个规模不小的商店同样的市场覆盖面。电子商店摆放的是商品的目录和各种商品文字影像的介绍,这样的信息通过网络可以传送到访问商店站点的千家万户的计算机中,无论他们居住何处,可使人们足不出户就好像进入了一家商店,可以看到各种商品的具体型号、规格、售价以及商品的真实图片(图像)和性能介绍,达到亲临商场的效果。尤其具有吸引力的是这种方式还可以达到亲临现场无法达到的目的。

(2) 网上银行:网上银行一词,通常泛指以 Internet 为基础提供各式各样金融服务的银行。网上银行的功能一般包括银行业务项目、商务服务以及信息发布。银行业务项目主要包括个人银行、对公业务(企业银行)、信用卡业务、多种付款方式、国际业务、信贷及特色服务等功能。商务服务包括投资理财、资本市场、政府服务等功能。信息发布包括国际市场外汇行情、对公利率、储蓄利率、汇率、国际金融信息、证券行情、银行信息等功能。

目前,网上银行实现的功能主要是信用卡、个人银行、对公业务等客户与银行间关系较密切的部分。

(3) 旅游业电子商务:一个旅游电子商务系统就是把相关旅游服务机构的营业柜台延伸到 Internet 这一新型和极具开发潜力的市场中去。一个完善的旅游电子商务系统至少应该提供如下功能。

① 信息查询服务。其中包括旅游服务机构相关信息，如饭店、旅行社以及民航航班等信息以及旅游景点、旅游线路信息和旅游常识。

② 在线预订服务。主要提供酒店客房、民航班机机票、旅行社旅游线路等方面的实时、动态的在线预订业务。

③ 客户服务。提供 Internet 在线旅游产品预订的客户端应用程序。利用这种预订客户(指通过系统进行预订的个人以及机关团体)可以与代理人(指上述的酒店、民航、旅行社等相关旅游服务机构)进行实时的网上业务洽谈，管理自己的预订记录。

④ 代理人服务。提供给酒店、民航、旅行社等多种旅游产品的代理端应用程序。在此，代理人可以与客户进行实时的网上业务洽谈、管理其旅游产品的预订记录、查阅客户的账目。

一个好的旅游电子商务系统还应该提供旅游电子地图及网上导游。使用者可以通过在地图上划定范围来查看该区域的旅游资源，也可以通过选定名称在地图上定位。电子地图能够随意放大、缩小以及移动，按需要动态选择旅游资源(如酒店、景点、旅行社、商场、饮食、文化娱乐等)、交通场所(如机场、港口、火车站、汽车站、口岸、边检站等)、标志性建筑、道路等。

通过上述服务，使旅游者坐在家中、办公室里就能够凭借接入 Internet 进入电子商务系统，查询到前往城市的相关旅游信息(如城市简介及旅行常识、旅游景点和线路、酒店、票务代理中心、旅行社等)；轻点鼠标，就可以根据自己的需要和预算选择并预订入住的酒店及相关服务(如客户、娱乐、餐饮、交通以及接待等)；旅行社的旅游线路和导游服务以及往返机票；等等。整个过程方便快捷，节省费用。

(4) 电子政府：电子政府是一个利用信息技术和通信技术，在大众公用计算机网络(Internet)上有效实现行政、服务及内部管理等功能，在政府、社会和公众之间建立有机服务系统的集合。总体来说，电子政府的目的主要体现在以下 5 个方面。

① 政府机构各部门实行计算机化、网络化和信息化，帮助提高政府在行政、服务和管理方面的效率。电子政府利用信息技术，积极推动精简组织和简化办公等工作。

② 政府从被动服务转变为主动服务，企业、公民可以不受地点、时间的限制全面了解政府方针政策，接受政府的管理。

③ 政府的信息网络覆盖政府的各级部门。政府利用统一的信息资源,通过语音、Internet 网络等现代化手段，为公众提供简便的多元化服务。

④ 以政府的信息化发展推动和加速整个社会的信息化发展。向公众展示高新技术的应用，让社会享受信息网络的便利，切实地推动全社会信息化的发展。

⑤ 适应数字经济的发展，引导、规划和管理电子商务活动，建立电子商务的支撑环境。

(5) 税务电子化：伴随着电子商务的发展，迫切需要对税收方式进行变革。在农业社会中，农业生产是社会主要的生产行业，农业税是国家最重要的税种。由于生产方式简单，政府往往采取按人口多少或按土地多少作为征税的标准。进入工业文明社会，生产行业复杂化，国家不得不建立一个繁杂的税法体系和一个庞大的征税机构以适应形势的变化。随着社会的进一步发展,传统的税收方式已经远远不能适应现实的需要。尽管税务机构已经十分庞大,还是难以应付迅速膨胀的贸易额带来的挑战。税收方式实现电子化、网络化是发展的客观要求。

一些发达国家很早就开始了这个方面的尝试,取得了一些很有价值的经验。一般的做法是将纳税义务人编号,按编号在计算机中开立户头。税务局除根据纳税人自己的申报资料立档外,还要与有关机构(如银行、工商管理部门、车辆注册机关及各种社会组织等)的数据库联网,随时获取所需的各种资料,由计算机监督纳税人是否已经登记,并对纳税报单进行分析比较,以防止纳税人偷税漏税。申报表由用户自己输入内容,经由电话线直接传递给税务局计算机系统,生成相应的申报数据,即可实现双向数据传递。

电子商务环境下,税收是通过公共计算机网络自动、双向完成的,是通过数字方式无纸化进行的。税务机构从网上监控各纳税人的经济活动,以电子发票取代传统的发票形式。人们在家里即可完成购物、投资、理财及纳税活动。可以预见,伴随着电子商务的发展,税收完全可以通过电子化来管理其活动,以适应电子商务的需要。服务于电子商务的税务系统可完成税务申报、支付、传输证明等功能。

7.1.2 电子商务基本模式

1. 按电子商务参加主体划分

1) 企业与消费者之间的电子商务(B2C)

企业与消费者之间的电子商务可以说就是通过电子商店实现网上在线商品零售和为消费者提供所需服务的商务活动。这是大众最为熟悉的一类电子商务类型,目前在 Internet 网上有很多这种电子商务类型的例子,如世界上最大的网上书店亚马逊书店(http://www.amazon.com);国内的网上商城当当网站(http://www.dangdang.com);等等。随着 Internet 的普遍应用,这类电子商务有着强劲的发展势头。

企业与消费者之间的电子商务引发了商品营销方式的重大变革,无论是企业还是消费者都从中获益匪浅。电子商店的出现,使消费者可以足不出户,通过自己的计算机在网上寻找、购买所需的商品,获得商家提供的一系列服务。通往全球的 Internet,使消费者购物的选择范围被最大化地扩展。网络多媒体技术可将商品由内到外进行全面介绍,便于消费者选择 Internet 上高速度、低费用的信息,可以让消费者高效、便捷、低成本地完成网上购物过程。尤其值得称道的是,网上购物为现代社会消费时尚的个性化进一步提供了便利,消费者不再是只能被动地购买已生产出的商品,而是可以通过网络向商家提出个人要求甚至可以虚拟出自己想要的商品,商家获取信息,就可能满足消费者独特的消费愿望。

对于商家而言,建立电子商店,完全更新了原有的市场概念,传统意义上的商业圈被打破,客户扩展到了全国乃至全世界,形成了真正意义上的国际化市场,赢得了前所未有的商机。另外,电子商店交易成本比传统商店的销售成本大大降低,因为在线销售可以避免有形商场及流通设施的投资,将依靠人工完成的交易活动转化成数字化的信息传送过程,可以节省大量商流费用,带来了经营成本的降低,使商家更具竞争力。

2) 企业与企业之间的电子商务(B2B)

企业对企业的电子商务是指在 Internet 上采购商与供应商进行谈判、订货、签约、接收发票和付款以及索赔处理、商品发送管理和运输跟踪等所有活动。企业之间的电子商务具体包括以下的功能。

(1) 供应商管理。减少供应商数量，降低订货成本，缩短周转时间，用更少的人员完成更多的订货工作。

(2) 库存管理。缩短"订货—运输—付款(order—ship—bill)"环节，从而降低存货成本，促进存货周转。

(3) 销售管理。实现网上订货。

(4) 信息传递。管理交易文档，安全及时地传递订单、发票等所有商务文档信息。

(5) 支付管理。进行网上电子货币支付。

企业间的电子商务又可以分为两种。一种是非特定企业间的电子商务，它是在开放的网络中对每笔交易寻找最佳伙伴，并与伙伴进行从定购到结算的全面交易行为。另外一种是特定企业间的电子商务，是指过去一直有交易关系而且今后要继续进行交易的企业间围绕交易进行的各种商务活动，特定的企业间买卖双方既可以利用大众公用网络进行，也可以利用企业间专门建立的网络完成。

3) 企业与政府之间的电子商务(B2G)

企业与政府之间的电子商务涵盖了政府与企业间的各项事务，包括政府采购、税收、商检、管理条例发布，以及法规政策颁布等。政府一方面作为消费者，可以通过 Internet 发布自己的采购清单，公开、透明、高效、廉洁地完成所需物品的采购；另一方面，政府对企业宏观调控、指导规范、监督管理的职能通过网络以电子商务方式更能充分、及时地得到发挥。借助于网络及其他信息技术，政府职能部门能更及时全面地获取所需信息，作出正确决策和快速反应，能迅速、直接地将政策法规及调控信息传达给企业，起到管理与服务的作用。在电子商务中，政府还有一个重要作用，就是对电子商务的推动、管理和规范作用。在发达国家，发展电子商务主要依靠私营企业的参与和投资，政府只起引导作用，而在像我国这样的发展中国家，则更需要政府的直接参与和帮助。与发达国家相比，发展中国家企业规模偏小，信息技术落后，债务偿还能力低，政府的参与有助于引进技术、扩大企业规模和提高企业偿还债务能力。另外，许多发展中国家的信息产业都处于政府垄断经营或政府管制之下，没有政府的积极参与和帮助将很难快速地发展电子商务。另一方面，由于电子商务的开展涉及很多方面，没有相应的法规予以规范也是难以进行的，而对于法规的制定、实施、监督及违法的制裁，政府发挥着不可替代的作用。总之，在电子商务中政府有着双重角色，既是电子商务的使用者，进行购买活动，属商业行为，又是电子商务的宏观管理者，对电子商务起着扶持和规范的作用。对企业而言，政府既是电子商务中的消费者，又是电子商务中企业的管理者。

4) 企业内部电子商务

企业内部电子商务是指在企业内部通过网络实现内部物流、信息流和资金流的数字化。

它的基本原理同企业间电子商务类似，只是企业内部不同部门进行交换时，交换对象是相对确定的，对交换的安全性和可靠性要求较低。而企业间电子商务实现的是两个不同企业主体之间的交易。交易双方存在信用管理、安全可靠等问题，因此比企业内部电子商务要求要高一些。企业内部电子商务的实现主要是在企业内部信息化的基础上，将企业的内部交易网络化，它是企业外部电子商务的基础，而且相比企业外部电子商务更容易实现。

2. 按电子商务交易过程划分

1) 交易前电子商务

按电子商务交易过程可以划分为交易前、交易中、交易后三类电子商务。交易前电子商务主要是指买卖双方和参加交易其他各方在签订贸易合同前的准备活动，包括以下几方面。

(1) 买方根据自己要买的商品，准备购货款，制订购货计划，进行货源市场调查和市场分析，反复进行市场查询，了解各个卖方国家的贸易政策，反复修改购货计划和进货计划，确定和审批购货计划，再按计划确定购买商品的种类、数量、规格、价格、购货地点和交易方式等。在上述活动中尤其要利用 Internet 和各种电子商务网络。

(2) 卖方根据自己所销售的商品，召开商品新闻发布会，制作广告进行宣传，全面进行市场调查和市场分析，制定各种销售策略和销售方式，了解各个买方国家的贸易政策，利用 Internet 和各种电子商务网络发布商品广告，寻找贸易伙伴和交易机会，扩大贸易范围和商品所占市场的份额。其他参加交易的各方，如中介方、银行金融机构、信用卡公司、海关系统、商检系统、保险公司、税务系统、运输公司，也都为进行电子商务交易做好相应的准备。

(3) 买卖双方对所有交易细节进行谈判，将双方磋商的结果以文件的形式确定下来，然后以书面文件形式和电子文件形式签订贸易合同。在这一阶段，交易双方可以利用现代电子通信设备和通信方法，经过认真谈判和磋商，将双方在交易中的权利，所承担的义务，对所购买商品的种类、数量、价格、交货地点、交货期、交易方式和运输方式，违约和索赔等合同条款，全部以电子交易合同方式作出全面详细的规定，合同双方可以利用 EDI 进行签约，可以通过数字签名等方式进行签约。

2) 交易中电子商务

主要是指买卖双方签订合同后到合同开始履行之前办理各种手续的过程，要涉及中介方、银行金融机构、信用卡公司、海关系统、商检系统、保险公司、税务系统、运输公司等。买卖双方要利用 EDI 与有关各方进行各种电子票据和电子单证的交换，直到办理完这一过程的所有手续为止。

3) 交易后电子商务

交易后的活动是从买卖双方办完所有手续之后开始，卖方要备货、组货，同时进行报关、保险、取证、发信用证等，卖方将所售商品交付给运输公司包装、起运、发货，买卖双方可以通过电子商务服务器跟踪这一过程，银行和金融机构也按照合同处理双方收付款、进行结算、出具相应的银行单据等，直到买方收到自己所购的商品，完成整个交易过程。

索赔是在买卖双方交易过程中出现违约时,需要进行违约处理的工作,受损方要向违约方索赔。

3. 按电子商务交易对象划分

1) 有形商品电子商务

有形商品指的是占有三维空间的实体类商品,这类商品的交易过程中所包含的信息流和资金流可以完全实现网上传输,卖方通过网络发布商品广告、供货信息及咨询信息,买方通过网络选择欲购商品并向卖方发送订单,买卖双方在网上签订购货合同后又可以在网上完成货款支付,但交易的有形商品必须由卖方通过某种运输方式送达买方指定地点。电子商务破除了商家对各种商品批量购进、集中存储、坐店销售的方式,商品需要直接送到消费者手中。这种商品交割方式的变化,说明网上购物使传统的物流配送向消费者端延伸。所以有形商品电子商务必须解决好货物配送的问题。电子商务中的商品配送有范围大、送货点分散、批量小、送货及时等特点。对商家来说这些特点如果引起销售成本大大增加,就可能导致商家在电子商务面前驻足不前。有形商品交易的电子商务由于三流(信息流、资金流、物流)不能完全在网上传输,可称非完全电子商务。

2) 无形商品电子商务

无形商品指包括软件、电影、音乐、电子读物、信息服务等可以数字化的商品。无形商品网上交易与有形商品网上交易的区别在于前者可以通过网络将商品直接送到购买者手中,也就是说无形商品电子商务完全可以在网络上实现,因而这类电子商务属完全电子商务。

7.2 电子商务在物流中的应用

Internet 的发明是近 30 年来最伟大的社会成就和科技成就,它正使人们的生活发生变化,也将引领一场商业领域的变迁与飞跃。基于 Internet 的电子商务可以说是 21 世纪经济的新亮点,但就目前来说,这个亮点尚未闪耀光芒,或许只是一种经济发展的目标模式。无疑,电子商务是 21 世纪新的商务工具,它将像杠杆一样撬动传统产业和新兴产业,促进传统产业的蜕变和新兴产业的发展,而在这个过程中,现代物流将成为这个杠杆的支点。

7.2.1 电子商务与物流的关系

1. 电子商务与物流的关系以及物流的重要性

电子商务同专业物流的关系如同企业与银行的关系。但是,由于电子商务公司同传统的公司比较具有更加容易建立、营运成本低的特点,其竞争将会更加激烈,估计将会发展为与物流融合,形成一个公司既有电子商务,也有物流,而各个公司之间如同现在一样,既有合作,又有竞争。垄断企业的规模会进一步扩大,其垄断不仅仅在某一行业,也可以是某一地区的商务,即产生商务垄断。

1) 物流——实现电子商务的保证

(1) 物流保障生产：无论在传统的贸易方式下，还是在电子商务下，生产都是商品流通之本，而生产的顺利进行需要各类物流活动的支持。生产的全过程从原材料的采购开始，便要求有相应的供应物流活动，将所采购的材料到位，否则，生产就难以进行；在生产的各工艺流程之间，也需要原材料、半成品的物流过程，即所谓的生产物流，以实现生产的流动性；部分余料、可重复利用的物资的回收，就需要所谓的回收物流；废弃物的处理则需要废弃物物流。可见，整个生产过程实际上就是系列化的物流活动。合理化、现代化的物流通过降低费用从而降低成本、优化库存结构、减少资金占压、缩短生产周期，保障了现代化生产的高效进行。相反，缺少了现代化的物流，生产将难以顺利进行，那么无论电子商务是多么便捷的贸易形式，仍将是无米之炊。

(2) 物流服务于商流：在商流活动中，商品所有权在购销合同签订的那一刻起，便由供方转移到需方，而商品实体并没有因此而移动。在传统的交易过程中，除了非实物交割的期货交易，一般的商流都必须伴随相应的物流活动，即按照需方(购方)的需求将商品实体由供方(卖方)以适当的方式、途径向需方转移。而在电子商务下，消费者通过上网单击购物，完成了商品所有权的交易过程，即商流过程。但电子商务的活动并未结束，只有商品和服务真正转移到消费者手中，商务活动才告以终结。

在整个电子商务的交易过程中，物流实际上是以商流的后续者和服务者的姿态出现的。没有现代化的物流，如何轻松的商流活动都仍会退化为一纸空文。

2) 物流是电子商务概念的重要内容

任何一次商品流通过程，包括完整的电子商务，也都是商流、物流、信息流、资金流实现的过程。商流、信息流、货币流可以有效地通过 Internet 来实现，在网上可以轻而易举地完成商品所有权的转移。但是这毕竟是"虚拟"的流通过程，最终的资源配置，还需要通过商品实体的转移来实现，也就是说，尽管网上可以解决商品流通的大部分问题，但是却无法解决"物流"的问题。

在一段时期内，人们对电子商务的认识有一些偏差，以为网上交易就是电子商务。这个认识的偏差在于网上交易并没有完成商品的实际转移，只完成了商品"所有权证书"的转移，更重要的转移是伴随商品"所有权证书"转移而出现的商品的实体转移，这个转移完成，才使商品所有权最终发生了变化。在计划经济时期，这个转移要靠取货，在市场经济条件下，在实现市场由卖方市场向买方市场的转变之后，这个转移就要靠配送，这是网络上无法解决的。

发达国家的一些著名公司，对于电子商务的表述是企业、供应商、用户的网络联结。这种表述对于西方发达国家来说无疑是正确的，其原因在于，西方发达国家在几十年的发展历程中，已经建立了比较完善的社会流通系统和配送服务系统，这些系统能够有效地对于网上交易的结果用配送服务来实现实物的交易。因此，只要利用 Internet 实现了网络联结，以后的事情，有成熟的社会配送服务系统去解决。但是在中国，这就行不通了。在中国，电子商务的建设，如果不包含配送服务在内，就不可能完成一个完整的商务活动，这是由中国的国情决定的。

3) 物流是实现"以顾客为中心"理念的根本保证

从原始买卖到如今的电子商务,其中最大改变就是电子商务不受时间、地点的限制。电子商务可以把所有的商品买卖虚拟成一个大的商场,在任何时间、地点都可以买到世界上任何一种商品。电子商务的出现,在最大程度上方便了最终消费者,他们不必再跑到拥挤的商业街,一家又一家地挑选自己所需的商品,而只要坐在家里,在 Internet 上搜索、查看、挑选,就可以完成他们的购物过程。但试想,他们所购的商品迟迟不能送到或商家所送并非自己所购,那消费者还会选择网上购物吗?网上购物的不安全性,一直是电子商务难以推广的重要原因。不管是企业与企业之间的电子商务,还是企业与消费者之间的电子商务,作为消费者买了商品,是不是商品能安全迅速地送到手中这才是消费者最关心的问题,这当中就需要解决物流及配送等问题。一句话:电子商务的发展需要物流做基础,物流是实现"以顾客为中心"理念的根本保证。

4) 电子商务服务于物流信息化

电子商务必须以信息化为基础,离开信息化,电子商务将成为无源之水,无本之木。物流信息化表现为物流信息的商品化;物流信息收集的数据化和代码化;物流信息处理的电子化和计算机化;物流信息传递的标准化和实时化;物流信息存储的数字化;等等。随着电子商务的发展,电子商务在我国物流业中将得到普遍的应用。信息化是一切电子商务的基础,没有物流的信息化,任何先进的技术装备都不可能应用于物流领域,信息技术和计算机技术的应用将彻底改变我国物流业的面貌。

物流是电子商务中实现以"以顾客为中心"理念的最终保证,缺少了现代化的物流技术,电子商务给消费者带来的购物便捷等于零,消费者必然会转向他们认为更为安全的传统购物方式,那网上购物还有什么存在的必要?

5) 电子商务是网络经济和现代物流一体化的产物

以 Internet 为平台的网络经济,是"新经济"的核心,网上的信息传递和信息经营,网上的交易,网上的结算,等等,都是依托 Internet 的新的经济运作方式,也是网络经济的重要内容。

配送方式又是现代物流的一个核心内容,可以说是现代市场经济体制、现代科学技术和系统物流思想的综合产物,和人们一般所熟悉的"送货"有着本质上的区别。从新经济的角度来看,被认为是新经济中新生产方式的零库存生产方式和电子商务等,配送都是其重要的组成部分,因此配送也应当纳入到新经济的体系之中。当然,配送对于经济发展的意义,不仅局限在电子商务的一个重要组成部分,更重要在于它是企业发展的一个战略手段。从历史上曾采用的一般送货,发展到以高技术方式支持的,作为企业发展战略手段的配送,也是近一二十年的事情。许多国家甚至到 20 世纪 80 年代才真正认识到这一点。国外学者提到"在过去十年里,这种态度和认识有了极大转变。企业界普遍认识到配送是企业经营活动主要组成部分,它能给企业创造出更多盈利,是企业增强自身竞争能力的手段"。

由此可见,电子商务这种新经济形态,是由网络经济和现代物流共同创造出来的,是两者一体化的产物。如果表述电子商务的内涵,可以提出以下公式:电子商务=网上信息传递+网上交易+网上结算+配送。

2. 电子商务的物流瓶颈

电子商务的瓶颈问题,是目前研究比较多的一个问题,实际上,网络安全问题、网上结算问题虽然被很多人称之为瓶颈,但是实际上,现在的科学技术、管理和实践都已经证实,这些问题都构不成瓶颈。中国2 000多家上市公司,每天几百亿人民币的网上交易和结算,已经成功运作很多年,就已经证实了这些问题都不是所谓的瓶颈。应该说,唯一的不可回避的是物流瓶颈。在我国,目前电子商务的物流瓶颈主要表现是在网上实现商流活动之后,没有一个有效的社会物流配送系统对实物的转移提供低成本的、适时的、适量的转移服务。配送的成本过高、速度过慢是偶尔涉足电子商务的买方最为不满的地方。

总之,物流瓶颈问题可以从以下两方面去认识。

(1) Internet无法解决物流问题。可以依靠Internet解决商流及其相关问题,但是却无法解决物流的主要问题。在这种情况下,未来的流通时间和流通成本,绝大部分被物流占有。因此,物流对未来的经济发展会起到非常大的决定和制约作用。我们可以说,现代经济的水平,在很大程度上取决于物流的水平。然而物流的特殊性就决定无法像解决商流问题一样依靠Internet来解决物流问题。以Internet为平台,网络经济可以得到改造和优化物流,但是不可能从根本解决物流问题。物流问题的解决,尤其是物流平台的构筑,需要进行大规模的基础建设。

(2) 物流本身发展的滞后。和电子商务的发展相比,即便是发达国家的物流,其发展速度也难以和电子商务的发展速度并驾齐驱。在我国,物流更是处于经济领域的落后部分,一个先进的电子商务和一个落后的物流,尤其在我国形成一个非常鲜明的对比。网络经济、电子商务的迅猛发展势头,会加剧物流瓶颈的作用。这一问题,表面上看是我国物流服务问题,其背后的原因,是我国为物流服务运行的物流平台不能满足发展的要求。所以,在关注电子商务的同时,以更大的精力建设基础物流平台系统和与电子商务配套的配送服务系统,逐渐改善我国的物流平台,建立物流产业,应当是需要引起决策层和经济界重视的问题。

经济的发展、协调、同步是规律之一,其主要原因在于尽量减少制约和瓶颈问题的出现,尽量降低经济发展所付出的成本。一个国家物流环境的改善和物流系统的建设,虽然可以"跨越式发展",但它们毕竟是基础性的东西,需要一点一滴地建设和积累,所以物流的瓶颈作用不是很短时期或者轻而易举就可以解决的。

3. 电子商务物流的特点

电子商务时代的来临,给全球物流带来了新的发展,使物流具备了一系列新特点。

1) 信息化

电子商务时代,物流信息化是电子商务的必然要求。物流信息化表现为物流信息的商品化;物流信息收集的数据库化和代码化;物流信息处理的电子化和计算机化;物流信息传递的标准化和实时化;物流信息存储的数字化;等等。因此,条码技术、数据库技术、EOS、EDI、快速反应(Quick Response,QR)、有效的客户反映(Effective Customer Response,ECR)、企业资源计划(Enterprise Resource Planning,ERP)等技术与观念在我国的物流中将会得到普遍的应用。信息化是一切的基础，没有物流的信息化，任何先进的技术设备都不可能应用于物流领域，信息技术及计算机技术在物流中的应用将会彻底改变世界物流的面貌。

2) 自动化

自动化的基础是信息化，自动化的核心是机电一体化，自动化的外在表现是无人化，自动化的效果是省力化，另外还可以扩大物流作业能力、提高劳动生产率、减少物流作业的差错等。物流自动化的设施非常多，如条码、语音、射频自动识别系统；自动分拣系统；自动存取系统；自动导向车；货物自动跟踪系统；等等。这些设施在发达国家已普遍用于物流作业流程中，而在我国由于物流业起步晚，发展水平低，自动化技术的普及还需要相当长的时间。

3) 网络化

物流领域网络化的基础也是信息化，这里指的网络化有两层含义：①物流配送系统的计算机通信网络，包括物流配送中心与供应商或制造商的联系要通过计算机网络，另外与下游顾客之间的联系也要通过计算机通信网络，比如物流配送中心向供应商提出订单这个过程，就可以使用计算机通信方式，借助于 VAN 上的 EOS 和 EDI 来自动实现，物流配送中心通过计算机网络收集下游客户的订货的过程也可以自动完成；②组织的网络化，即所谓的 Intranet。比如中国台湾的计算机业在 20 世纪 90 年代创造出了"全球运筹式产销模式"，这种模式的基本特点是按照客户订单组织生产，生产采取分散形式，即将全世界的计算机资源都利用起来，采取外包的形式将一台计算机的所有零部件、元器件、芯片外包给世界各地的制造商去生产，然后通过全球的物流网络将这些零部件、元器件和芯片发往同一个物流配送中心进行组装，由该物流配送中心将组装的计算机迅速发给订户。这一过程需要有高效的物流网络支持，当然物流网络的基础是信息、计算机网络。

物流的网络化是物流信息化的必然，是电子商务下物流活动的主要特征之一。当今世界 Internet 等全球网络资源的可用性及网络技术的普及为物流的网络化提供了良好的外部环境，物流网络化不可阻挡。

4) 智能化

这是物流自动化、信息化的一种高层次应用，物流作业过程大量的运筹和决策，如库存水平的确定、运输(搬运)路径的选择、自动导向车的运行轨迹和作业控制、自动分拣机的运行、物流配送中心经营管理的决策支持等问题都需要借助于大量的知识才能解决。在物流自动化的进程中，物流智能化是不可回避的技术难题。好在专家系统、机器人等相关技术在国际上已经有比较成熟的研究成果。为了提高物流现代化的水平，物流的智能化已成为电子商务下物流发展的一个新趋势。

5) 柔性化

柔性化本来是为实现"以顾客为中心"理念而在生产领域提出的，但要真正做到柔性化，即真正地能根据消费者需求的变化来灵活调节生产工艺，没有配套的柔性化的物流系统是不可能达到目的的。20 世纪 90 年代，国际生产领域纷纷推出弹性制造系(Flexible Manufacturing System，FMS)、计算机集成制造系统(Computer Integrated Manufacturing

System，CIMS)、制造资源系统(Manufacturing Requirement Planning，MRP)、企业资源计划以及供应链管理的概念和技术，这些概念和技术的实质是要将生产、流通进行集成，根据需求组织生产、安排物流活动。因此，柔性化的物流正是适应生产、流通与消费的需求而发展起来的一种新型物流模式。这就要求物流配送中心要根据消费需求"多品种、小批量、多批次、短周期"的特色，灵活组织和实施物流作业。

另外，物流设施、商品包装的标准化，物流的社会化、共同化也都是电子商务下物流模式的新特点。

4. 电子商务物流的发展趋势

电子商务时代，由于企业销售范围的扩大，企业和商业销售方式及最终消费者购买方式的转变，使得送货上门等业务成为一项极为重要的服务业务，促进了物流行业的兴起。物流行业既能提供完整物流机能的服务，又能服务于运输配送、仓储保管、分装包装、流通加工等以收取报偿为主的行业，主要包括仓储企业、运输企业、装卸搬运、配送企业、流通加工业等。信息化、全球化、多功能化和一流的服务水平，已成为电子商务下的物流企业追求的目标。

1) 多功能化——物流企业发展的方向

在电子商务时代，物流发展到集约化阶段，一体化的配送中心不单单提供仓储和运输服务，还必须开展配货、配送和各种提高附加值的流通加工服务项目，也可按客户的需要提供其他服务。现代供应链管理即通过从供应者到消费者供应链的综合运作，使物流达到最优化。企业追求全面的、系统的综合效果，而不是单一的、孤立的片面观点。

作为一种战略概念，供应链也是一种产品，而且是可增值的产品。其目的不仅是降低成本，更重要的是提供用户期望以外的增值服务，以产生和保持竞争优势。从某种意义上讲，供应链是物流系统的充分延伸，是产品与信息从原料到最终消费者之间的增值服务。

在经营形式上，采取合同型物流。这种配送中心与公用配送中心不同，它是通过签订合同，为一家或数家企业(客户)提供长期服务，而不是为所有客户服务。这种配送中心有由公用配送中心来进行管理的，也有自行管理的，但主要是提供服务，也有可能所有权属于生产厂家，交专门的物流公司进行管理。

供应链系统物流完全适应了流通业经营理念的全面更新。因为以往商品经由制造、批发、仓储、零售各环节间的多层复杂途径，最终到消费者手里，而现代流通业已简化为由制造经配送中心送到各零售点。它使未来的产业分工更加精细，产销分工日趋专业化，大大提高了社会的整体生产力和经济效益，使流通业成为整个国民经济活动的中心。

另外，在这个阶段有许多新技术，例如准时制工作法(Just In Time，JIT)，又如POS，商店将销售情况及时反馈给工厂的配送中心，有利于厂商按照市场调整生产，以及同配送中心调整配送计划，使企业的经营效益跨上一个新台阶。

2) 一流的服务——物流企业的追求

在电子商务下，物流业是介于供货方和购货方之间的第三方，是以服务作为第一宗旨的。从当前物流的现状来看，物流企业不仅要为本地区服务，而且还要进行长距离的服务。

因为客户不但希望得到很好的服务,而且希望服务点不是一处,而是多处。因此,如何提供高质量的服务便成了物流企业管理的中心课题。应该看到,配送中心离客户最近,联系最密切,商品都是通过它送到客户手中。美、日等国物流企业成功的要诀就在于他们都十分重视客户服务的研究。

首先,在概念上变革,由"推"(Push)到"拉"(Pull)。配送中心应更多地考虑"客户要我提供哪些服务",从这层意义讲,它是"拉",而不是仅仅考虑"我能为客户提供哪些服务",即"推"。如有的配送中心起初提供的是区域性的物流服务,以后发展到提供长距离服务,而且能提供越来越多的服务项目。又如配送中心派人到生产厂家"驻点",直接为客户发货。越来越多的生产厂家把所有物流工作全部委托配货中心去干,从根本意义上讲,配送中心的工作已延伸到生产厂家那里去了。

如何满足客户的需要把货物送到客户手中,主要在于配送中心的作业水平。配送中心不仅与生产厂家保持紧密的伙伴关系,而且直接与客户联系,能及时了解客户的需求信息,并沟通厂商和客户双方,起着桥梁作用。如美国普雷兹集团公司(APC)是一个以运输和配送为主的规模庞大的公司。物流企业不仅为货主提供优质的服务,而且要具备运输、仓储、进出口贸易等一系列知识,深入研究货主企业的生产经营发展流程和全方位系统服务。优质和系统的服务使物流企业与货主企业结成战略伙伴关系(或称策略联盟),一方面有助于货主企业的产品迅速进入市场,提高竞争力;另一方面则使物流企业有稳定的资源,对物流企业而言,服务质量和服务水平正逐渐成为比价格更为重要的选择因素。

3) 信息化——现代物流企业的必由之路

在电子商务时代,要提供最佳的服务,物流系统必须要有良好的信息处理和传输系统。美国洛杉矶西海报关公司与码头、机场、海关信息联网。当货从世界各地起运时,客户便可以从该公司获得到达的时间、到泊(岸)的准确位置,使收货人与各仓储、运输公司等做好准备,使商品在几乎不停留的情况下,快速流动、直达目的地。又如美国干货储藏公司(D.S.C)有200多个客户,每天接收大量的订单,需要很好的信息系统。为此,该公司将许多表格编制了计算机程序,大量的信息可以迅速输入、传输,各子公司也是如此。再如美国橡胶公司(USCO)的物流分公司设立了信息处理中心,接收世界各地的订单。IBM公司只需按动键盘,就可以接通USCO公司订货,通常在几小时内便可把货送到客户手中。良好的信息系统能提供极好的信息服务,以赢得客户的信赖。

在大型的配送公司里,往往建立了有效客户信息反馈和JIT系统。有效客户信息反馈是至关重要的,有了它,就可做到客户要什么就生产什么,而不是生产出东西等顾客来买。仓库商品的周转次数每年达20次左右,若利用客户信息反馈这种有效手段,可增加到24次。这样,可使仓库的吞吐量大大增加。通过JIT系统,可从零售商店很快地得到销售反馈信息。配送不仅实现了内部的信息网络化,而且增加了配送货物的跟踪信息,从而大大提高了物流企业的服务水平,降低了成本。成本一低,竞争力自然就增强了。

欧洲某配送公司通过远距离的数据传输,将若干家客户的订单汇总起来,在配送中心采用计算机系统,编制出"一笔划"式的最佳路径"组配拣选单"。配货人员只需到仓库转一次，即可配好订单上的全部要货。

在电子商务环境下，由于全球经济的一体化趋势，当前的物流业正向全球化、信息化、一体化发展。

商品与生产要素在全球范围内以空前的速度自由流动。EDI 与 Internet 的应用，使物流效率的提高更多地取决于信息管理技术，电子计算机的普遍应用提供了更多的需求和库存信息，提高了信息管理科学化水平，使产品流动更加容易和迅速。物流信息化，包括商品代码和数据库的建立，运输网络合理化、销售网络系统化和物流中心管理电子化建设等，目前还有很多工作有待实施。可以说，没有现代化的信息管理，就没有现代化的物流。

4）全球化——物流企业竞争的趋势

由于电子商务的出现，加速了全球经济的一体化，致使物流企业的发展达到了多国化。跨国企业从许多不同的国家收集所需要资源，进行再加工后向各国出口。

全球化的物流模式，使企业面临着新的问题。例如，当北美自由贸易区协议达成后，其物流配送系统已不是仅仅从东部到西部的问题以及从北部到南部的问题。这里面有仓库建设问题，也有运输问题。又如，从加拿大到墨西哥，如何运送货物，又如何设计合适的配送中心，还有如何提供良好服务的问题。另外一个困难是较难找到素质较好、水平较高的管理人员，因为有大量牵涉到合作伙伴的贸易问题。如日本在美国开设了很多分公司，而两国存在着不小的差异，势必会碰到如何管理的问题。

还有一个信息共享问题。很多企业有不少企业内部的秘密，物流企业很难与之打交道，因此，如何建立信息处理系统，以及时获得必要的信息，对物流企业来说是个难题。同时，在将来的物流系统中，能否做到尽快将货物送到客户手里，是提供优质服务的关键之一。客户要求发出订单后，第二天就能得到货物，而不是口头上说"可能何时拿到货物"。同时，客户还在考虑"所花费用与所得到的服务是否相称、是否合适"。

全球化战略的趋势，使物流企业和生产企业更紧密地联系在一起，形成了社会大分工。生产厂集中精力制造产品、降低成本、创造价值，物流企业则花费大量时间、精力从事物流服务。物流企业的满足需求系统比原来更进一步了。例如在配送中心，对进口商品的代理报关业务、暂时储存、搬运和配送，必要的流通加工，从商品进口到送交消费者手中的服务实现一条龙。

7.2.2 美国电子商务物流方案设计

美国的物流配送业发展起步早，经验成熟，尤其是信息化管理程度高，对我国物流发展有很大的借鉴意义。美国物流配送形式如图 7.2 所示。

1. 美国物流配送中心的类型

从 20 世纪 60 年代起，商品配送合理化在发达国家得到普遍重视。为了向流通领域取得效益，美国企业采取了以下措施：①将老式的仓库改为配送中心；②引进计算机管理网络，对装卸、搬运、保管实行标准化操作，提高作业效率；③连锁店共同组建配送中心，促进连锁店效益的增长。美国连锁店的配送中心有多种，主要有批发型、零售型和仓储型 3 种类型。

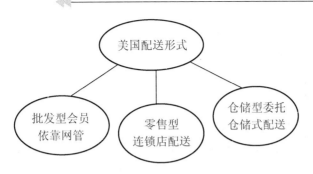

图 7.2　美国物流配送形式示意图

(1) 批发型。美国加州食品配送中心是全美第二大批发配送中心。建于 1982 年，建筑面积 10 万平方米，工作人员 2 000 人左右，共有全封闭型温控运输车 600 多辆，1995 年销售额达 20 亿美元。经营的商品均为食品，有 43 000 多个品种，其中有 98% 的商品由该公司组织进货，另有 2% 的商品是该中心开发加工的商品，主要是牛奶、面包、冰激凌等新鲜食品。该中心实行会员制，各会员超市因店铺的规模大小不同、所需商品配送量的不同，而向中心交纳不同的会员费。作为会员店在日常交易中与其他店一样，不受任何特殊的待遇，但可以参加配送中心定期的利润处理。该配送中心本身不是盈利单位，可以不交营业税。所以当配送中心获得利润时，采取分红的形式，将部分利润分给会员店。会员店分得利润的多少，将视在配送中心的送货量和交易额的多少而定，多者多利润。

该配送中心主要靠计算机管理。业务部通过计算机获取会员店的订货信息，及时向生产厂家和储运部发出要货指示单，厂家和储运部再根据要货指示单的先后缓急安排配送的先后顺序，将分配好的货物放在待配送口等待发运。配送中心 24 小时运转，配送半径一般为 50 千米。

配送中心与制造商、超市协商制定商品的价格，主要依据是：①商品数量与质量；②付款时间，如在 10 天内付款可以享受 2% 的价格优惠；③配送中心对各大超市配送商品的加价率，根据商品的品种、档次不同以及进货量的多少而定，一般为 2.9%～8.5%。

(2) 零售型。美国沃尔玛商品公司的配送中心是典型的零售型配送中心。该配送中心是沃尔玛公司独资建立的，专为沃尔玛公司的连锁店按时提供商品，确保各店稳定经营的设施。该中心的建筑面积为 12 万平方米，投资 7 000 万美元，有职工 1 200 多人。配送设备包括 200 辆车头、400 节车厢、13 条配送传送带，配送场内设有 170 个接货口。配送中心 24 小时运转，每天为分布在纽约州、宾夕法尼亚州等 6 个州的奥尔玛公司的 100 家连锁店配送商品。

该中心设在 100 家连锁店的中央位置，商圈为 320 千米，服务对象店的平均规模为 1.2 万平方米。中心经营商品 4 万种，主要是食品和日用品，通常库存为 4 000 万美元，旺季为 7 000 万美元，年周转库存 24 次。库存商品中，畅销商品和滞销商品各占 50%，库存商品期限超过 180 天为滞销商品。各连锁店的库存量为销售量的 10% 左右。1995 年该中心的销售额为 20 亿美元。

在沃尔玛各连锁店销售的商品，根据各地区收入和消费水平的不同，其价格也有所不同。总公司对价格差价规定了上下限，原则上不能高于所在地区同行业同类商品的价格。

(3) 仓储型。美国福来明公司的食品配送中心是典型的仓储式配送中心。它的主要任务是接受美国独立杂货商联盟加州总部的委托业务，为该联盟在该地区的 350 家加盟店负责商品配送。该配送中心建筑面积 7 万平方米，其中有冷库、冷藏库 4 万平方米，杂货库 3 万平方米，经营 8.9 万个品种，其中有 1 200 个品种是美国独立杂货商联盟开发的，必须集中配送。在服务对象店经营的商品中，有 70%左右的商品由该中心集中配送，一般鲜活商品和怕碰撞的商品，如牛奶、面包、炸土豆片、瓶装饮料和啤酒等，从当地厂家直接进货到店，蔬菜等商品也从当地的批发市场直接进货。

2. 美国配送中心运作流程

美国配送中心的库内布局及管理井井有条，使繁忙的业务互不影响，其主要经验为以下几点。

(1) 库内货架间设有 27 条通道，19 个进货口。

(2) 以托盘为主，4 组集装箱为一货架。

(3) 商品的堆放分为储存的商品和配送的商品。一般根据商品的生产日期、进货日期和保质期，采取先进库的商品先出库的原则，在存货架的上层是后进的储存商品，在货架下层的储存商品是待出库的配送商品。

(4) 品种配货因为是数量多的整箱货，所以用叉车配货；店配货因为是细分货，小到几双一包的袜子，所以利用传送带配货。

(5) 量轻、体积大的商品(如卫生纸等)用叉车配货；量大、体积小的商品用传送带配货。

(6) 特殊商品存放区，如少量高价值的药品、滋补品等，为防止丢失，用铁丝网圈起，标明无关人员不得入内。

7.2.3　电子商务物流模式选择

我国的电子商务物流体系大致可以有以下几种组建模式。

(1) 电子商务与普通商务活动共用一套物流系统。对于已经展开传统商务活动的公司，可以建立基于 Internet 的电子商务销售系统，同时可以利用原有的物流资源，承担电子商务的物流业务。国内从事普通销售业务的公司主要包括制造商、批发商、零售商等。制造商进行销售的倾向在 20 世纪 90 年代表现得比较明显，从专业化分工的角度来看，制造商的核心业务是商品开发、设计和制造，但越来越多的制造商不仅有庞大的销售网络，而且还有覆盖整个销售区域的物流、配送网。国内大型制造商的生产人员可能只有 3 000～4 000 人，但营销人员却可能有 1 万多人，制造企业的物流设施普遍要比专业流通企业的物流设施先进。这些制造企业完全可能利用原有的物流网络和设施支持电子商务业务。开展电子商务不需新增物流、配送投资，对这些企业来讲，比投资更为重要的是物流系统的设计、物流资源的合理规划。批发商和零售商应该比制造商更具有组织物流的优势，因为它们的主要业务就是流通。在美国，如 Wal-Mart(http://www.wal-mart.com)、Kmart(http://www.

kmart.com)、Sears(http://www.sears.com)等,在国内像北京的翠微大厦、西单商场等都开展了电子商务业务,其物流业务都与其一般销售的物流业务一起安排。

(2) ISP、ICP 自己建立物流系统或利用社会化的物流、配送服务。自从中美达成就中国加入 WTO 的双边贸易协定以来,中美两国就有许多 ISP、ICP 都想进入中国电子商务市场从事具体的电子商务销售活动,而国内一些企业与国外的信息企业合资组建电子商务公司时解决物流和配送系统问题的办法主要有以下 3 种。

① 自己组建物流公司。因为国内的物流公司大多是由传统的储运公司转变过来的,还不能真正满足电子商务的物流需求,因此,国外企业借助于他们在国外开展电子商务的先进经验在中国也开展物流业务,今后将会有一批为电子商务服务的物流公司以这种方式出现。

② 外包给专业物流公司。将物流外包 (Outsourcing)给第三方物流公司(Third Party Logistics)是跨国公司管理物流的通行作法。按照供应链的理论,将不是自己核心业务的业务外包给从事该业务的专业公司去做,这样从原材料供应到生产,再到产品的销售等各个环节的各种职能,都是由在某一领域具有专长或核心竞争力的专业公司互相协调和配合来完成的,这样所形成的供应链具有最大的竞争力。将物流、配送业务外包给第三方是电子商务经营者组织物流的可行方案。

(3) 第三方物流企业建立电子商务系统。区域性或全球性的第三方物流企业具有物流网络上的优势,它们发展到一定规模后,也想将其业务沿着主营业务向供应链的上游或下游延伸,向上延伸到制造业,向下延伸到销售业。比如,1999 年美国联邦快速公司(FedEx)决定与一家专门提供企业与企业之间的电子商务和企业与消费者之间的电子商务解决方案的 Intershop(http://www.intershop.com)通信公司合作开展电子商务业务。像 FedEx 这样的第三方物流公司开展电子商务销售业务完全有可能利用现有的物流和信息网络资源,使两个领域的业务经营都做到专业化,实现公司资源的最大利用。但物流服务与信息、服务领域不同,需要专门的经营管理技术,所以其他第三方物流公司涉足电子商务的销售和信息服务领域要慎重。

7.3 物 联 网

7.3.1 物联网概述

物联网(The Internet of Thing,IOT)的概念是在 1999 年提出的。随着 Internet 的不断发展,Internet 的泛在化成为其新的发展趋势。物联网即"物物相连的互联网"。这有两层意思:①物联网的核心和基础仍然是 Internet,是在 Internet 基础之上的延伸和扩展的一种网络;②其用户端延伸和扩展到了任何物品与物品之间,进行信息交换和通信。因此可以把物联网定义为:通过 RFID 装置、红外感应器、GPS、激光扫描器等信息传感设备,按约定的协议,把任何物品与 Internet 相联接,进行信息交换和通信,以实现智能化识别、定位、跟踪、监控和管理的一种网络。

物联网不同于 Internet，它具有以下特点。

(1) 对物品实现唯一的标识。传统的条码编码体系，是对每一种商品项目进行编码，对传统的商品包装和物流管理产生了巨大的作用，但由于条码的非唯一标识的属性，使对物品的自动化管理只能够停留在类级别的层面上。而物联网的 EPC 技术，则是能够对单个而不是一类物品进行编码，它通过对物品的唯一标识，并借助计算机网络系统，完成对单个物体的访问，突破了条码所不能完成的对单品的跟踪和管理任务。

(2) 对物品快速分级进行处理。EPC 结构中，沿袭了原有的按不同类型的容器进行编码的特点，将物流过程中不同的货品、集装箱、托盘和仓库等进行分层级编码，解决在同一时间进行多种标签识别的问题。如一辆满载贴有 EPC 标签物品的集装箱通过读写器的扫描区时，读写器将会得到大量的不同层级的 EPC 标签信息，此时，EPC 系统可以明确地辨认出货物、包装箱和集装箱的信息，并根据需要对有关信息进行处理，达到快速分级处理的效果，大大提高了工作效率。

(3) 对物品物流信息的实时监控。物联网是在 Internet 的基础上对物流信息进行跟踪、监控的实时网络，任何一个安装有读写器的终端，都可以通过 RFID 技术读取物品的相关信息，并通过 Internet 的信息传输作用，实现对物品物流信息的实时监控。

(4) 对信息实现自动非接触式处理。EPC 系统的一个核心元素就是 RFID 技术，它是利用射频信号及空间耦合和传输特性进行非接触双向通信，实现对静止或移动物品的自动识别，并进行数据交换的一项自动识别技术。这种自动非接触式处理的特点，可以实现对动态供应链信息进行高效管理，有效地降低物流成本。

(5) 可以实现供应链各个环节信息共享。在供应链中的任何一个物品都被贴上唯一标识自己的电子标签，通过 Internet 和 RFID 技术，可以在供应链中任何一个环节将该物品的信息自动记录下来并实现共享。

物联网作为新兴的物品信息网络，为实现供应链中物品自动化的跟踪和追溯提供了基础平台。在物流供应链中对物品进行跟踪和追溯对于实现高效的物流管理和商业运作具有重要的意义，对物品相关历史信息的分析有助于库存管理、销售计划以及生产控制的有效决策。在物联网构想中，分布于世界各地的商品生产商可以实时获取其商品的销售和使用情况，从而及时调整生产量和供应量。如果这一构想得以实现，那么所有商品的生产、仓储、采购、运输、销售以及消费的全过程将发生根本性的变化，全球供应链的性能将获得极大的提高。

7.3.2 物联网应用

目前已经开发的物联网应用产品涵盖了物联网的主要应用领域，简单介绍如下。

1. 智能家居

智能家居产品融合自动化控制系统、计算机网络系统和网络通信技术于一体，将各种家庭设备(如音视频设备、照明系统、窗帘控制、空调控制、安防系统、数字影院系统、网络家电等)通过智能家庭网络联网实现自动化，通过宽带、固话和 3G 无线网络，可以实现对家庭设备的远程操控。与普通家居相比，智能家居不仅提供舒适宜人且高品位的家庭生活空间，实现更智能的家庭安防系统，还将家居环境由原来的被动静止结构转变为具有能动智慧的工具，提供全方位的信息交互功能。

2. 智能医疗

智能医疗系统借助简易实用的家庭医疗传感设备，对家中病人或老人的生理指标进行自测，并将生成的生理指标数据通过固定网络或3G无线网络传送到护理人或有关医疗单位。

3. 智能城市

智能城市产品包括对城市的数字化管理和城市安全的统一监控。前者利用"数字城市"理论，基于GIS、GPS、RS等关键技术，深入开发和应用空间信息资源，建设服务于城市规划、城市建设和管理，服务于政府、企业、公众，服务于人口、资源环境、经济社会的可持续发展的信息基础设施和信息系统。后者基于宽带Internet的实时远程监控、传输、存储、管理的业务，利用中国电信无处不达的宽带和3G网络，将分散、独立的图像采集点进行联网，实现对城市安全的统一监控、统一存储和统一管理，为城市管理和建设者提供一种全新、直观、视听觉范围延伸的管理工具。

4. 智能环保

智能环保产品通过对实施地表水质的自动监测，可以实现水质的实时连续监测和远程监控，及时掌握主要流域重点断面水体的水质状况，预警预报重大或流域性水质污染事故，解决跨行政区域的水污染事故纠纷，监督总量控制制度落实情况。

5. 智能交通

智能交通系统包括公交行业无线视频监控平台、智能公交站台、电子票务、车管专家和公交手机一卡通5种业务。

(1) 公交行业无线视频监控平台利用车载设备的无线视频监控和GPS定位功能，对公交运行状态进行实时监控。

(2) 智能公交站台通过媒体发布中心与电子站牌的数据交互，实现公交调度信息数据的发布和多媒体数据的发布功能，还可以利用电子站牌实现广告发布等功能。

(3) 电子门票是二维条码应用于手机凭证业务的典型应用，从技术实现的角度看，手机凭证业务就是手机凭证，是以手机为平台、以手机身后的移动网络为媒介，通过特定的技术实现凭证功能。

(4) 车管专家利用GPS、无线通信技术(CDMA)、GIS，将车辆的位置与速度，车内外的图像、视频等各类媒体信息及其他车辆参数等进行实时管理，有效满足用户对车辆管理的各类需求。

(5) 公交手机一卡通将手机终端作为城市公交一卡通的介质，除完成公交刷卡功能外，还可以实现小额支付、空中充值等功能。

测速仪通过将车辆测速系统、高清电子警察系统的车辆信息实时接入车辆管控平台，同时结合交警业务需求，基于GIS通过3G无线通信模块实现报警信息的智能、无线发布，从而快速处置违法、违规车辆。

6. 智能司法

智能司法是一个集监控、管理、定位、矫正于一体的管理系统。能够帮助各地各级司法机构降低刑罚成本、提高刑罚效率。

7. 智能农业

智能农业产品通过实时采集温室内温度、湿度信号以及光照、土壤温度、叶面湿度、露点温度等环境参数，自动开启或者关闭指定设备。可以根据用户需求，随时进行处理，为农业设施综合生态信息进行自动监测、对环境进行自动控制和智能化管理提供科学依据。通过模块采集温度传感器等信号，经由无线信号收/发模块传输数据，实现对大棚温湿度的远程控制。智能农业产品还包括智能粮库系统，该系统通过将粮库内温湿度变化的感知与计算机或手机的连接进行实时观察，记录现场情况以保证粮库内的温湿度平衡。

8. 智能物流

智能物流打造了集信息展现、电子商务、物流配载、仓储管理、金融质押、园区安保、海关保税等功能为一体的物流园区综合信息服务平台。信息服务平台以功能集成、效能综合为主要开发理念，以电子商务、网上交易为主要交易形式，建设了高标准、高品位的综合信息服务平台，并为金融质押、园区安保、海关保税等功能预留了接口，可以为园区客户及管理人员提供一站式综合信息服务。

目前物联网的规模化应用还需解决 3 个问题。

(1) 如果要实现世界物联，就须布置大量传感器。因此，传感器微型化、低成本化的问题必须攻克。目前伯克利大学已经做出像沙粒一样大小的传感器，称为智能灰尘。这样就可以把它嵌在物体里，变成物体中的一部分，类似于包装里面的条码一样，但成本还没有降低到可以大规模应用的水平。

(2) 网络技术上的挑战。因为每个传感器是分开的，只有把点联网，和互联网连在一起才是有用的。这种网络技术和 Internet 的技术不尽向同，要求非常灵活轻便，因为这些传感器都是非常小的节点。

(3) 如何及时处理海量感知信息，世界上的传感器都连在网上，每时每刻都在产生海量的数据，如何存储、如何归类、如何处理，如何提供数据检索，把原始传感器数据提升到信息，从信息提升到知识，是非常大的挑战。

本 章 小 结

电子商务是在利用现代电子工具(包括现代通信工具和计算机网络)的基础上进行企业经营管理和市场贸易等现代商务活动。

信息技术特别是 Internet 技术的产生和发展是电子商务开展的前提条件,掌握现代信息技术和商务理论与实务的人是电子商务活动的核心，系列化、系统化电子工具是电子商务活动的基础，以商品贸易为中心的各种经济事务活动是电子商务的对象。

电子商务同专业物流的关系如同企业与银行的关系。但是,由于电子商务公司同传统的公司比较具有更加容易建立、营运成本低的特点,其竞争将会更加激烈,估计将会发展为与物流融合,形成一个公司既有电子商务,也有物流的局面,而各个公司之间如同现在一样,既有合作,又有竞争。垄断企业的规模会进一步扩大,其垄断不仅仅在某一行业,也可以是某一地区的商务,即产生商务垄断。

我国的电子商务物流体系大致可以有以下几种组建模式:电子商务与普通商务活动共用一套物流系统;ISP、ICP 自己建立物流系统或利用社会化的物流、配送服务;第三方物流企业建立电子商务系统。

物联网是通过射频识别(RFID)装置、红外感应器、全球定位系统、激光扫描器等信息传感设备,按约定的协议,把任何物品与互联网相连接,进行信息交换和通信,以实现智能化识别、定位、跟踪、监控和管理的一种网络。

 关键术语

电子商务　企业与企业之间的电子商务　物联网

综 合 练 习

一、填空题

1. 企业与消费者之间的电子商务称为_____。
2. 电子商务物流的特点主要表现在_____、_____、_____、_____和_____5 个方面。

二、名词解释

电子商务、企业与消费者之间的电子商务、企业与企业之间的电子商务、企业与政府之间的电子商务、物联网

三、简答题

1. 分析说明电子商务的内涵。
2. 简述电子商务的基本模式。
3. 阐述电子商务与物流的关系以及电子商务中物流模式的选择。
4. 物联网的广泛应用除了技术方面的问题,还有哪些制约因素?
5. 比较美国与日本电子商务下的物流解决方案的特点。

案 例 分 析

根据以下案例所提供的资料,试分析:
(1) 电子商务物流模式主要有哪些?
(2) 戴尔公司如何构建适合其自身发展的电子商务物流模式?
(3) 戴尔公司电子商务物流模式的特点是什么?

 分析案例

戴尔公司电子商务物流模式分析

1. 企业背景

戴尔计算机公司于 1984 年由企业家迈克尔·戴尔创立,在全球 34 个国家中拥有大约 35 800 名员工。其理念非常简单,按照客户要求制造计算机,并向客户直接发货,使戴尔公司能够更有效和明确地了解客户需求,继而迅速地作出回应。

2. 电子商务物流模式简介

最终消费者直接通过电子商务网站订货,公司按照消费者的需求,个性化地量身定制产品及服务,并通过第三方物流直接送货上门,这就是电子商务物流模式。通过该模式,戴尔公司将供应商和最终消费者整合成一条优化的供应链,通过 Internet 媒介以及第三方物流的介入,大大提高了产品的竞争力。

1) 大型的、专业化的第三方物流

一个覆盖面广、反应迅速、成本有效的物流系统是戴尔直销模式成功的重要支柱。戴尔的物流完全外包给第三方物流公司,主要由 DHL、BAX、FedEX 等跨国性物流企业承担。这些第三方物流公司具有健全的网络、专业化的运营和现代化的管理。通过采用第三方物流的门到门服务,戴尔大大降低了物流成本,提高了物流效率,改善了客户服务水平。

2) 与供应商结成战略联盟

戴尔将供应商视作公司体系中的一环,以维系紧密的供应关系。戴尔采取严格的资格评审,要求供应商不仅在效率上保持先进,在产品质量管理上,也要采取量化评估方式,从而确保供应商生产的零部件可以直接进入公司的生产线,而无须进行来料抽样检验。通过 Internet,戴尔公司与供应商之间建立了紧密的虚拟整合关系。从而保证能够按照戴尔本身的标准衡量零部件的品质,迅速有效地管理订货流通和紧急补充所需的存货。同时,戴尔也将最新需求信息和预测信息等实时地传递给供应商。在供应链上开放地共享计划和资源,帮助供应商权衡市场,把库存量降到最低。带动供应商共同发展直销模式,实现公司与供应商双赢的合作关系。

3. 戴尔公司电子商务物流模式构建原因及过程

创始人迈克尔·戴尔将经营理念定位于按照客户需求制造计算机,并向客户直接发货,从而使戴尔公司能够有效和明确地了解客户需求,继而迅速作出回应。凭借其直销模式,戴尔迅速成长为世界顶级的计算机跨国集团。1996 年,戴尔在其网站上嵌入了电子商务功能,从而使其直销模式从传统商务向电子商务进军。进一步提高了戴尔公司的服务水平,增强了竞争能力。

戴尔的物流从确认订货开始,确认订货以收到货款为标志,在收到货款之后需要两天时间进行生产准备、生产、测试、包装、发运准备等。而将物流系统运作委托给第三方物流公司,并承诺在到款后 2~5 天送货上门,某些偏远地区的用户每台计算机要加收 200~300 元的运费。戴尔通过供应链的管理与重组,有效地减低了库存、缩短了生产周期，大大地提高了竞争力。

戴尔通过电话、网络以及面对面的接触，和顾客建立了良好的沟通和服务支持渠道。另一方面，戴尔也通过网络，利用 EDI，使得上游的零件供应商能够及时准确地知道公司所需零件的数量、时间，从而大大降低了存货，这就是戴尔所称的"以信息代替存货"，这样，戴尔也和供应商建立起一个虚拟的企业。

4. 构建系统的功能

1) 物流供应链的流程及功能

戴尔对待任何消费者都采用定制的方式销售，其物流服务也配合这一销售政策而实施，有以下 8 个功能。

(1) 订单处理。在这一步，戴尔要接收消费者的订单，首先检查项目是否填写齐全。然后检查订单的付款条件，只有确认支付完款项的订单才会立即自动发出零部件的订货并转入生产数据库中，订单也才会立即转到生产部门进行下一步作业。用户订货后，可以对产品的生产过程、发货日期甚至运输公司的发货状况等进行跟踪。

(2) 预生产。从接收订单到正式开始生产之前，有一段等待零部件到货的时间，这段时间叫做预生产。预生产的时间因消费者所订的系统不同而不同，主要取决于供应商的仓库中是否有现成的零部件。订货确认一般通过两种方式，即电话和电子邮件。

(3) 配件准备。当订单转到生产部门时，所需的零部件清单也就自动产生，相关人员将零部件备齐传送到装配线上。

(4) 配置。组装人员将装配线上传来的零部件组装成计算机，然后进入测试过程。

(5) 测试。检测部门对组装好的计算机用特制的测试软件进行测试，通过测试的机器被送到包装间。

(6) 装箱。测试完后的计算机被放到包装箱中。

(7) 配送准备。一般在生产过程结束的次日完成配送准备。

(8) 发运。将顾客所订货物发出，并按订单上的日期送到指定的地点。

戴尔所建立起来的供应链中没有分销商、批发商和零售商。而是直接由生产厂商(戴尔公司)把产品卖给顾客。这就是戴尔所引以为豪的"把电脑直接销售到使用者手上，去除零售商的利润剥削，把这些省下的钱回馈给消费者"。

2) 代理服务商环节

代理服务商并不向顾客提供产品，也不向戴尔公司购买产品。他们只向顾客提供服务和支持。采取直销的模式，就意味着再偏远的区域都会有客户，任何一个订单要满足。而戴尔(中国)公司是一家新建的公司，不是由原来的制造企业转型而来，没有现成的分销网络物流系统可以利用。自建一个覆盖面较大、反应迅速、成本有效的物流网络和物流系统对戴尔来讲是一件耗时耗力的庞大的工程，而且戴尔又在物流管理方面不具备核心专长，因送货不经济导致的运作及其他相关成本上升而增加的费用是无法弥补的。面对全球化激烈竞争的趋势，企业的战略对策之一是专注于自己所擅长的经营领域，力争在核心技术方面领先，而本企业不擅长的业务则分离出去，委托给在该领域有特长的、可信赖的合作伙伴。所以戴尔把物流外包，首先通过多种方式对备选的运输代理企业的资信、网络、业务能力等进行周密的调查，并给初选的企业少量业务进行试运行，以实际考察这些企业服务的能力与质量，对不合格者取消代理资格，并对获得运输代理资格的企业进行严格的月度作业考评。

(资料来源：李娜.中国集体经济，2007(24).)

参 考 文 献

[1] 谭建中．物流信息技术[M]．北京：中国地质出版社，2007．
[2] 王淑荣．物流信息技术[M]．北京：机械工业出版社，2007．
[3] 翁兆波．物流信息技术[M]．北京：化学工业出版社，2007．
[4] 李忠国，蔡海鹏．物流信息技术[M]．北京：化学工业出版社，2007．
[5] 严余松．物流信息与技术[M]．成都：西南交通大学出版社，2006．
[6] 刘浩，吴祖强．物流信息技术[M]．北京：中国商业出版社，2007．
[7] 牛鱼龙．EDI知识与应用/物流信息技术丛书[M]．北京：海天出版社，2005．
[8] 刘明德．地理信息系统GIS理论与实务[M]．北京：清华大学出版社，2006．
[9] 王英杰，袁勘省．交通GIS及其在ITS中的应用——智能交通系统(ITS)系列丛书[M]．北京：中国铁道出版社，2004．
[10] 陈子侠．基于GIS物流配送线路优化与仿真[M]．北京：经济科学出版社，2007．
[11] [美]哈尔·G·里德．GIS在城市管理中的应用[M]．姚永玲，等译．北京：中国人民大学出版社，2005．
[12] 沈学标，吴向阳．GPS定位技术[M]．北京：中国建筑工业出版社，2003．
[13] [美]Elliott D.Kaplan, Christopher J.Hegarty．GPS原理与应用[M]．寇艳红，译．2版．北京：电子工业出版社，2007．
[14] 黄丁发，熊永良，袁林果．全球定位系统(GPS)——理论与实践[M]．成都：西南交通大学出版社，2006．
[15] 朱顺泉．管理信息系统教程[M]．北京：清华大学出版社，2006．
[16] 夏火松．物流管理信息系统[M]．北京：科学出版社，2007．
[17] 解圣庆，刘永华．管理信息系统[M]．北京：清华大学出版社，2007．
[18] 张建华．计算机网络技术[M]．北京：人民邮电出版社，2007．
[19] 陆慧娟．数据库系统原理[M]．杭州：浙江大学出版社，2007．
[20] 韩耀军．数据库系统原理与应用[M]．北京：机械工业出版社，2007．
[21] 朱扬勇．数据库系统设计与开发[M]．北京：清华大学出版社，2007．
[22] 刘勇生，魏亚东，袁淦泉．办公自动化实用教程[M]．北京：电子工业出版社，2006．
[23] 姜浩．办公自动化系统及其应用[M]．北京：清华大学出版社，2007．
[24] 赵文．办公自动化基础教程[M]．2版．北京：北京大学出版社，2007．
[25] 王鑫，史纪元，孟凡楼．EDI实务与操作[M]．北京：对外经济贸易大学出版社，2007．
[26] 李艳菊．电子商务概论[M]．南京：南京大学出版社，2005．
[27] 刘红军．电子商务技术[M]．北京：机械工业出版社，2007．
[28] 宋文官，徐继红．电子商务概论[M]．大连：东北财经大学出版社，2007．
[29] 周晓光，王晓华．射频识别技术原理与应用实例/RFID技术丛书[M]．北京：人民邮电出版社，2006．
[30] 慈新新，王苏滨，王硕．无线射频识别(RFID)系统技术与应用[M]．北京：人民邮电出版社，2007．
[31] [美]ROBERT A KLEIST．RFID贴标技术——智能贴标在产品供应链中的概念和应用[M]．北京：机械工业出版社，2007．
[32] 董丽华．RFID技术与应用("十一五"国家重点图书出版规划项目·先进制造新技术丛书)[M]．北京：电子工业出版社，2008．
[33] 张静芳，杨红军．供应链节点企业优选方法的研究[J]．物流技术，2007，26(8)：103-105．
[34] 李彦来，孙会君，吴建军．基于模糊机会约束的物流配送路径优化[J]．物流技术，200，26(8)：100-102．

[35] 何振绮，陈宏志. 电子商务时代的企业国际供应链管理模式研究[J]. 物流技术，200，26(8)：144-146.
[36] 陈德宝，张桥. 电子商务对现代物流业的影响[J]. 现代商贸工业，2008(1)：264-265.
[37] 施磊. 自动识别技术在物流领域的应用现状与趋势[J]. 物流技术与应用，2007(8)：52-56.
[38] 刘建峰. 储运单元条码在深圳国际快件海关监管中心的应用[J]. 物流技术与应用，2007(7)：93-95.
[39] 赵皎云. 汉信码为中国二维码产业注入生机[J]. 物流技术与应用，2007(7)：38-40.
[40] 赵鲁华. 城市多网点配送车辆调度模型与算法研究[J]. 物流技术与应用，2007，26(8)：91-93.
[41] 吴忠. 基于供应链管理的企业库存[J]. 计算机应用，2003(8).
[42] 吴忠. 基于神经网络动态确定ERP/MRPⅡ系统提前期的研究[J]. 计算机应用与软件，2003(7).
[43] 吴忠. 基于案例推理与规则推理的设备采购与决策支持系统[J]. 计算机应用研究，2003(12).
[44] 吴忠. 基于细胞自动机的交通流模拟控制[J]. 计算机工程与应用，2004(5).
[45] 吴忠. 基于多AGENT的供应链管理系统设计[J]. 商业研究，2004(3).
[46] 吴忠. 网络数据流传输中的混沌现象及其定量分析[J]. 计算机工程与应用，2004(20).
[47] 吴忠. 电子商务中的物流配送瓶颈及其解决方案[J]. 商业研究，2004(22).
[48] 吴忠. 企业物流信息集成研究[J]. 上海企业，2006(4).
[49] 吴忠. 互联网环境下企业生态系统与CRM、SCM的外部整合研究[J]. 上海管理科学，2003(1).
[50] [新西兰]威滕. 数据挖掘(实用机器学习技术英文版第2版新版)[M]. 北京：机械工业出版社，2005.
[51] [加]Jiawei Han，Micheline Kamber. 数据挖掘概念与技术[M]. 北京：机械工业出版社，2007.

21世纪全国高等院校物流专业创新型应用人才培养规划教材

序号	书名	书号	编著者	定价	序号	书名	书号	编著者	定价
1	物流工程	7-301-15045-0	林丽华	30.00	31	国际物流管理	7-301-19431-7	柴庆春	40.00
2	现代物流决策技术	7-301-15868-5	王道平	30.00	32	商品检验与质量认证	7-301-10563-4	陈红丽	32.00
3	物流管理信息系统	7-301-16564-5	杜彦华	33.00	33	供应链管理	7-301-19734-9	刘永胜	49.00
4	物流信息管理	7-301-16699-4	王汉新	38.00	34	逆向物流	7-301-19809-4	甘卫华	33.00
5	现代物流学	7-301-16662-8	吴健	42.00	35	供应链设计理论与方法	7-301-20018-6	王道平	32.00
6	物流英语	7-301-16807-3	阚功俭	28.00	36	物流管理概论	7-301-20095-7	李传荣	44.00
7	第三方物流	7-301-16663-5	张旭辉	35.00	37	供应链管理	7-301-20094-0	高举红	38.00
8	物流运作管理	7-301-16913-1	董千里	28.00	38	企业物流管理	7-301-20818-2	孔继利	45.00
9	采购管理与库存控制	7-301-16921-6	张浩	30.00	39	物流项目管理	7-301-20851-9	王道平	30.00
10	物流管理基础	7-301-16906-3	李蔚田	36.00	40	供应链管理	7-301-20901-1	王道平	35.00
11	供应链管理	7-301-16714-4	曹翠珍	40.00	41	现代仓储管理与实务	7-301-21043-7	周兴建	45.00
12	物流技术装备	7-301-16808-0	于英	38.00	42	物流学概论	7-301-21098-7	李创	44.00
13	现代物流信息技术	7-301-16049-7	王道平	30.00	43	航空物流管理	7-301-21118-2	刘元洪	32.00
14	现代物流仿真技术	7-301-17571-2	王道平	34.00	44	物流管理实验教程	7-301-21094-9	李晓龙	25.00
15	物流信息系统应用实例教程	7-301-17581-1	徐琪	32.00	45	物流系统仿真案例	7-301-21072-7	赵宁	25.00
16	物流项目招投标管理	7-301-17615-3	孟祥茹	30.00	46	物流与供应链金融	7-301-21135-9	李向文	30.00
17	物流运筹学实用教程	7-301-17610-8	赵丽君	33.00	47	物流信息系统	7-301-20989-9	王道平	28.00
18	现代物流基础	7-301-17611-5	王侃	37.00	48	物料学	7-301-17476-0	肖生苓	44.00
19	现代企业物流管理实用教程	7-301-17612-2	乔志强	40.00	49	智能物流	7-301-22036-8	李蔚田	45.00
20	现代物流管理学	7-301-17672-6	丁小龙	42.00	50	物流项目管理	7-301-21676-7	张旭辉	38.00
21	物流运筹学	7-301-17674-0	郝海	36.00	51	新物流概论	7-301-22114-3	李向文	34.00
22	供应链库存管理与控制	7-301-17929-1	王道平	28.00	52	物流决策技术	7-301-21965-2	王道平	38.00
23	物流信息系统	7-301-18500-1	修桂华	32.00	53	物流系统优化建模与求解	7-301-22115-0	李向文	32.00
24	城市物流	7-301-18523-0	张潜	24.00	54	集装箱运输实务	7-301-16644-4	孙家庆	34.00
25	营销物流管理	7-301-18658-9	李学工	45.00	55	库存管理	7-301-22389-5	张旭凤	25.00
26	物流信息技术概论	7-301-18670-1	张磊	28.00	56	运输组织学	7-301-22744-2	王小霞	30.00
27	物流配送中心运作管理	7-301-18671-8	陈虎	40.00	57	物流金融	7-301-22699-5	李蔚田	39.00
28	物流项目管理	7-301-18801-9	周晓晔	35.00	58	物流系统集成技术	7-301-22800-5	杜彦华	40.00
29	物流工程与管理	7-301-18960-3	高举红	39.00	59	商品学	7-301-23067-1	王海刚	30.00
30	交通运输工程学	7-301-19405-8	于英	43.00	60	项目采购管理	7-301-23100-5	杨丽	38.00

相关教学资源如电子课件、电子教材、习题答案等可以登录 www.pup6.com 下载或在线阅读。

扑六知识网(www.pup6.com)有海量的相关教学资源和电子教材供阅读及下载(包括北京大学出版社第六事业部的相关资源),同时欢迎您将教学课件、视频、教案、素材、习题、试卷、辅导材料、课改成果、设计作品、论文等教学资源上传到 pup6.com,与全国高校师生分享您的教学成就与经验,并可自由设定价格,知识也能创造财富。具体情况请登录网站查询。

如您需要免费纸质样书用于教学,欢迎登录第六事业部门户网(www.pup6.com)填表申请,并欢迎在线登记选题以到北京大学出版社来出版您的大作,也可下载相关表格填写后发到我们的邮箱,我们将及时与您取得联系并做好全方位的服务。

扑六知识网将打造成全国最大的教育资源共享平台,欢迎您的加入——让知识有价值,让教学无界限,让学习更轻松。

联系方式: 010-62750667, dreamliu3742@163.com, lihu80@163.com, 欢迎来电来信咨询。